和諧神學

從「南韋北趙」
尋索中國基督教神學思想的根源與發展

伍德榮

著

獻給我尊敬的母親伍周玉珍女士

於她 90 歲的生辰

她一生的信主經歷，鼓勵我開展中國基督教的研究

目 錄

第七章　結論：一種能去除西方文化優越的神學、又具生命和諧要素、經驗層面及秉承歷代傳統的信仰　295

傑亞拉賈教授序言

伍德榮會督本身結合了幾個角色，並將這些角色匯聚在這首個關於「和諧與愛」的中國本色化神學的研究之中。他是一個中國人、家庭中的一家之主、神學家、音樂家、作曲家、大學教授、跨國機構的管理者，同時亦是一位對其關顧下之基督徒具有屬靈督導的會督。這些角色融合到這本著作之中，熱誠地以多重方式展現出中國基督教的真實形式，這種形式是忠於聖經的教導和中國人的價值觀的。伍會督在他的和諧神學中找到了這種形式。

和諧的隱喻（或象徵）是一切存有 —— 由單細胞有機體到浩瀚太陽系 —— 能否過著健康和快樂生活的先決條件。和諧肯定了互連性和相互依賴性，避免兩極化的極端。它宛如一個包含不同音樂家和歌手在交響樂中自覺地協調的表現；這些藝術家的技巧合拍同步，平衡協調的表現深深吸引了他們的聽眾。正如英文「和諧」一詞其希臘羅馬根源的意義，就是交響樂的藝術家協調他們的表演。希臘文 harmos 意指音樂聲音的會合，它的羅馬同義詞和聲（harmonia）也強調音樂聲音（和聲）的協調。聯合演出要確保和諧，伍會督運用這一象喻（imagery）突出了與聖經價值觀同步的重要性、與中國人民價值觀同步的重要性，帶來了本色化的中國和諧神學。這種取向深具意義，因為 2012 年 11 月中國政府確定了作為中國對內對外互動的 12 個社會主義核心價值

觀。正如伍會督指出，這些價值觀念是「富強、民主、文明、和諧、自由、平等、公正、法治、愛國、敬業、誠信、友善」，這些價值觀早已潛藏在中國的文化和傳統中，現在已變得明確清晰了。伍會督發現它們能夠與聖經的教義兼容，並提供了中國基督徒的本色化回應。因此，他的和諧神學確是適時的。

伍會督具說服力地表達了中國人對幾位歐美基督教傳教士從前在中國的教導和做法感到不滿。他們的神學和對聖經的詮釋，揭示了他們被囚禁於古希羅的思想和生活方式。舉例而言，古希臘人（如亞里士多德）和羅馬人（如法律專家）認為，真理在所有時間、所有地方、對於所有人都應該是真理。像同輩的歐洲美國人一樣，歐美基督教傳教士也與希羅（Greco-Roman）的詮釋信念和手法一起成長，他們將這些手法應用於神學教育，真實地相信其詮釋和價值觀在所有時間及所有地方應當適用於所有人身上。這些人當中的一些代表在中國服事，並與中國人進行了互動，可是他們堅持其歐美文化、語言、制度、神學和技術，結果他們沒有留意到源自數千年原始宗教、習俗、當代宗教、哲學的中國本色化價值。因此，他們的基督教在中國土地上依然是「外來的」。在這處境下，伍會督的和諧神學提供了適切的緩解。基督教是中國人的信仰，它可與中國人及其價值觀有和諧的關係。

伍會督的著作分析了幾位歐美傳教士所採取的「心如白紙」（tabula-rasa）方法，例如書中描述了德國信義宗傳教士郭士立（1803-1851）的例子，他作中國人的裝扮，對中國和中國人有深入的瞭解；然而與此同時，郭士立在鴉片戰爭期間與英國殖民和軍

事當局合作，把中國人視為低俗的人，而中國人認為他是不受歡迎的歐美文化、政治和經濟代理人。

儘管如此，還有其他歐美傳教士採用有別於郭士立的方式。伍會督的著作援引馬禮遜（1782-1834）及理雅各（1815-1895）作為代表，他們欽佩中國人的智慧、哲學和道德上的成就，雖然沒有完全放棄對歐美優勢的看法，但他們向歐美讀者傳達了中國人的獨特性和對人類的顯著貢獻。他們對中國人及其文化成就的積極看法，為跨國界的研究、合作和交流開闢了新的途徑。

伍會督與另外兩位中國基督教先賢作交流：組成了耶穌家庭的敬奠瀛（1890-1957）、創立了小群教會並與敬氏同時代的年輕一輩倪柝聲（1903-1972）。一些英國基督徒把開西大會及弟兄運動倡導的神學及實踐重點分享開去，而敬奠瀛與倪柝聲初始的神學亮光正源於此。他們規範和絕對的宣稱（normative and absolutist claims），在中國人那裏進展並不順利，因此需要本色化的模式。這些模式應批判地把歐美化的體會重新聚焦在中國化處境上。在這因由下，倪柝聲鼓勵他的信徒為所有基督徒的益處，運用上帝託付給他們的恩賜，並增長聖潔和成聖。這種堅持產生了張力，使當時好些信徒感到不滿。敬奠瀛毫不猶豫地採用民歌的旋律來傳達聖經的信息，但他對於儒學發展中的中國封建制度和家長制的有效性、孝道等全無質疑。同樣，他的信徒為其神學上的堅持而受苦，在日常生活中亦無法遵循。

隨後，伍會督展現了兩位嘗試將基督教價值觀與中國人價值觀相結合之中國基督教先賢的生命和工作：韋卓民（1888-1976）

和趙紫宸（1888-1979）。這兩位具有自我意識的領袖人物拒絕讓其在美國和英國獲得的高等教育和經驗脫離他們祖先的根源、思想和行為模式。另外，韋、趙二人仍保持批判性地面對當時美國和英國的自由主義基督徒與保守派基督徒之間的神學辯論，但他們沒有把這些辯論帶到中國。當他們回到中國後，開始把其基督教價值觀念翻譯給他們同輩的中國人，向他們展現了基督教信仰的社會文化與宗教相關聯。鑑於當時中國的愛國主義和非基督教運動不斷升溫，他們強調在聖靈的指導下基督教與中國人價值觀的互補性。他們指出作為基督徒，他們不能全然接受中國人所有的價值觀念，理由是當中一些價值觀會為人類生命帶來傷害，阻礙他們的繁榮興盛，中國基督徒應當批判性地警惕和避免這些價值觀。除此之外，他們可以接受大多數基督教價值觀並將其融入於生活之中，而他們的態度、想法和人際關係應該傳遞其基督教價值觀。韋卓民和趙紫宸強調一種普世性的教會生活，為中國基督教協會（1980）的組成和中國後宗派的基督教預備了道路。

伍會督提出，一種回饋範式（Reverse Paradigm）現已準備就緒，這將向歐美基督徒突出中國基督徒的性質、成長、掙扎和成就。換句話說，「中國式和諧神學」的研究將豐富世界基督教。這種中式基督教維持批判性地面對歐美文化上和神學上的規範性主張，它強調一種生活與和諧的神學：基督教依然是關聯、適切、兼容於中國人在國家快速變革中的現實生活。當基督信仰在中國達致真正的本色要義時，它永遠尋求使人們的生命變得尊貴；它不是滿足於現有的價值觀，而是力求使這些價值觀為所有人民的

福祉而效力。

　　我衷心推薦這部著作給學者和學生，它填補了我們對中國基督徒本色化神學知識上的不足。感謝伍會督在這部令人信服的著作中提出了他的和諧神學，他與中國基督教中著名的華人與非華人領袖進行了對話，啟發了基督徒生活中不可或缺的一面：除非基督徒在文化中找到自己的家園，否則他們不會繁榮興盛。同時，若他們不加以批判地吸收文化中的所有價值觀念，他們也不會成功。他們應該運用其靈性和知性上的辨識力，以保有和發展那令他們的生命尊貴崇高的事，丟棄一切傷害他們生命和關係的東西。在這個過程中，他們將在基督教信仰與文化規範之間建立平衡。伍會督的著作說明中國的和諧神學展現出中國基督徒已經找到這個平衡。現在，生活於中國國內或國外的基督徒擁有了一個重要的工具，以批判的角度仔細觀察自己的文化和基督教；他們現在可在其處境中以和諧神學提升其（現有或缺少的）水平。在這方面，伍會督的成果對世界基督教有不可或缺的貢獻。

丹尼爾・傑亞拉賈（Daniel Jeyaraj）

世界基督教教授

英國利物浦希望大學沃爾斯非洲及亞洲基督教研究中心主管

（Andrew F. Walls Centre for the Study of African and Asian Christianity,

Liverpool Hope University, U.K.）

陸人龍教授序言

　　《和諧神學：從「南韋北趙」尋索中國基督教神學思想的根源與發展》一書，是基督教的國際得勝生命差傳總會伍德榮主教過去五年教學和研究工作的重要結晶和收穫。這書首先是一部近代中國基督教的本色神學史，正如書中緒論所言，迄今學界和宗教界對近代中國基督教的眾多人物和事業雖已有豐碩的研究成果，但仍未對同期的中國神學發展史作出「整合」；本書以中國基督教本色神學為主軸，深入地探討了中國神學發展的過程和特色、尤著眼於其中的重大挑戰和議題、以及主要的人物和他們的貢獻，成功地填補了這片空白，開拓了研究的方向，也加深了我們對中國基督教的認識。此外，本書既以本色神學為焦點，也就同時進行了相關的比較文化研究，亦自然無可避免地討論到基督教和近代中國政治的互動關係，作者對兩者均有深刻的反思，提出了不少個人的觀點和主張；從這一角度看，本書也是中國本色神學發展的延續，其意義也就不單是一本歷史著述了。

　　本書以上世紀 20 至 40 年代的韋卓民和趙紫宸為中國本色神學發展的代表性人物，非常仔細地梳理好兩人的思想源流和演變，其中有幾組不同的脈絡交織在一起，包括基督教各種派別的不同神學觀點、基督教教義與傳統中國文化的碰撞和交匯、帝國主義與中國民族主義的矛盾、基督教與馬克思社會主義革命的對

立和協作等；也正因為有這麼多種力量的交纏和互動，終於讓中國基督教神學找到了自己的道路。

首先，基督教在 19 世紀跟隨帝國主義的步伐進入中國，不少傳教士成為西方侵略的同路人，作者形容這是教會的「歷史悲劇」（頁 50）。中國本色神學既興，無可避免地會走上抗衡帝國主義（包括日本）的道路；基督徒不可能無視國家的苦難而僅僅尋求個人的救贖，他們也要投身於民族的奮鬥並取得成功，才會真正感受到上帝的福音，韋卓民和趙紫宸的心路歷程都反映了這一點，本書對此有詳細的論述。反過來看，韋、趙的本色神學其實也是中國民族主義浪潮的一部分；在這個浪潮中，本色神學曾面對 20 年代「非基督教運動」的挑戰，其後要適應馬克思社會主義的新時代；中國本色神學不能迴避政治，它需要與愛國主義並行（頁 32），「回應當前大多數中國人的問題」（頁 226），亦須致力於「解決現今的問題」（頁 301）。

其次，西方基督教東傳，引發東、西文化的交流和碰撞，這在明末清初天主教耶穌會教士的傳教事業中已見端倪；到了帝國主義時代，西方人士仗著工業文明的優勢，鄙夷中國的文化與智慧，視中國人為愚昧的社群，這些偏見在傳教士中亦非常普遍。但正如本書所述，在 19 世紀中葉，即有著名西方傳教士如理雅各、李提摩太等，對中國傳統文化都極之欣賞和認同，理雅各翻譯了大量儒家經典，將漢學介紹到西方，更認為「中國文化能承載基督的元素」（頁 80）。作者因此稱道理雅各進行了一項「超越時代的神學建構」，是中國本色神學的「先鋒」（頁 83 至 84）。沿

此路徑，到了五四運動之後，在當時否定傳統文化和「非基」氛圍的衝擊下，韋卓民逐步發展和提出了他的文化神學觀點，認為「地上所有文化中的美好元素都是聖靈默默地孕育的」（頁 135），而中國的傳統文化雖有糠秕，但儒家學說（輔以佛、道等思想）實具有不可取代的價值，其中所包含的美德不但和基督信仰互通，兩者更可以「互補」（頁 150）。趙紫宸承襲韋氏的思路，強調中國的本色教會需要吸納中國文化的各種元素，將之融入基督教中，將基督教「中國化」（頁 159）。本書的第四章對二人的文化觀點有詳細的論述；在中、西文化優劣的爭論中，韋、趙都否定了西方優先論，也同時肯定了中國文化的重大價值。但本書作者更關注的，還是他們二人對神學的貢獻。

韋、趙二人都曾接受過高深的西方基督教神學教育，並曾代表中國基督教參加了好些國際基督教的盛會；在作者筆下可見的兩人思想歷程，一方面周遊於西方基督教不同派別的神學理念，同時出入於上述中外矛盾和東西文化碰撞的大環境，也許是由於後者的牽引和啟發，他們在神學上揚棄了絕對化的終末論和「原教旨主義」（頁 271），也同時否定了西方的優先和霸權，不管是政治的、文化的或宗教的。韋氏致力於解決基要派和自由派神學的衝突，趙氏以「超越論」（頁 227）看上帝，並將「救贖論」和「成聖論」結合起來；兩人亦努力尋找中國傳統文化中的基督元素及連接點，深信中國文化也可以回饋基督教。作者認為韋、趙所成就的是一種「融和神學」，擁有超越、包容和共同的精神，上帝是絕對的，時代和人都不是絕對的。作者又認為，本色神學的

意義遠逾於「三自」（自治、自養、自傳），中國基督教的復興也不能是表面化、缺乏深入理解之福音（頁 48）的傳播，而是本色和諧神學的弘揚。

本書對中國本色神學的研究還有兩個特別的地方。作者在第三章，詳細介紹了 20 世紀初年兩位本色神學先驅 —— 敬奠瀛和倪柝聲 —— 的事跡和神學，並以源於韋、趙的融和神學觀點，批判二人「未能擺脫西方及中國本身的文化幽暗面」（頁 119），指稱其中有反映西方霸權的絕對主義，也有中國的封建幽靈，這是本書關於融和神學討論的重要組成部分。此外，作者藉其音樂素養，指出中國本土的聖樂和聖詩其實都是本色神學的重要載體，並在第三和第五章進行了相當深入的探討，是本書的另一貢獻。

自改革開放以來，基督教在中國進入了一個復和和復興的發展階段，作者認為，這階段也是本色神學和融和神學發揚光大的時代。本書的完成和出版，也許就是這個時代的見證，其對中國本色神學的發展，亦自會發揮承先啟後的作用。

陸人龍教授

香港教育學院（現稱香港教育大學）前助理校長
香港大學專業進修學院前副院長
香港大學文學院前副院長及榮譽副教授
香港政策研究所董事，香港大學亞洲研究中心榮譽研究員

吳梓明教授序言

我非常高興推薦伍德榮教授這部適時的著作，它既富有思想性又具有啟發性。這部著作誠然是伍教授在過去幾年的學術研究和成果的全面彙報，包括了他在世界各地（如中國上海基督教華東神學院、美國耶魯大學、美國福樂神學院、英國愛丁堡大學、蘇格蘭孔子學院、英國利物浦希望大學、中國福建師範大學等）舉辦的不同講座。

伍教授嘗試對 19 世紀西方傳教士的工作與發展作深入的研究，包括從郭士立的「文化帝國主義」至理雅各的「文化交流」之轉變，以及 20 世紀中國神學家如倪柝聲、敬奠瀛、韋卓民及趙紫宸的工作。伍教授勾勒出過去兩個世紀中國基督教神學發展的精細圖畫，帶來近年中國「和諧神學」的發展。

伍教授發現 20 世紀中國基督教在中國發展的兩個主要趨勢，即擺脫西方宗教主義和宗教的排他主義（或西方霸權主義）。在 20 世紀初期的中國基督教領袖之中，倪柝聲和敬奠瀛在尋求中國本色化基督教時反對西方宗派主義。然而，倪柝聲未能擺脫他的宗教排他主義感覺，而敬奠瀛則被他的家長專制所局限。伍教授還從中國學者中引用了兩個意義深遠的重要例子：曾在 20 世紀的中國被譽為「南韋北趙」的韋卓民和趙紫宸。他們超越了嘗試，不僅擺脫了西方宗派主義，並且發展和諧神學，將其作為建構中

國本色化基督教的框架。

按伍教授之研究，韋、趙二人曾作為中國的代表參加 1928
年由國際宣教協會在耶路撒冷舉行的會議。會議討論了兩個主要
議題：一是基督教對其他宗教和文化的態度，二是關於本色化神
學在非基督教宣教工場上的發展。韋卓民在會議上提出了他的文
化神學和東西方文化協調的思想，特別強調對不同文化的同等重
視 —— 對等文化。趙紫宸認同韋氏的思想，並沿著同一思路發
展了其本色化神學，因此他在基督論和基督教倫理的發展上，對
中國文化給予了極大的尊重。這些都是在中國基督教中有關和諧
神學的根源和發展之重要發現。

和諧神學的形成確實是中國本色化的神學發展的重大嘗試。
這部著作的嶄新特點，在於重新發現韋卓民與趙紫宸中國本色化
基督教及和諧神學的觀念，尤見於以下幾方面：(1) 基督教信仰
應可通過中國人的生命表達出來，以使中國基督教成為真正具有
中國特色的基督教；(2) 中國本色化的基督教應植根於中國的土
地上；再者，因基督教把所有好的事物皆視之從上帝而來，中國
的文化也該被看為是「上帝善行的明證」；(3) 在東西方文化的綜
合中，雙方具有平等的地位是抵禦西方霸權的先決條件。這些確
實是中國本色化神學發展的關鍵步伐，即使在今天也是如此。在
此特意恭賀伍教授在研究中得出和諧神學之根源，實始於 20 世紀
20 年代，而 1950 年代初期中國三自運動的發展之前，基督教本色
化及和諧神學的概念已經存在；並且自 20 世紀以來，中國基督教
已有本色化運動致力擺脫由西方主導及西方的宗派主義，而事實

上在 1920 年代，和諧神學已由韋卓民及趙紫宸在 1928 年耶路撒冷大會上闡發出來。

今天中國基督教已經成為世界基督教非常重要和不可或缺的一部分，但基督教神學一直是中國基督教歷史上的一個謎思。所以，我們很高興看到這部遲來的著作問世：《和諧神學：從「南韋北趙」尋索中國基督教神學思想的根源與發展》。此著作肯定會帶來嶄新的學術成就：不僅在中國神學的研究上，而且以全球文化來說，這將令讀者對世界基督教有更廣闊的瞭解。這部著作在許多有意尋求深入瞭解中國神學的歷史根源和發展的學者、以及在未來的歲月中渴望在全球視野下更多瞭解世界基督教的人士中，肯定會受到歡迎。因此，我高度推薦這部著作給所有讀者。

吳梓明教授

香港中文大學宗教系教授、前系主任

東北亞基督教史學會前主席

英國劍橋亨利馬田（Henry Martyn）講座講師

香港中文大學崇基學院宗教與中國社會研究中心高級研究員

張純琍教授序言

　　我很榮幸為本書寫序。我與作者相識於 2014 年中國社會科學院近代史研究所與福建師範大學中國基督教研究中心聯合舉辦的「全球化視野下的近代中國與世界基督教國際研討會」，會議期間與作者交談，其強烈的愛國情懷與高度的社會責任感給我留下了深刻印象。之後，與作者進一步學術交流，其國際化的學術視野與大量的實證研究成果，更使我感到其研究的可貴，並對其研究產生了濃厚的興趣。儘管我們有著不同的文化背景，卻有著一致的學術追求，我十分認同其對社會事實的探索精神以及為社會做力所能及的學術研究而不懈努力，故欣然接受其邀請為本書寫序。

　　《和諧神學：從「南韋北趙」尋索中國基督教神學思想的根源與發展》一書是作者多年來在大量的調查研究與文獻分析的基礎上完成，其成果在當下有著特別意義。構建和諧社會已成為當今社會的主旋律，而和諧社會的構建有賴於和諧文化的建立。人類歷史發展表明，人類文化的發展是一個不同文明相互借鑑、融合的過程。每一個民族都有自己的宗教文化，任何一種外來文化要想在另一種民族文化中生存，必須經過一個本土化過程，基督教文化也是如此。反覆研讀本書，深有感觸。

　　第一，這是一部中國基督教神學發展史上的開山之作。筆者近年在主持國家社科基金項目「全球化時代中國宗教發展與社會穩定實證性研究」的過程中，就基督教發展與中國社會穩定問

題，曾試圖找一部集中探討中國基督教神學思想發展的專著，但很遺憾，能看到的多是基督教傳播過程中的社會事件、人物、教派組織以及不同人物的神學思想，缺少一部以一條主線敘述中國神學思想發展歷程的專著，無疑，本書具有填補空白的意義。

第二，本書全面梳理了中國基督教神學發展脈絡。一是真實再現了中國基督教神學提出的歷史背景，即 19 世紀西方來華傳教士兩條截然不同的路徑，文化侵略與文化交流並存。以郭士立為代表的一部分傳教士具有強烈的意識形態色彩，其傳教活動體現著帝國主義的擴張與侵略；與此同時，以理雅各為代表的傳教士彰顯基督教傳播的文化屬性，去政治化滲透、超宗派的合作，擔當中西方文化交流的使者，注重生命的重建及世俗教育的建立，從中國文化處境中發現基督教的元素。二是辯證分析了中國 20 世紀 20 年代本色教會的先驅、基督徒聚會處的創辦人倪柝聲關注內在靈恩的神學思想，以及敬奠瀛的耶穌家庭追求外顯靈恩的神學思想，指出他們在中國本色教會、中國基督教神學建設中的貢獻與歷史的局限性。三是詳細論述了將中國文化與基督教神學融合的韋卓民與趙紫宸的神學思想發展脈絡。作者認為韋卓民宣導的中國文化與西方文化對等互補的綜合文化理論（基督教文化觀），協調綜合中、西文化的神學思想，其文化神學融合了自由派與基要派，強調文化相融的同時亦傳承了基督教的傳統教義。趙紫宸所提出中國文化下的傳統基督教信仰的教義神學，則以自由派神學的人格基督論與中國文化交匯，去除了西方神學絕對化的弊端，涵蓋了中國教會的屬靈派、基要派、自由派與靈恩派，由此發展出一種中國式的和諧神學。

第三，關於中國基督教和諧神學的建構及特點。作者闡釋了中國基督教和諧神學建構歷程，從 20 世紀 20 年代後期韋卓民對中國傳統文化中的和諧理念的詮釋及在基督教文化中的應用、趙紫宸把儒家倫理的基本方向融化在基督徒對世界所負的責任，到新中國建立後丁光訓致力於和諧的目標，説明信徒樹立比較和諧的信仰和見證，尋求把和諧的元素注入教會和社會，建立屬靈和屬世相統一的神學體系，及至 21 世紀中國基督教教會章程中體現的在尊重傳統的同時體現本土與和諧要素。作者提出了和諧神學的特徵：去除西方基督教文化中的西方文化優越論，建立一種具有生命和諧要素的神學：既具有經驗層面又秉承基督教傳統，既能與當代的神學理論相融又能解決現今的問題；既具有與不同的宗派、宗教甚至政治有良好的溝通能力，又能避免一些西方世俗政治背後的錯誤神學。

第四，以聖詩、聖樂的視角研究基督教本色化，開闊了基督教研究的思路。聖詩與聖樂是基督教文化的重要組成部分。作者以研究聖詩、聖樂見長，教授聖樂課程。作者從專業視角解讀了基督教本土化過程中在聖詩、聖樂方面的成就，讀來別有韻味，從而使基督教本色化研究更加多向，獨具特色。

總而言之，本書是一部具有重要理論與社會價值的開荒之作。不管其具體內容有何優劣長短，其創新性、開拓性與啟發性是客觀存在的，我衷心祝賀這一新作問世並特此推薦！

張純珋教授

中國人民公安大學當代宗教與社會安全研究中心主任

郭鴻標教授序言

　　伍德榮教授的《和諧神學：從「南韋北趙」尋索中國基督教神學思想的根源與發展》是一本關於中國神學的著作，全書分七章：第一章緒論，第二章關於 19 世紀兩位西方傳教士對中國文化不同的態度，第三章關於兩個中國教會群體，第四章闡述韋卓民與趙紫宸的神學，第五章申論韋卓民與趙紫宸的神學符合傳統教義兼具中國化的神學理論，第六章提出和諧神學，第七章是結論：一種能去除西方文化優越的神學、又具生命和諧要素、經驗層面及秉承歷代傳統的信仰。按全書的脈絡，主要有三大部分：第一部分分析 19 世紀兩位西方傳教士對中國文化不同的態度與兩個中國教會群體，第二部分有關韋卓民與趙紫宸的神學，第三部分是和諧神學。筆者閱讀伍教授的著作，獲益良多，亦被伍教授對中國基督教的關愛、對中國文化的珍惜、對中國神學的熱情感染。伍教授在繁重的教會責任底下進行學術研究，是非常值得欣賞與佩服的。

　　筆者嘗試從三點評論這本著作：第一點是有關西方文化優越性的想法。文章從 19 世紀西方傳教士對中國文化不同的態度開始，以「文化侵略」與「文化交流」的對壘展開討論。文章提出部分西方傳教士懷著西方文化優越性的想法，以不對等的看法看待中國文化，更嚴重的是將上帝的絕對性引申到西方文化的絕對

性。因此，中國神學需要從西方霸權主義底下被釋放出來，以中國人的身分、中國人的文化承載基督信仰。筆者同意中國人應該有自由選擇神學資源以建構中國神學。筆者專攻歷史神學與德國神學，發現西方神學早已鼓吹「本土神學」、「處境神學」、「跨文化神學」、「後殖民神學」等。德國神學家如莫特曼（Jürgen Moltmann）幾十年前已經表示基督教神學不能夠以歐洲為中心，他在自傳中提到 1969-1975 年間到世界各地講學，包括北美洲、非洲、東歐等地方。1973-1975 年他又到澳洲、菲律賓、日本、韓國等地方。在他的自傳中可看到他與世界各地不同的群體交流互動，影響了他的神學思想發展。他與馬克思主義者對話、與猶太教對話、與他夫人的神學對話，令他的神學充滿活力。莫特曼曾經到台灣參加神學會議，絕大部分參加者不懂德語，傳譯員只是翻譯每一篇論文的撮要，四天裏面，他安靜地坐著，沒有半點不耐煩的表現。所以，當代西方神學家也帶著自我批判的態度擺脫西方中心主義，特別是第二次世界大戰後，德國神學家對納粹時代的德國神學家對納粹主義的絕對性毫無批判、令希特勒把德國帶往滅亡之路亦作出反思。

第二點是韋卓民與趙紫宸的神學智慧，與自由派、基要派思想相容。伍教授這本書的貢獻是發掘韋卓民與趙紫宸的神學智慧，筆者認為這本書已經達到寫作的目的，讓讀者懷著尊敬的心懷念韋卓民與趙紫宸兩位一代宗師。在伍教授筆下，韋卓民的文化神學「把自由派與基要派融合的神學合流，強調文化相融時又能承傳傳統教義」，而趙紫宸的神學是一種強調救贖論

與成聖論不可分割的神學體系的中國式的神學,「趙紫宸的教義神學能與韋卓民的文化理論並行,建立具中國特色的演繹」。文章裏提到韋卓民中肯地把握中國文化的優劣點,筆者認為如果要爭取中西文化對等的話,應該同樣對把西方文化絕對化與把中國文化絕對化的表現均進行批判反省。若果中西文化對等,西方有西方絕對化的情況,中國文化絕對化的課題也不能忽略。伍教授提到中國思想中的絕對化表現,已提及耶穌家庭的家長制。究竟這種家長制的文化有沒有受到中國文化的影響呢?這點值得讀者深思。

第三點是對中國神學的前瞻。筆者明白書中以「和諧神學」為主線,自然強調中國文化和諧的特色。筆者認為我們站在 2017 年代思考中國神學問題,不能夠停留在 50 年代甚至 80 年代改革開放的時代,筆者覺得伍教授在最後一章〈結論:一種能去除西方文化優越的神學、又具生命和諧要素、經驗層面及秉承歷代傳統的信仰〉,提供了一些歷史的回顧與前瞻。伍教授提出韋卓民與趙紫宸的神學「兼具民族精神、正統教義及宗教經驗,又能去除西方霸權式的神學,涵蓋了中國教會的屬靈派、基要派、自由派與靈恩派,具有一種互相相容的作用,由此發展出一種中國式的和諧神學」。伍教授的願景是發展「結合跨學科的研究,包括了文化、哲學、藝術等,已發展其宗派與宗派之對話、甚至不同宗教間的對話;並因著今天現代化的中國處境,在國內及國外以和諧發展,貢獻全球的基督教」。

筆者祝願讀者從《和諧神學:從「南韋北趙」尋索中國基督

教神學思想的根源與發展》一書獲益，滋潤心靈、豐富知識、增長智慧。筆者懷著感恩的心多謝伍教授的努力。

郭鴻標教授

建道神學院張慕皚教席教授
神學研究部主任、神學系主任、研究課程主任

自序

這間教會的十架高擎在白色的塔頂，堂內早已擠滿了人，同行的朋友告訴我，擠滿的人不單在教堂內，還有在副堂、以及一個在其後的小堂，都多於 2,000 人了。這天正是棕枝主日，我的講道題目是趙紫宸的聖詩 ——「勇敢耶穌騎驢進郇城 —— 一種中國式的神學」，[1] 這是一個在中國的基督教深圳堂，令我也想起了北京的海淀堂，長長的詩班進堂行列，80 多個新受洗的教友，在崇拜前的唱詩預備，正唱著一首近代時興的詩歌 "He Is Our Peace"，[2] 牧師在禱告中每說出一項祈求時，會眾都會齊聲說：「阿們！」這使我回想起我在非洲烏干達、肯尼亞的教會，奇怪他們也是一樣齊聲的說：「阿們！」使我感動得眼睛也通紅了。為甚麼？在中國的教會不單只有中國的神學，這詩歌正表達著一種超越國界的頌讚，這「阿們」也表達著一種內心的熱誠。是的，一種國際主義就是在 19 世紀時教會曾經談及的，隨著新中國的成立，三自運動的崛起，整合了不同的宗派。但是隨著政治的緊張，以及文化大革命的揭幕，教會的崇拜停止了，無數基督教的工人在這片土地上的工作就此停止了嗎？不是的，1979 年鄧小平開啟的改

---

1 2015 年 3 月 29 日筆者獲深圳市基督教三自愛國運動委員會主席、深圳市基督教協會會長蔡博生牧師邀請，於基督教深圳堂為棕枝主日證道。

2 Kandela Groves, "He Is Our Peace" (Maranatha! Music, 1975).

革開放，把中國再次與西方復和，教會也再次恢復公開崇拜。今天深圳教會的主席把那慶祝恢復崇拜 30 年慶典的光碟送給我作記念。這是一個很特別的教會，聖餐與擘餅並行、洗禮與浸禮同列，一同連合著以往不同宗派傳統的牧師，有長老會的、有浸信會的、有公理會的、有聖公會的、有 …… 不過人們都說是後宗派了。這是一個政治的工作嗎？不是，而是一個神在歷史中的顯示。

　　20 年前，我目睹基督教在非洲的復興，正期待著這復興會在中國、印度 …… 等地發生，其實這復興已經來到了。英國印度籍神學家傑亞拉賈教授（Prof. Daniel Jeyaraj）與筆者在英國利物浦希望大學沃爾斯非洲及亞洲基督教研究中心共事中經常討論世界基督教的發展，我們發現，不單只是中國的教會擠滿了人，印度的情況也非常令人鼓舞。在研究中心，沃爾斯教授（Prof. Andrew Walls）就是我們的先輩，給我們很多啟發，所以在此也要向他致謝。特別是在和諧神學的研究方面，沃爾斯教授在這三年間給予我很多鼓勵。作為此研究中心的主管，傑亞拉賈教授非常忙碌，但他也十分熱誠地替我仔細撰寫此序言。另外，筆者要多謝陸人龍教授，他是研究中國共產主義運動及其發展思想的歷史學家，是對中國近代及現代史、當代中國政治發展具有影響力的專家學者，感謝他的讚賞，給予我不少鼓勵。吳梓明教授是研究中國教會大學的國際學者及宗教教育學家，他是首位獲邀擔任英國劍橋亨利馬田講座的華人學者，歷年被邀作此國際講座的學者（依年份順序）包括有：沃爾斯教授、薩內（Lamin Sanneh）教授、楊

格（Richard Fox Young）教授、羅伯斯（Dana Roberts）教授、范彼得（Peter Phan）教授等。吳教授與章開沅教授也是第一代研究韋卓民的專家，而章開沅教授是韋卓民的同工。吳梓明教授在十數年前已是我亦師亦友的先輩，當時我探訪章開沅教授、黃薇佳教授，以及尋找韋卓民的資料，這些聯繫和安排皆得到吳教授的幫助；對於我在學術上的研究，他一直給予很多的鼓勵，直到今天，這關係仍維繫著。陸人龍教授是香港第一代研究布爾什維克的學者，一直是在中國近代史、政治研究領域具有影響力的專家學者，感謝他的讚賞，給我不少鼓勵。張純琍教授是中國研究宗教的專家，對於不同宗教內之教派有深度的認識。筆者知道她經常穿梭於中國不同的省份、亦穿梭於世界不同的地方，感謝她在忙碌的研究中為本書撰寫序言。另外，筆者要多謝郭鴻標教授，他在繁重的教學及行政工作中，也為筆者寫下序言。承蒙香港中國得勝神學院的支持，使我的研究工作能夠不斷開拓及發展。感謝神學院的各位教授、教育研究中心主任莫雅慈博士、當代中國研究中心主任翁詠儀博士、行政助理梁雪養牧師的努力及教會各堂會牧師、會吏、傳道、各教友的同行。

本書能夠順利出版，要感謝聯合出版集團副總裁李家駒博士、三聯書店（香港）有限公司總編輯侯明女士、三聯書店（香港）有限公司編輯顧瑜博士、及資深編輯沈怡菁女士，使出版安排及編輯工作圓滿完成。

伍德榮

序於英國利物浦希望大學沃爾斯非洲及亞洲基督教研究中心

第 一 章

緒 論

本章部分內容曾發表於 2017 年 6 月 9 至 11 日英國利物浦希望大學沃爾斯非洲及亞洲基督教研究中心舉辦之「宗教改革及非洲與亞洲基督教之復興更新運動」國際會議，題目為：〈宗教改革與中國神學〉（ "Reformation and Chinese Theology" ）。另部分內容曾發表於 2018 年 1 月 18 至 20 日美國普林斯頓神學院舉辦之「世界基督教的趨勢、視野及方法論」國際跨學科會議，題目為：〈研究中國基督教的不同向度與方法〉（ "Exploring Different Perspectives and Methodologies in Chinese Christianity" ）。

國家金鐘獎得主馬革順教授數年前因年事已高，未能繼續於上海華東神學院教授聖樂，筆者得國家批准，並獲神學院聘任為客座教授，接替其教席之任務，於該院教授中國基督教神學及聖樂。查過去 30 年間，中國大陸學者對於中國基督教史之研究在傳教士人物、教育、社會慈善、醫療事業、宣教策略等範疇皆很有成果。固然個別人物有其神學思想，但當探討何謂中國基督教神學及聖樂時，必須瞭解中國基督教之傳入、承傳、融會，然而至今仍未有學者整合在中國基督教發展史中之中國基督教神學。就像數年前華東神學院之同工談及英國廣播公司（British Broadcasting Corporation, BBC）電台到訪，問及中國之聖樂狀況，有否中國特色還是以西方聖詩為主時，我欣然答應下次再有這些造訪時，可與我談談。見此需要，在華東神學院的聖樂科目內容中，筆者最初開展了一個獨立的研究，就是具中國特色的基督教聖樂。隨著研究的思路，分為數部分：（一）一種中國特色會否離異了原來的承傳？（二）中國特色的基督教 —— 或其中的一種體現 —— 表彰於聖樂，有甚麼意義？（三）這是一種政治需要，還是在歷史中的發展？（四）這種發展現在與將來會如何？

　　按照這大綱，筆者分別在 2012 年於華東神學院，[1] 2014 年於美國耶魯大學、美國福樂神學院（Fuller Theological Seminary）及

1　文章刊載於 2014 年第 1 期之《華東神苑》，題目為：〈具特色的中國基督教神學 ——
韋卓民的文化神學與趙紫宸的教義神學〉。

英國曼徹斯特大學，[2] 2015 年於英國愛丁堡大學及蘇格蘭孔子學院、利物浦希望大學沃爾斯非洲及亞洲基督教研究中心發表和諧神學之論文，又於 2016 年獲福建師範大學社會歷史學院王曉德院長邀請主講「史學名家講壇」，發表有關和諧神學的另一部分——和諧神學如何強化中國於國際上之新型大國關係中的角色，談及一種文化、軟實力的貢獻，王曉德院長深感筆者的研究深具啟迪。當筆者在 2015 年於利物浦發表論文後，著名神學家沃爾斯（Andrew Walls）[3] 及傑亞拉賈（Daniel Jeyaraj）教授就邀請我於 2016 年開始擔任此國際研究中心的資深研究員；另一著名神學家、愛丁堡大學世界基督教研究中心總監史坦利（Brian Stanley）於 2015 年 10 月訪港時特地探訪筆者，談及他最近研究有關愛國民族主義與基督教在中國能否並行這一議題，因筆者在愛丁堡大學發表的論文正是和諧神學，同時涉及愛國民族主義與基督教的發展。同年，何光滬教授與高師寧教授來港探訪筆者，其後也兩次於北京與他們再談及近期基督教教會之發展；期間筆者也與楊

2　筆者獲邀於美國耶魯大學、福樂神學院、英國曼徹斯特大學及中國社科院之國際研討會上發表和神學之論文："The Unique Features of Chinese Christian Theology: Francis C.M. Wei's Theology of Culture and T.C. Chao's Doctrinal Theology"；又獲美國耶魯大學神學院 OMSC 邀請於 2014 年 4 月 22 至 23 日「中國基督教」神學講座中作主題演講；另獲邀於 2014 年 4 月 24 日在美國福樂神學院之中國神學講座講授和諧神學，論文 "New Development of Chinese Theology: *Hexie* Theology (Harmony Theology)" 其後於 2014 年 5 月 16 日在英國曼徹斯特大學舉辦之「中國基督教的全球地域化」國際研討會上發表。

3　沃爾斯教授乃英國愛丁堡大學、亞伯丁大學、利物浦希望大學及美國耶魯大學的著名神學家及教授，在西方基督教領域一直享有崇高盛譽。

慧林教授於中國人民大學談及近代神學的發展。及至最近，美國耶魯大學及英國愛丁堡大學之學人團體（Yale-Edinburgh Group）亦邀請筆者於 2016 年 6 月發表有關和諧神學之研究。2014 年中國社會科學院近代史研究所及福建師範大學舉辦「全球化視野下的近代中國與世界基督教國際研討會暨第三屆多學科視野下的基督教中國化研究學術研討會」，[4] 這個講座採用了全球化的向度，當中與會單位邀請我撰寫一篇關於倪柝聲的文章，這豐富了我的研究方向。除了在歷史中研究西方來華傳教士及中國建制教會之發展外，筆者也加入了研究家庭教會的向度。這研究不單包括了傳教士傳來的西方基督教，亦包含了在本土建立的中國特色基督教中之建制教會及家庭教會，使在不同面向上探討在中國歷史中如何藉著中國人的和諧性情融合了不同的持份者，來把實在（reality）更豐富地表現出來。

研究當代中國神學不能迴避的問題，就是基督教能否與共產主義國家相容。一些學者指出，不能相容的最大分歧在於流血革命，基督教中的愛、和平，與流血革命並不能相配合。但在當代的中國基督教學者看來，中國武裝革命在 1949 年時已然完成，把當時扭曲了的世界通過革命已完成改變，而現今的中國也不致力於如以往蘇俄時代的共產國際那樣試圖在全球掀起武裝革命。

4　筆者獲邀於 2014 年 11 月 23 至 24 日在中國社科院近代史研究所、福建師範大學中國基督教研究中心主辦之「全球化視野下的近代中國與世界基督教國際研討會」學術研討會上發表論文，題目為〈和諧神學：從趙紫宸、倪柝聲個案研究中國基督教神學的建造〉。

這樣看來，也有其道理。流亡法國的俄國學者科耶夫（Alexandre Kojève）對於共產主義與基督教所提出的相交點，就在於共產主義的參與者通過犧牲面向死亡，而使社會朝向他們的理想。[5] 這一點

5　研究黑格爾（G. W. F. Hegel）及祈克果（Søren Kierkegaard）的法國學者瓦爾（Jean Wahl）探討黑格爾的宗教思想，提出打碎黑格爾後期的僵硬體系，研究其早期神學思想中的精神和情感，重視黑格爾之《精神現象學》（*Phänomenologie des Geistes*）中的苦惱意識（unhappy consciousness）。瓦爾認為這與人性墮落和拯救有關，與祈克果一脈相承，乃一個基督教的向度，也是一種人學化（anthropological），故瓦爾對黑格爾的基督教提出一種人學的解讀。科耶夫在巴黎高等應用學院講授黑格爾的宗教哲學，他直接受科瓦雷（Alexandre Koyré）影響，繼續教授黑格爾宗教哲學課程；也受海德格爾（Martin Heidegger）影響，指出「海德格爾的人學，根本上，它並沒有給黑格爾現象學的人學增加甚麼新的東西。」海德格爾在《存在與時間》（*Sein und Zeit*）提出「此在」（Being-there）乃「在世之在」（Being-in-the World），生存維度就是人的向死而生。人只有面向他的死亡，面對他的有限，才能真正獲得自由，獲得本真的存在。科耶夫在〈黑格爾哲學中的死亡概念〉（"The Idea of Death in the Philosophy of Hegel"）一文，就是把黑格爾與基督教能夠達至相關聯的地方。科耶夫採用了馬克思的思路，把黑格爾的精神還原為人類歷史，認為對人類的總體把握必須通過歷史來加以說明。他的概念是「勞動」，人並非抽象地面對生命進行自我籌劃，在勞動中，作為奴隸的意識形態的神學得以形成，並在勞動中奴隸的意識形態也得以揚棄。通過「死亡」和「勞動」的概念，科耶夫形成了他解讀基督教思想的人學路徑。參 Jean Wahl, *Le Malheur de la conscience dans la philosophie de Hegel* (Paris: Rieder, 1929)；Alexandre Kojève, *Introduction to the Reading of Hegel* (Ithaca, N.Y.: Cornell University Press, 1969), 259, 注 4；Barry Cooper, *The End of History* (Toronto: University of Toronto Press, 1984), 65; Alexandre Kojève, "Hegel, Marx and Christianity," *Interpretation* 1 (1970): 21-42；Shadia B. Drury, *Alexandre Kojève: The Roots of Postmodern Politics* (New York: St. Martin's Press, 1994)；Gaston Fessard, "Two Interpreters of Hegel's Phenomenology: Jean Hyppolite and Alexandre Kojève," *Interpretation* 19, no. 2 (Winter 1991-1992):195-199；Patrick Riley, "Introduction to the Reading of Alexandre Kojève," *Political Theory* 9, no. 1 (1981): 5-48；Denis J. Goldford, "Kojève's Reading of Hegel," *International Philosophic Quarterly* 22 (1982):275-294；George Armstrong Kelly, *Idealism, Politics and History: Sources of Hegelian Thought* (Cambridge: Cambridge University Press, 1969), 313-338。

正正與基督教的十架精神吻合 —— 人只有通過十字架的犧牲，放下個人的私利，才能達至終極。當然作為基督教研究者，我們不能忽視十字架的犧牲是朝向創造者給我們的終極，與共產主義參與者的分歧是：他們所達至的，是他們自己在內心中的終極。這是一個有神論與無神論的分歧，驟眼來看就是如此，但是當我們深入瞭解，卻發現並不是這樣的簡單。讓筆者仔細的分析：在現今的政治神學裏，經常研討的就是終末論（eschatology）的錯誤運用，近代神學家們指出，人以為自己瞭解的啟示是最後的啟示，但這樣的終末論往往就把人所瞭解的冠以神的名字；所以終末論的限定（eschatological reserve）或終末論的附文（eschatological proviso），亦是針對這種不當的做法而強調對基督信仰的瞭解並不是最後的、亦不是絕對的。[6] 正如范彼德指出，終末論已從神學的邊陲移到了中心，且成為一種重要的轉向。他引用拉納（Karl Rahner）指出的終末論，那是結合了人類學與基督論為基礎的未來時式表達，其重點不是對末日將會發生甚麼的預期描述，而是一種病因性（aetiological）的敘述，當中展現出人的犯罪，因而福音要把人類從罪中帶進恩典而達至最終實現的未來階段；這是極需要對聖經終末論語言的重新神話化（remythologizing）或跨神話化（transmythologizing），而拒絕布特曼（Rudolf Bultmann）的一

---

6 Jürgen Moltmann, *Theology of Hope* (London: SCM, 1967), 16-18; Johann Baptist Metz, *Faith in History and Society: Toward a Practical Fundamental Theology* (London: Burns and Oates, 1980), 11; Michael Kirwan, *Political Theology* (Minneapolis, MN: Fortress Press, 2009), 132.

種去神話化（demythologizing）程序，因此程序將會去除了聖經的神話圖像。今天基督教的終末論正進入一個新的時代，需要一個新的框架去重新詮釋末世（eschaton）和末世的事物（eschata），而這亦是當今神學的任務。[7]筆者十分認同范彼德的理論，把神話圖像式的描述變為一種絕對化的宣稱，這就展現出一種不成熟的絕對化觀點。

莫特曼（Jürgen Moltmann）沿用了舊約神學家馮拉德（Gerhard von Rad）的思維，[8]研究舊約聖經中不同先知的啟示，需要在歷史中作出整合，就像今天神學所講是不同的面向（facets），要經過整合後才能明白神的應許，而這應許就是基督作為第一個復活的，而跟隨祂的人在以後也將有通過死亡而進入永生的盼望。在這種神學當中，終末論卻是將來永生的一個新的開始，而這也表示啟示（revelation）的本身永遠是開放的。就好像以色列先知們的啟示，在不同的時期我們發現各先知啟示的差異性（diversity），而每一個先知只是一個面向。當我們藉著基督事件整合所有的面向，才能明白眾啟示的一致性（unity）。所以，這個開放性絕不能被單獨的啟示所限制。同樣地，今天我們也不能完全將個別所謂的啟示作為最後的終末。以色列民族曾經出現這種錯誤，就是

---

7 Peter C. Phan, "Eschatology: Contemporary Context and Disputed Questions", in Peter C. Phan ed., *Church and Theology: Essays in Memory of Carl J. Peter* (Washington, D.C.: Catholic University of America Press, 1995), 252-275.

8 Moltmann, *Theology of Hope*, 120-124; Gerhard von Rad, *Old Testament Theology*, Vol. 2, trans. D.M.G. Stalker (New York: Harper & Row, 1965), 131-132.

對當時激進的猶太主義的啟示絕對化，誤以為在那個時期以色列能再次復國，這正正與耶穌的預言相違背，所以在主後 70 年，他們的聖殿再次被毀。以色列的經驗正是對啟示絕對化、不能作開放性的一種證明。同樣地在德國民族中，德國國家教會的神學家施米特（Carl Schmitt）就以希特勒作為他們國家的最終希望。所以現今一些美國基督右派表達自己是秉行神的旨意，尤其在政治上的體現，這是很容易誤導信徒的。所以，這一種終末論的運用所出現的問題，就是一些西方文化中所蘊含的絕對化，這也表現在西方文化的霸權上。當我們詮釋馬克思時，西方一些學者也出現相同的問題：科耶夫詮釋的共產主義所指向的，是一種絕對化的知識，而人真的能獲取這種絕對化的知識嗎？今天西方一些政治神學裏亦彰顯著這一種絕對化的神學，但是中國在文化大革命時，充分顯示了這種絕對化的危險，而這也是改革開放在近代中國歷史中的重要性。鄧小平重整了毛澤東的理論，把後期文化大革命的那一部分 —— 讓中國深受傷害的鬥爭放下，這亦是把中國的共產主義從西方的絕對化中釋放出來；而中國的改革開放就強調了現今是社會主義的初期，[9] 真正達至共產是需要經過很長的

---

[9] 1979 年，當時的中央軍委副主席葉劍英在慶祝中華人民共和國成立 30 週年的講話中，初步展現了社會主義初期階段的一種思想。後來，在 1981 年 6 月中國共產黨第十一屆六中全會上通過的《關於建國以來黨的若干歷史問題的決議》，首次明確地指出「我們的社會主義制度還是處於初級階段」。1997 年 9 月，在中共十五大報告上進一步確立了這社會主義的初期具有長期性及歷史性的地位。到了 2002 年，十六大黨章把總綱部分修訂為「我國正處於並將長期處於社會主義初級階段」。其後在 2007 年，時任中國總理的溫家寶更闡述了它的基本特徵及歷史任務。最近習近平主席在

時間，所以現時的並不是終末。就如鄧小平所述的，中國式的社會主義者是應該摸著石頭過河，[10] 不斷地探索，這正正表現了一種溫和的民族精神，不論在瞭解它的理想、歷史上都表達了一種客觀、包容的民族性情，這種民族性情在基督教的研究上顯得十分重要，因為這正是一種去除了西方的絕對化精神，而在當代的中國基督教，就比較容易把共產主義中的那種犧牲精神 —— 就是那種國家的領導人或改革者願意放下自己的利益而作犧牲、為人民服務的精神 —— 正與十字架的犧牲精神容易相配合。這種領導的精神是需要客觀、謙卑、瞭解民情、瞭解正與反的每一個方向而作出深入的瞭解。[11] 這就是一種能警覺絕對化的危險的思維，那麼，這樣就與基督教神學家提出的終末論的附文有異曲同工之妙了：一種和諧的精神，在中國民族中與上述的神學家在歷史中瞭解啟示剛好有了交匯點。

中國的教會無論是國家教會或是家庭教會，在政治上均較為

十九大上，繼續強調這是中國最大的國情、最大的實際，是中國的立足點。葉篤初主編：《黨的建設辭典：新世紀、新階段、新概念、新語彙》（北京：中共中央黨校出版社，2009）；另見〈習近平代表第十八屆中央委員會向大會作報告（實錄）〉，參網頁：http://news.takungpao.com.hk/mainland/focus/2017-10/3504361.html。

10 1950 年代，作為近代中國領導人之一的陳雲首次提出以「摸著石頭過河」來形容中國經濟的發展方式。陳雲：〈做好工商聯工作〉，載於陳雲：《陳雲文選：1949-1956》（北京：人民出版社，1984），152。

11 全國幹部培訓教材編審指導委員會組編：《領導力與領導藝術》（北京：黨建讀物出版社、人民出版社，2015），91-104。

保守，[12] 因民族在清末民初險些毀滅的經驗，一直都以正面的思想支持民族，展現出愛國的一面。這個中國教會歷史的傳統，配合著改革開放後的新中國所提出一同建設國家的總體方向；共產黨固然為先鋒，其他人士只要是愛國以及他們的價值核心能共融的，就可以一同囊括，建立一個小康並向著大同發展的國家。相同的，正如主耶穌所言，「不敵擋我們的，就是幫助我們的。」（馬可福音九章 40 節），所以中國教會也是以基督的教訓，只要有愛、維護公平、清潔等，就不是敵擋我們的，我們也能一同彼此建立一個美好國度。一些第三教會激烈反對國家的言論，[13] 因他們認為不應順從人而要順從神。這源於在改革開放中，當他們

---

12 筆者在此所說的「保守」是指並不激進。沿溯宗教改革的歷史，「激進」的改教者是指那些並不致力改革教會，把路德恢復的方向在邏輯上推到極端，故路德是極之反對的。他們都主張與過去的教會建制斬斷，採取極端的形式、經常具排他性、和主流的宗教改革有很大分歧。而中國的教會卻是「保守」的，在傳統的教義、改革上都是常與主流相配合，更往往配合國家的方針和發展。見 Luther, *Luther's Works*, eds. Jaroslav Pelikan (vols. 1-30) & Helmut T. Lehman (vols. 31-54) (St. Louis: Concordia; Philadelphia: Fortress Press, 1955-1976), vol. 40, 231.

13 筆者在田園調研中，發現很多家庭教會也表達其愛國和與政府配合，故他們把一些新崛起在城市中的新興教會，特別是與政府對抗的教會稱為「第三教會」。這是一個 1980 年代複雜的現象，與當時一些中國文化界學者所提出的「新啟蒙主義」有關。中國學者汪暉指出，他們把西方的啟蒙思想與正統的馬克思主義意識形態對抗，1989 年後其中一部分流亡海外，被認為是一些知識分子「把自己的認同建立在一種虛幻的關係之上」，不能確切認識中國處境，故不能把握現實。他們多為自由派的知識分子，高舉自由主義，故容易與美國右派的那種絕對化的天啟思想相配合，藉此在政治博奕中以宗教作為支持。汪暉：〈當代中國的思想狀況與現代性問題〉，載於公羊編：《思潮：中國「新左派」及其影響》（北京：中國社會科學出版社，2003），15-17。有關近代中國政治的基督教研究向度，將於筆者另一部著作《和諧神學 —— 研究中國基督教的多重向度》中詳述。

與不同國家接觸時，往往受到西方的絕對化思維所影響，把他們對政治的主張、對啟示的瞭解變得絕對化，這樣就用上了「順從神，不順從人，是應當的」（使徒行傳五章 29 節）的思想模式。但這樣運用聖經的詮釋，往往出現了問題，因為這樣的狹隘選擇，就容易把獨立的事件成為終極的啟示，產生了誤用或詮釋的錯誤；正如一世紀猶太民族中的激進主義，誤以為當時的復國是屬神的心意而造成主後 70 年耶路撒冷及第二聖殿被毀的災難，又正如 1930 年代德國的國家教會，誤以為希特勒是彌賽亞。所以今天的中國教會，如何分辨中國的政權是古列（Cyrus），還是敵基督呢？錯誤的判斷非常危險，所以秉承基督教訓而又在神學上在不同時代、地域進行更有深度的詮釋，是我們中國神學的必要。今天的中國政府在反腐、公平、為人服務、謙卑上不只展現出硬實力，還強調軟實力，這就是今天中國不以強權、而以道理展現的一種文化態度，這往往就是在聖經中基督鼓勵跟隨者的一種態度。這樣看來，這不是一種以左派與右派作對抗，更排除了不是左就是右、不是右就是左的模式，而卻是一種和諧並存、建立更好的在世國度，向著標竿直跑，就是讓更多的人，無論他們是否來自不同的黨派，均能建立一個向著屬天的國度，也是今天我們期望的和諧社會進發，這就是當代中國式的和諧神學。

另外，我們要瞭解當代的中國神學，必須要瞭解在 20 世紀後期東歐的共產主義政權所發生的事情。當時東歐和蘇聯的解體，可說是一種民生、經濟及意識形態的薄弱所引致。所以，中國的改革開放的思維，就是在反省中再次建立一種中國式的社會主

義。我們需要瞭解在清末至民國時代，中國文化已經崩潰，所以經歷了文化大革命後的改革開放，再次提出了中國的特色，曾在文化大革命中被污蔑的中國文化，今天又再次被重新強調：中國人需要重視他的根，而中國文化中的一種和諧、和平的特色，充分表現在現今中國所提出的價值系統，就是 12 種社會主義核心價值觀：富強、民主、文明、和諧、自由、平等、公正、法治、愛國、敬業、誠信、友善。這些價值系統正能與聖經中的價值體系互相輝映。這樣看來，當代的中國基督教應可成為自基督教傳入中國至今所達至的另一個黃金時期。[14] 但是，正像第一次的黃金時期一樣，中國基督教在國內亦出現了一種困局，就是由 1970 年代開始西方右派掀起的政治基督教，這亦是在其他國家中出現的一種由西方掀起的政治滲透。如果能夠明白這種美國右派的政治基督教不涵蓋整體的基督教，這樣中國基督教被社會邊緣化的憂慮就可去除了。換句話説，如果在中國政府的眼中，基督教不是成為顛覆其政權的一種外國政治滲透力量的話，這樣真實的基督教價值系統是能相容於中國的。尤其是在改革開放後，中國人民盡

---

14 基督教在華傳播的第一個黃金時期是 1900 至 1920 年，基督教信仰由西方差會傳入中國，他們在教育、醫療、出版等各方面傳教事業都非常發達。當時正值清朝崩潰，但這黃金時期的出現時間很短暫，其中主要原因之一是 1920 年代發生了非基督教運動，而問題的核心是西方藉著基督教在教育、醫療、經濟上控制了中國。Kenneth S. Latourette, *A History of Christian Missions in China* (New York: Macmillan, 1929), 518, 537-539, 618；中華續行委辦會：《中華歸主：中國基督教事業統計 1901-1921》（上）（北京：中國社會科學出版社，1987），89；103；費正清編：《劍橋中華民國史，1912-1949 年》（上卷）（北京：中國社會科學出版社，1994），179-181。

量避免文革時代以「鬥爭為綱」的做法，重新重視一種溫和、包容的民族性情，這一種傳統的和諧精神，在中國神學中發展成為一種與美國基督教右派截然不同的演繹。

學者一定會提出一個重要的問題，就是這種和諧理論只是一種因時制宜、由政治帶領的理論嗎？ **15** 如果這樣理解，也就太表面了。筆者就是要在本書中尋索一種中國特色的基督教根源，中國和諧的理論並不是膚淺簡單的，而是在中國文化中根深柢固的。放在今天的語境中，這甚至可以説是一種後現代的思維、是多元的，能針對過時的「現代」所留下的、因希臘思維而衍生的以西方中心論所發生的世界性困局。至於顯露於當今經濟、政治

---

15 2004 年，中國共產黨在第十六屆中央委員會第四次全體會議上正式提出了「構建社會主義和諧社會」，於 2006 年中央委員會第六次全體會議通過「中共中央關於構建社會主義和諧社會若干重大問題的決定」，從外交而論，這是調整中國與世界的關係，拓展中國對外開放的國際發展空間，提出最大限度地增加世界的和諧因素與最大限度地減少世界的不和諧因素，這被稱為是當時與政治經濟密不可分的格局。這也提出一種在世界中不同文化所突顯的差異性，而其中一種就是在和諧世界中的「以和為貴」的思想，是一種古代傳統文化的弘揚。在新中國的外交乃 1950 年代所提出的「和平共處」（周恩來與尼赫魯等在萬隆會議上提出）、80 年代所提出的「和平發展」（鄧小平提出和平與發展是當今時代的兩大主題）及 90 年代的「新安全觀」（江澤民的新安全觀到胡錦濤的和諧世界理念）中的以對話求安全、合作謀發展等共贏的思想，一直發展至今天習近平所提出的「中國夢」，都是一種以中國文化貢獻全球文明的展現（參楊魯慧：〈和諧世界：中國和平發展的新命題〉，《中國教育報》，2008 年 7 月 16 日）。北京大學中國文化研究院與中國社會科學院基督教研究中心於 2012 年共同舉辦中國化研究座談會，2013 年 11 月福建武夷學院有「近現代基督教的中國化」國際學術研討會；同月，亦有中國社會科學院基督教研究中心主辦、燕京神學院合辦的「基督教與和諧社會建設」國際論壇。2015 年會議論文集出版，為卓新平、蔡葵主編：《基督教與和諧社會建設》（北京：中國社會科學出版社，2015）。

等的向度，筆者將於和諧神學的另一著作《和諧神學：研究中國神學的不同向度與特色》中詳細論述。

這個研究並不是一個廣闊的研究，題目主線只是精細的尋索在歷史上中國基督教地建立及其回饋西方的發展，但所採用的工具卻必須是綜合各專業（即跨學科）的研究；這是一種比較文化的研究，也涉及西方神學思想發展、中國基督教歷史、中國基督教思想發展、神學家個案研究、政治、近代世界宣教史等等。誠然，中國的基督教聖樂只是中國基督教神學的外衣，而整合中國基督教神學就需要整合一系列之基督教思想發展史。此乃筆者由中國聖樂研究起始，而發展成本書之源起。新型的大國關係，主要在於研討中國與美國當今在全球化下的一個新的互動形勢。研究中國基督教可成為當中的鑰匙嗎？在相同的窗口 —— 基督教中，不同文化可互相比較、對話而達至互相欣賞。研究今天的基督教同樣需要處理以往的文化侵略向度，還要瞭解今天西方的政治基督教發展，即一種新的西方政治趨勢借助基督教影響著非洲、亞洲及不同的地區，**16** 在這種形勢下研討中國基督教能否成熟

---

16 對於中國基督教的研究，能否帶著勇氣、銳氣、朝氣和創新呢？上海大學的同工劉義教授於 2010 年到美國喬治城大學作博士後研究，他對宗教與國際政治有很好的體會，指出對於一直以政教分離的美國而言，今天的基督教跟政治之關係已與 19 世紀截然不同。美國作為全球化下的大國，當我們瞭解今天美國的基督教與政治之關係，就會釐清在全球化的脈絡下，今天整個世界的基督教形勢。以法爾維爾（Jerry Falwell）及羅伯遜（Pat Robertson）為例，隨著傳統宗派的衰落，傳統宗派的地位開始被取締。因著戰後美國的民權運動、反越戰、婦女運動等社會上的變化，這些佈道家開始發展及組織了維護不同的利益群體、跨宗派組織，而使基督教在社會事務中發揮更重要的作用，其中最突出的乃美國之福音派系統。1960 年和 1964 年的美國總統

地面對此種衝擊，建立其不被西方文化侵蝕的中國式基督教？這是一種具甚麼特色的中國基督教呢？不是政治主導，那麼就要在學術上探索其歷史的根源及發展，並要瞭解此種中國基督教是如

選舉，宗教都起著重要作用；1976 年美南浸信會信徒卡特（Jimmy Carter）當選總統，代表了當代福音派的復興；而福音派中的五旬節派，更於 70 年代得到發展，深入各主流宗派，亦超出了美國範圍，在亞洲、非洲和拉丁美洲取得很大成果。這也與美國在全球化的主導地位相配合，形成了文化全球化的重要向度，產生了新基督教右派（The New Christian Right）。新基督教右派的其中成員道德大多數（the Moral Majority）的創辦人法爾維爾於 1976 年指出，宗教和政治不能混合的思想是魔鬼製造出來，使基督徒不能管理世界，他更發展了自由大學（Liberty University）、林齊伯格基督教學院（Lynchburg Christian Academy）、自由聖經學校（Liberty Bible Institute），他所指出的大多數是代表基督教的保守派及全體美國人的道德態度，形成了一種道德政治的形式，積極參與美國的公共領域。他們的主要目的，是通過傳媒包括報紙、廣播、電視等，對美國的有投票權者進行道德教育，並提出一系列提高選民登記率、選民與代表的溝通、及在選舉中對代表認識之一切教育；他們也對國會進行遊說，以推行他們的價值系統，由最開始之 1980 年爭取總統競選，至其後總統選舉成功後，發展成為維護利益群體的工具，特別集中於政治秩序的建立，這與美國本身的利益政治及宗教多元有關。這得見於列根總統（Ronald Reagan）支持保守派政治。90 年代基督教右派演變為一種複雜的綜合性運動，例如影響共和黨提名、控制政黨工具、幫助共和黨贏回白宮、保持國會中的大多數、取得國會和州議會議席、影響聯邦法院決定、影響校董會、影響學校政策等，他們擁有最專業化和最組織化的機構。事實上這種新的政治趨勢，乃與原先之敬虔主義（Pietism）有很大的分別。政教分離之主張在於基督徒認為政治本質上是腐敗的，真正的信仰者應該避免參與政治，就像聖經中耶穌指出祂所宣揚上帝的國並不在地上，反而在人的精神、文明及生命上。歐洲的宗教戰爭在歷史中讓美國人民有難忘的記憶，這使傑弗遜（Thomas Jefferson）及麥迪森（James Madison）對政教分離關係的提出，使美國憲法的第一修正案得以確定。這種由 1970 年代開始基督教成為政治的實體的現象，明顯與美國開國時的原旨不同。這一種美國新的政治形式，也正藉著基督教影響著非洲、亞洲及不同地區，難怪不同的學者指出，宗教衝突在這世代成為重要的議題。參見劉義：《全球化背景下的宗教與政治》（上海：上海大學出版社，2011），132-143；另詳見 Mark A. Shibley, *Resurgent Evangelicalism in the United States: Mapping Cultural Change since 1970* (Columbia, S.C.: University of South

何貢獻全球的基督教呢？事實上，中國基督教在歷史上與政治息息相關，是由政治開始 —— 早於基督教最初入華時期 —— 而在輾轉中再建立一種去除西方文化侵略、具有中國特色及強調生命向度的神學。面對在全球化下宗教與政治的變異，本書探索「南韋北趙」的神學思想及發展，將使我們瞭解到今天中國的基督教已發展成為一個具中國特色的基督教信仰，這與全球化脈絡下的西方基督教具有對等關係，亦對全球的基督教作出貢獻，並產生一種新的研究範式。

在歷史上中國基督教思想的發展，就是通過歷史發展的事情，從中藉辯證而摒棄在人性中奴隸的一面，而這種奴隸精神就是從西方基督教傳入中國後所帶來的西方文化優越論開始，而此種辯證關係是在歷史中發生的各種事物之互動關係中發展的，是有機地相聯繫的。所以，如上所言，這研究是一個涵蓋了神學、宗教思想、比較神學、歷史、文化、詮釋學、哲學、政治、經濟、國際關係等的跨學科研究。正如馬克思指出，有一種民族的

Carolina Press, 1996); Donald M. Lewis ed., *Christianity Reborn: The Global Expansion of Evangelicalism in the Twentieth Century* (Grand Rapids, Mich.: W. B. Eerdmans, 2004); Clyde Wilcox, *God's Warriors: The Christian Right in Twentieth-century America* (Baltimore: Johns Hopkins University Press, 1992); Darryl G. Hart, *That Old-time Religion in Modern America: Evangelical Protestantism in the Twentieth Century* (Chicago: Ivan R. Dee, 2002); Susan Friend Harding, *The Book of Jerry Falwell: Fundamentalist Language and Politics* (Princeton, N.J.: Princeton University Press, 2000), 3-29; Clyde Wilcox, *Onward Christian Soldier?: The Religious Right in American Politics* (Boulder, Colo.: Westview Press, 1996), 61-64。

精神在這不同的領域中表現著它自己，[17] 而這一種民族精神卻隨著各個民族在歷史中一一走上舞台，我們在中國基督教的研究中，將會看到如斯的情況發生。就如同以往希臘文化對福音的詮釋、歐洲文化以至今天的美國文化也對福音作出詮釋，而今天中國人也嘗試從自身文化對福音作出詮釋一樣；當然，這涉及到中國人在基督的福音中尋找到自己角色的過程，這是中國基督教群體對其角色的發現與效果行動（in effective action），[18] 使之成為一種中國基督教的詮釋。這是涉及一種對人類經驗的歷時特徵，對福音的不斷反思而把片斷性（episodic）與塑形化（configurative）相關聯，[19] 把在郭士立、理雅各、敬奠瀛、倪柝聲、韋卓民、趙紫宸等先賢在不同時期的片斷，構成了在過程中的文本互關性（intertextuality），當然這也是一種塑形與再塑形。[20] 通過時間的進

---

17 W. H. Walsh, *Philosophy of History: An Introduction* (New York: Harper, 1960), 159.

18 Paul Ricoeur, *Time and Narrative*, Vol. 1 (Chicago & London: University of Chicago Press, 1984), 159; "Life: A Story in Search of a Narrator", in Marinus C. Doeser & J. N. Kraay ed., *Facts and Values* (Dordrecht: Martinus Nijhoff, 1986), 127.

19 Ricoeur, *Time and Narrative*, 3; "Life: A Story in Search of a Narrator", 123; "On Interpretation", *From Text to Action* (London: Athlone, 1991), 2.

20 Paul Ricoeur, "Metaphor and the Central Problem of Hermeneutics", in Paul Ricoeur, *Hermeneutics and the Human Sciences*, edited by John B. Thompson (Cambridge: Cambridge University Press, 2016), 127-143; "The Narrative Function", in Paul Ricoeur, *Hermeneutics and the Human Sciences*, edited by John B. Thompson (Cambridge: Cambridge University Press, 2016), 236-258; *Time and Narrative*, 3; "Life: A Story in Search of a Narrator", 123; "On Interpretation", 2; 另見 Roland Barthes, *Image-Music-Text*, trans. Stephen Heath (New York: Hill and Wang, 1977)。

程，把在歷時中的試用整合成為一種能通過考驗的詮釋，[21] 而這種整合就能使中國的基督教神學尋找到它的身分及此身分所作出的貢獻，亦藉此把西方文化優越性的偶像擊碎，同樣地也把中國文化中封建制度的偶像揚棄，作為一種見證（testimony）。[22] 本書通過在不同地方的檔案館和圖書館搜集歷史檔案、書信、報刊、著作、論文、回憶錄、研討等歷史資料，其中包括美國耶魯大學檔案館、英國倫敦大學檔案館、華東神學院檔案資料、北京大學檔案館，其他檔案館如上海市檔案館、香港中文大學圖書館，以及有關神學家個案研究之口述史等。本研究的第一部分（第二章）指出，20 世紀 80 年代中國基督教會的再恢復，中國教會領袖們提出建立具中國特色而獨立的神學理論，以避免一種滲雜了西方霸權或殖民地式的基督教精神。在基督教入華初期，中國民族中的和諧性情及文化就曾喚起一些西方傳教士的欣賞。在 19 世紀的鴉片戰爭及其他一連串的相關爭論中，他們把對中國文化的初步瞭解及欣賞，在西方本土中首次提出關注，並以這種和諧精神呼喚著西方放棄以利益掛帥而荼毒生靈的鴉片傾銷；中國文化融合著傳教士的基督信仰精神，初次回饋西方社會。在第二部分中（第三、四章），將會闡述被西方文明呼召的 20 世紀中國基督徒，

---

21 David Tracy, *Plurality and Ambiguity: Hermeneutics, Religion, Hope* (Chicago: University of Chicago Press, 1994), 108-113.

22 Lewis S. Mudge, "Paul Ricoeur on Biblical Interpretation," *Biblical Research* 24-25 (1979-1980): 50ff; Jean Greisch, "Testimony and Attestation", in Richard Kearney ed., *Paul Ricoeur: The Hermeneutics of Action* (London: Thousand Oaks & New Delhi: SAGE, 1996), 81ff.

嘗試建立具有本土特色的中國基督教神學；其中一些嘗試把西方的基督教翻譯過來，由中國人來主持這種翻譯的基督教，而韋卓民、趙紫宸則透過建立一套文化及神學理論，開始摒棄其崇拜西方文化的奴隸思維，建構一種中國式的基督教神學。本書的第三部分（第五至七章），將提出這一種具中國特色的文明，隨著歷史的發展，進入世界的舞台，把和諧、仁愛等的民族性回饋全球基督教，成為一種研究中國基督教的新範式，強調通過辯證、和諧的理論以補足西方基督教的不足，以豐富全球基督教，並能去除文化的衝突。

第二章

前事不忘，後事之師

本章曾發表於 2015 年 6 月 11 至 13 日英國愛丁堡大學及蘇格蘭孔子學院合辦之「理雅各
與蘇格蘭人在中國的宣教」國際跨學科研討會，題目為：〈差傳、教育、神學：理雅各
工作之重探〉（"Mission, Education and Theology: The Work of James Legge Revisited"）。
研究理雅各的著名學者費樂仁（Lauren Pfister）教授，大力讚賞筆者對理雅各的思想
瞭解及獨到分析。另外，部分內容曾發表於 2015 年 7 月 3 至 5 日德國慕尼黑大學、
英國利物浦希望大學合辦之「基督教傳教士及本色化期刊與跨大陸的基督教網路之建
立」聯合國際研討會，題目為：〈《真理與生命》的意義〉（"Significance of the Truth and
Life"）；以及發表於 2013 年 9 月 25 日中國華東神學院之中國近代神學講座（二）：「從
十九世紀兩位來華宣教士看基督教的中國化 —— 戴德生、李提摩太個案研究」。

在 1996 年全國「兩會」大會上，時任中國基督教協會常委的汪維藩在緬懷及回應其時剛逝世的同道羅竹風之時，娓娓道來他對中國神學的期望和理想：

「一個已經由中國信徒自辦的獨立自主的中國教會，還必須建立具有中國特色的獨立的神學理論。只有這樣，曾經是『洋教』的中國基督教才能變成真正中國的基督教。」[1]

在中國基督教建設的歷史道路上，那些帶著愛國情懷、視中國文化為瑰寶的中國神學家或教會領袖，誠然留下了他們的足跡。20 世紀初期中國本色神學家建設中國神學的心志，經歷了數十年政治和社會歷史的演變後，再次在中國的土地上燃亮起來。

一、改革開放後中國基督教發展的重新起步

1. 中國基督教會的再恢復

中國的教會在新中國成立後，不能脫離政治氣候及社會環境的洪流，然而在 1976 年，中國的文化大革命終於結束，國家於 1978 年開始推行改革開放，政府允許教會再次公開聚會，[2] 又於 1980 年成立中國基督教協會，以推動國內教會的自治、自養、自

---

1 汪維藩：〈要建立具中國特色的神學〉，載於汪維藩：《廿載滄茫 —— 汪維藩文集（一九七九至一九九八）》（香港：基督教中國宗教文化研究社，2011），540。

2 Philip L. Wickeri, *Reconstructing Christianity in China: K. H. Ting and the Chinese Church* (Maryknoll, N.Y.: Orbis Books, 2007), 205-209.

傳，以努力辦好中國教會為其成立原則。[3]背負了在此以前二十多年的歷史，當教會在改革開放後再次恢復的時候，在中國基督教群體中提出了一種尋求和好的方向，而這復和的對象包括了當時的建制教會及家庭教會。

1980 年代，中國再展現由自身掀起的文化交流，使中國基督教與世界基督教復和，藉神學重建建立一種有中國人性格的本色化基督教。[4]鄧小平把中國帶進改革開放後，中國建制教會內提出了一種復和及神學重建的理念，旨在聯合國內的百萬基督徒，包括聚集在家庭教會、或聚集在地方政府註冊的教會建築物內的基督徒。[5]建制教會的領導人丁光訓相信大部分家庭教會的基督徒是好的成員，肯定所有基督徒無論在教堂或家庭裏敬拜，在憲法保障下應享有宗教自由，主張隨著時間的過去，讓未註冊的家庭教會自願地加入三自，而不贊成當時採用各種方法去要求他們，這樣會達至一個更正面的效果。至於加強控制的範圍，應針對來

---

3 Wickeri, *Reconstructing Christianity in China: K. H. Ting and the Chinese Church*, 224; 丁光訓：《論三自與教會建設》（上海：中國基督教三自愛國運動委員會、中國基督教協會，2000），32；丁光訓：〈思想不斷更新的吳耀宗先生〉，載於范鳳華主編：《當代中國基督教發言人：丁光訓文集》（香港：基督教文藝出版社，1999），480-481。

4 拙作：〈和諧神學：從趙紫宸、倪柝聲個案研究中國基督教神學的建造〉，載於中國社會科學院近代史研究所、福建師範大學中國基督教研究中心編：《全球化視野下的近代中國與世界基督教國際研討會暨第三屆多學科視野下的基督教中國化研究學術研討會論文集》；"The Sinicisation of Sacred Music: A Study of T. C. Chao", in Yangwen Zheng ed., *Sinicizing Christianity* (Leiden; Boston: Brill, 2017), 261-289。

5 丁光訓：〈我們的看法 —— 丁光訓主教一九八〇年十二月廿三日同香港丘恩處牧師、吳建增牧師談話記錄〉，《景風》第 66 期（1981）：4-5。

自海外的非法活動及反動勢力，但不應針對包括家庭教會基督徒在內的一般基督徒。[6] 隨著中國社會進入改革開放後的新里程，中國的教會也獲賦予新的使命，超越了以往只是脫離西方，建立中國自治、自養、自傳的教會目標，乃要進一步達至辦好教會的任務，並進入神學重建的時期。[7] 重建基督教神學，成為了實現治好教會的最關鍵工作；而尋求團結國內所有基督教群體，正是三自愛國運動委員會最重要的任務。作為三自愛國運動領袖，丁光訓強調自己不可一方面把家庭教會置之一旁，另一方面把他們說成不合法。三自愛國運動所服務的對象並非只是一小群基督徒，而是要聯合團結及聯繫國內百萬的基督徒，尋求所有基督教群體的團結。[8]

新中國成立前，丁光訓本身是來自聖公會教會，帶著聖公會的傳統和神學思想，但是在 1978 年改革開放後，卻能夠與不同神學見解的學者配合。三自愛國運動下另一位舉足輕重的人物汪維

---

6 郭經緯：〈丁光訓對基督教的態度〉，《橋》33（1988）：2-6；Peter T. M. Ng, *Chinese Christianity: An Interplay between Global and Local Perspectives* (Leiden: Brill, 2012), 230。

7 2000 年三自愛國運動 50 週年紀念時，丁光訓發表了〈我怎樣看這五十年？〉，他把這 50 年時間分為三個階段：第一階段是 1950 至 1980 年，這時期三自教會與所有中國人同在苦難中，故是最艱難的時間，當時中國教會為了尋求實現自治、自養、自傳的目標而經歷著去西方化的過程。第二階段是 1980 至 2000 年，這是中國基督教協會成立及開始了由「三自」轉向「三好」的牧養更新時期。三好是治好、養好、傳好，就是要辦好教會，這包括了教會及敬拜場所的復興、新教堂及神學院的建立、按立牧職、廣泛出版聖經、聖詩及基督教刊物。由此進前至第三階段，這就是一個提出神學重建的時期。三個階段是順序發生，而後來的階段可以豐富及加強先前的階段。丁光訓：〈我怎樣看這五十年？〉，《天風》7（2000）：4-5；Ng, *Chinese Christianity: An Interplay between Global and Local Perspectives*, 231。

8 郭經緯：〈丁光訓對基督教的態度〉，2-6。

藩，本身是來自福音派的傳統，他作為中國全國性神學院校中的一位教會發言人，同樣強調一種「多中求一」的和諧關係，表明這是「聖靈工作的根本原則。中國傳統文化對此領悟很深，主張容許事物的多種多樣存在，並在其間尋求一致，尋求和諧……那種以一概全、獨尊某一教派背景、某一神學觀點、某一崇拜儀式的想法和做法，都只能扼殺並摧殘聖靈所賜給教會的活潑生機」。[9] 現今中國教會把洗禮與浸禮並列、聖餐與擘餅並列、持守教會節期與非持守者皆被尊重，[10] 而國內一些教會並沒有被強制加入基督教協會，反之雙方保持著不同模式的關係，[11] 正體現著來自不同教會傳統、著重不同神學思想、身處不同教會群體的團結精神，甚至在某個程度上開展一種復和的關係。

2. 對於建立一種適切時代需要的中國神學的要求

作為改革開放後中國建制教會的領袖，無論是來自聖公會傳統的丁光訓，或是福音派傳統的汪維藩，他們對於中國神學的建造皆指向相同的目標，就是提出要建立在中國文化下之中國基督教神學。中國不應在中國的土壤上複製西方的神學，也不應在中國重複自由基要主義的爭辯，反而應建立中國自身的神學。丁光訓提出中國的神學需要處境化，找出其在共產主義國家特有的

---

9 汪維藩：〈聖靈與合一〉，《金陵神學誌》2（1998）：44-46。

10 《讚美詩（新編）》編輯委員會編：《讚美詩（新編）》（中英文雙語本）（上海：中國基督教三自愛國運動委員會、中國基督教協會，1999），10。

11 汪維藩：〈聖靈與合一〉，44-46。

表達方式，所以中國基督徒需要建造本色化的中國神學，它能指向及對應中國的政治、社會、文化處境。中國的基督徒需要保持開放的思維，讓其神學思想在聖靈的引導下，尋求可行的途徑以保護其基督信仰及保護教會在共產中國的見證。同時，所有人民及信徒也有責任為了國家的好處、以及為了教會的生存及見證著想，要達至這個方向，神學重建的過程需要讓基督徒對其信仰有更好的理解，而非信徒要變得更願意聆聽福音。神學的重建應向著促進基督信仰與社會主義社會相適應的目標，並去除神學上的障礙以達至愛國主義及社會主義。丁氏認為中國政府對於宗教與中國社會主義社會積極的相適應提供了一個方向，他表明與社會主義社會的相適應不只是關乎一個正式確認的問題，也要幫助中國基督教成為社會主義社會的一個組成部分，故需要提升中國文化及知識界的水平。對丁光訓來說，中國基督教應當植根於中國的土壤，並且作為全球基督教與中國文化之間相互影響的結果，它需要以中國的特色去做基督教神學。[12] 同樣地，汪維藩談到神學思想建設，也主張建立具有中國特色的神學理論，他指出需要探求基督教基本信仰同中國優秀傳統文化的融會點，就是在聖經啟示與民族文化兩者中尋覓中國神學的起始時期作為起點，重新繼續發展開拓。他特別指出這是「先輩上下求索過的那條漫漫長

---

[12] 丁光訓：〈調整神學思想的難免和必然〉，《天風》3（2000）：4-5；〈三自愛國運動的發展和重視〉，《天風》1（2000）：4-5；Ng, *Chinese Christianity: An Interplay between Global and Local Perspectives*, 233-234。

路」。[13] 不單如此，丁光訓及汪維藩同樣認為，需要有一種能夠把基督教、中國傳統文化及馬克思主義相互瞭解及共融的神學體現出來。[14] 建立一種中國神學的迫切性，在這兩位基督教領袖中有著共同的領會。[15]

當代兩位中國基督教的代表人物在他們的成長、學習、信仰歷程上皆先後經歷了西方差會及傳教工作在中國興衰轉折的不同階段，構成了他們對建造中國神學有如此深切的體會。自19世紀以來，大批西方傳教士先後來到中國，雖然他們帶著傳道的任務入華，但卻與西方國家入侵中國的歷史產生千絲萬縷的關係。他們在華傳道之時，「發生在西方殖民主義以及爾後帝國主義向中國這樣一個軟弱的東方大國輸出鴉片、輸出商品、輸出資本的時候；發生在耶穌基督被歪曲為西方人，以一個西方人的面貌出現時。而且，所有這一切又都採用了一種錯誤的辦法：高壓和懲罰的辦法，炮艦和不平等條約的辦法，武裝入侵和血腥屠殺的辦

---

13 汪維藩：〈要建立具中國特色的神學〉，載於汪維藩：《十年蹣跚 —— 汪維藩文集（一九九七至二零零七）》（香港：基督教中國宗教文化研究社，2009），543。

14 汪維藩：〈自序〉，載於汪維藩：《廿載滄茫 —— 汪維藩文集（1979-1998）》，xvi。

15 發展今天的中國神學，我們必須要以20世紀初期作起始點，這是一個非常複雜的任務，因為當中的先輩有些把共產主義與基督教相容，又有些強調中國文化與基督教並行，其中包括了自由派，就是那些重視20世紀學術的基督教學者；另一些就是保有基要派面貌、曾與自由派有爭拗的如倪柝聲、賈玉銘等，此外還有些是強調靈恩的表達，像號稱中國本土靈恩派的敬奠瀛。基於篇幅所限，不能盡錄，筆者選取其中較為重要的兩位來分析他們的神學。

法。這就使中國教會從她被建立的第一天起，就捲入了一場歷史悲劇。」**16** 正因為這一段歷史，對於建立中國本色神學的呼聲瀰漫在基督教群體、教會、甚至社會……

二、尋索 19 世紀來華基督新教傳教士的意識形態：文化侵略與文化交流的對壘

錢幣的一面是西方傳教士乘著西方列強藉著軍事侵略打開中國大門之便，紛紛來華開展傳道事業，由此西方傳教士往往被視為站於侵略的一方，而傳教工作也被看成為對中國的文化侵略。然而，錢幣卻有它的另一面：傳教士除把基督教信仰帶到中國外，也因在傳教的過程中需要與中國人建立接觸的渠道，故他們一併把其原有的西方文化、科技、醫藥、教育等各方面知識引進中國；當傳教士長居中國而接觸中國文化後，他們又把這些文化內容介紹到西方國家，促進了中西文化交流的互動。西方文化侵略及文化交流之間的對壘貫穿於近代中國，以致中國基督教歷史發展及中國神學的建立也不能脫離這一充滿張力的局面，反之是在這處境下不斷演變及調適。

---

16 汪維藩：〈一九四九年前的中國教會〉，載於汪維藩：《廿載滄茫 —— 汪維藩文集（1979-1998）》，429。

1. 從文本中發掘傳教士來華傳道的意識形態

西方傳教士對外傳播基督教信仰的途徑，主要以佈道、醫療、教育、慈善及出版五個主要範疇為主，其中文字出版事工可算為最能超越地域及時空的界限，具有深遠的影響，尤其對於遼闊的中國地域來說，其流傳的速度及範圍足以打破直接佈道所需要的人力限制。文字事工成為了傳教士投放精神和資源的重要媒介，而在他們的出版文本中，所表達的信息卻透露了不同傳教士對於來華傳道的意識形態。[17]

《察世俗每月統記表》（*China Monthly Magazine*）是第一份

---

17 英國哲學家培根（Francis Bacon）提出意識形態是一種對於偶像（idols）所作的批判，而啟蒙時代的法國思想家也理解它為一種對於偏見的批判（préjugés）。從這樣的角度來看，意識形態是從錯誤觀念中能夠把正確觀念分辨出來的一組觀念群。馬克思卻指出意識形態是對於實在的錯誤理解，把理論與實踐分開來，忽視了人類物質、社會和歷史的條件，著重辯證唯物論與歷史唯物論的運用。筆者所用的意識形態，是在辯證的過程中尋找正確的詮釋，以分辨當中錯誤的系統，所以，需要注意到實踐、社會的角度及歷史所發生的事物。而在此處指出的是，西方傳教士雖然在福音的傳播上號稱是傳遞屬天的資訊，不過在歷史及實踐與社會角度中，卻含有表達西方的優越及軍事、文化的侵略，這是消極性的；但在另一方面，也具有積極性的文化交流。這意識形態並不是指基督教的意識形態，而是指西方傳教士的意識形態。參 Werner Post, "Ideology", in Karl Rahner ed., *Sacramentum Mundi*, Vol. III (New York: Herder and Herder, 1968-1970), 94-97; Mostafa Rejai, "Ideology", in Philip P. Wiener ed., *Dictionary of the History of Ideas*, Vol. II (New York: Charles Scribner's Sons, 1973), 552-555; Marx-Engels, *The German Ideology* [1846] (Moscow: Progress Publishers, 1964), 42; Frederick Engels, "Letter to F. Mehring (1893)," in *K. Marx and F. Engels: Selected Works in Three Volumes*, Vol. 3 (Moscow: Progress Publishers, 1977), 495-499; Vladimir I. Lenin, *The Teachings of Karl Marx* [1914] (New York: International Publishers, 1964), 16。

在中國本土以外創辦的基督教中文期刊，**18** 後來在中國大陸以外的不同傳教士，也相繼創辦了其他期刊，如麥都思（Walter H. Medhurst）主編的《特選撮要每月紀傳》（*Monthly Magazine*）1823年在印度尼西亞出版，基德（Samuel Kidd）主編的《天下新聞》（*The Universal Gazette*）在 1828 年刊印於馬六甲。作為第一本在中國本土出版的基督教中文期刊，**19** 郭士立（Karl Gützlaff）在

---

18 基督新教在中國的第一份期刊可追溯至由馬禮遜（Robert Morrison）與米憐（William Milne）在馬六甲創辦、於 1815 至 1821 年出版之《察世俗每月統記表》。在創辦的首三年，此刊物每月印刷 500 份，免費贈送在海外如暹羅、越南及馬來半島的中國商人，也有傳送給在廣州參加全省會考的秀才，這些做法主要是因為清政府的禁教政策，由此可看到傳教士刊物的傳播是幾經轉折，才傳予本土的中國人民，以作宣傳之用。*Records of the General Conference of the Protestant Missionaries of China Held at Shanghai, May 7-20, 1890* (Shanghai: American Presbyterian Press, 1890), 720-730; Roswell S. Britton, *The Chinese Periodical Press, 1800-1912* (Shanghai: Kelley & Walsh, 1933), 51-54; William Milne, *A Retrospect of the First Ten Years of the Protestant Mission to China* (Malacca: Anglo Chinese Press, 1820), 154.

19 有關在華本土的第一本期刊，在學術研究上何凱立與 Zhang Xian-Tao 提出的意見有所分歧。何凱立是根據 *Records of the General Conference of the Protestant Missionaries of China held at Shanghai, May 7-20, 1890* 的內容來查其原始的資料，而於其論述中，何凱立手民之誤指出《各國消息》(*News from All Lands*) 的出版日期為 1832 年，實為 1838 年，故 Zhang 提出麥都思及郭士立的《東西洋考每月統記傳》(*Eastern Western Monthly Magazine*) 才是第一本在本土出版的中國期刊。何凱立：《基督教在華出版事業（1912-1949）》（成都：四川大學出版社，2004），1-12；Zhang Xian-tao, *The Origins of the Modern Chinese Press* (London; New York: Routledge, 2007), 39；Roswell S. Britton, *The Chinese Periodical Press, 1800-1912* (Shanghai: Kelley & Walsh, 1933), 23. 筆者在本研究中查看了其原始資料 *Records of the General Conference of the Protestant Missionaries of China Held at Shanghai, May 7-20, 1890* (Shanghai: American Presbyterian Press, 1890), 720。

1833 年出版之《東西洋考每月統記傳》（*Eastern Western Monthly Magazine*）中所傳講的信息，卻表達了背後一種對中國人存著敵意的意識形態。

郭士立 1833 年 8 月在廣州為了他的贊助者 —— 身處廣州及澳門的外國人（其中主要為商人），期望藉出版中文期刊以宣傳西方文化，來打破中國的閉關政策。[20] 以期刊作為宣傳的方式，在初期的傳教工作上也經常成為一種政治手段，如 19 世紀末英國傳教士李提摩太（Timothy Richard）也將他的政治理念發表於《萬國公報》上，這與郭士立的手法如出一轍。[21] 在《東西洋考每月統記傳》上，郭士立採用了中國先哲孔子在《論語》中的語句，又以「愛漢者」（One who loves the Chinese）作為其獨有的筆名，他論及的內容尤其更多是涉及世俗的事務。[22] 他在此刊物中不斷宣揚給當時的中國人知道，西方文化是如何地較中國文化優越，並不是中國人眼中的蠻夷。在《東西洋考每月統記傳》第三期第一卷，特別以此教導中國人，與外國人做生意應公平誠實，對他們要以禮相待。[23] 當然這個時候，他藉此介紹西方的最新發明，如蒸汽機、輪船、火車等科技；又展現西方報業的發展及文化的發達，如自

---

20 Britton, *The Chinese Periodical Press, 1800-1912*, 23; Zhang, *The Origins of the Modern Chinese Press*, 39.

21 翁同龢：《翁文恭公日記》，卷 34，537（台北：國風出版社，1964），冊七，7321。

22 Zhang, *The Origins of the Modern Chinese Press*, 40.

23 郭士立：〈論〉，《東西洋考每月統記傳》，第 3 期，第 1 卷。

由婚姻、男女平等以及男女皆有接受教育的機會等等。[24]

以上的內容驟眼來看，似乎對當時的中國人甚具吸引，甚至比馬禮遜及米憐的作品更容易被人們接受。郭士立的期刊確實一方面藉著表達西方文化的優勝來得著中國人的羨慕，另一方面他自稱愛漢者、引用《論語》語錄的做法，確能使當時的中國人（尤其是知識分子）更能接受他。但是，這顯然並不是郭士立真實對中國人的愛心，當我們查考 1833 年 6 月份《東西洋考每月統記傳》的創刊意見書時，發現其中刊載的英文版序言，竟與中文版的序言截然不同。中文版序言的內容引用了孔子的話語，說明中國人應以學為先；而英文版序言則指出中國人的驕傲自恃，雖然西方與他們長久交往，但他們仍視西方為蠻夷；又表明中國人如此的驕傲，嚴重影響到外國居民的利益。故此，郭士立指出期刊之出版是為著回應廣州與澳門的外國人社群贊助，使中國人羨慕西方的科技、科學與準則。期刊的策略是不談政治，避免激怒中國人，不過卻採用巧妙的方法，使中國人相信自己的不足，應在多方面向西方學習，並教導他們與西方人保持良好關係。郭士立相信此期刊將贏得中國人的友誼，以使西方商人得到成功。從瞭

---

24 近代很多研究郭士立《東西洋考每月統記傳》的學者都贊成這些論點。何凱立：《基督教在華出版事業（1912-1949）》；鄭連根：《那些活躍在近代中國的西洋傳教士》（台北：新銳文創，2011）；Zhang, *The Origins of the Modern Chinese Press*; Patrick Hanan, *Chinese Fiction of the Nineteenth and Early Twentieth Centuries* (New York: Columbia University Press, 2004)；James Markham, *Voices of the Red Giants* (Ames: Iowa State University Press, 1967) 等等。

解郭士立創辦《東西洋考每月統記傳》的深層目的，以至分析郭士立在中國的行動和工作，才能進一步地認識到他背後以西方利益為本、對中國存著敵意的意識形態。

與郭士立迥然不同的另一種意識形態，可由馬禮遜、米憐、理雅各出版的《察世俗每月統記表》展現出來。這期刊與郭士立的作品大有分別，根據米憐的介紹，此刊物是為了推動傳播基督教，內容並不像郭士立的刊物那樣包含如此多世俗的事情，內中除了以宗教和道德為主，當中也有幾篇短文是涉及顯淺的天文學常識，並且蘊含教育的元素，對於當時重大的政治事件亦有少許報道，以使刊物的內容更為豐富。[25] 馬禮遜顯然是代表著另外一種外國傳教士的態度，他對中國文化帶有一種尊重，認為孔子是中國的先哲聖賢，而儒家的經書中也帶有很多精華。在馬禮遜看來，孔子是一位能幹而正直的人，不肯妥協於當時代流行的迷信，只是孔子沒有提出如何彌補這不足的宗教信仰。[26]

簡言之，以 19 世紀早期的基督教中文期刊作為分析的工具，可看出傳教士如郭士立的「愛漢者」外表上雖有基督教的外衣，但實質卻具有商業與政治目的；至於馬禮遜、理雅各等傳教士皆以傳遞宗教信仰為主，而其中卻內含著對中國文化的尊重。除馬禮遜與郭士立有不同的見解外，理雅各也是與郭氏截然不同：郭

---

25 Britton, *The Chinese Periodical Press, 1800-1912*, 51-54.

26 Eliza A. Morrison, *Memoirs of the Life and Labours of Robert Morrison*, Volume I (London: Longman, Orme, Brown, and Longmans, 1839), 281.

士立是直接參與鴉片戰爭，而理雅各並沒有對鴉片戰爭提供幫助，相反地，他卻提出嚴正的反對。

2. 從郭士立的角色探索錢幣的一面：文化侵略
（1）帝國主義擴張的積極參與

　　來自德國的郭士立，其傳教士的角色在歷史上往往具有爭議性，在來華宣教前，他已在泰國被指控為英國政府的間諜，[27] 不單個人書籍被沒收，更被指控走私鴉片。事實上，即使其後來華宣教，郭士立的做法亦引起非議。歷史上有證明，郭士立一直都是透過商業、並在鴉片船當翻譯，也在鴉片戰爭中，遊說西方對中國動武。無論在戰爭中所得到的利益，及其後在英國殖民政府能得著官位管理華人，這種種在學術研究上都曾引起學者熱切的關注。[28] 他以當時先進的航海技術描繪了中國的地圖（圖 2.1），相對於由中國官員自行繪製的中國地圖（圖 2.2），顯然郭士立的技術遠超於中國。這種詳細記載中國海灣及地形的地圖，無疑有助日後英國對中國的軍事行動。1832 年，英國的東印度公司以考察及發展業務為名，派遣商館職員胡夏米（Huge H. Lindsay）乘英輪阿美士德號（Lord Amherst）前往廈門、福州、上海、威海等地，

---

27 Jessie G. Lutz, *Opening China: Karl F. A. Gutzlaff and Sino-Western Relations, 1827-1852* (Grand Rapids, Mich.: William B. Eerdmans, 2008), 48; Karl Gutzlaff, *Acht Maanden te Bankok*, Nederlandsch Zendeling Genootschap Archives, A15C. 311.40.

28 白瑞華（Roswell Britton）指郭士立是「西方文明的辯護」(apologia for Western civilization)。見 Britton, *The Chinese Periodical Press, 1800-1912*, 23; Zhang, *The Origins of the Modern Chinese Press*, 22。

圖 2.1 郭士立繪製的中國地圖《大清一統天下全圖》，載於《東西洋考每月統記傳》，
1833 年 9 月號。

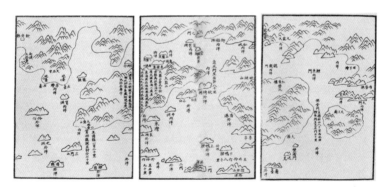

圖 2.2 中國官員繪製的中國地圖，載於 1822 年阮元編修的《廣東通志‧海防圖》。

隨行的包括了郭士立等 70 多人。然而，在整個航程中，郭士立等人的注意力卻落在勘察中國的軍事實力上。

對位於粵閩邊境、廣東第二個海軍根據地的南澳，他們提供了仔細的描述：「這個根據地的防禦，據我們所見，共有七八隻戰船，從外形看來，它們類似小型的福建商船，從各方面看來，比我們在廣州看到的戰船要差得多。海灣入口處有炮台兩座……」[29] 他們並且注意到中國的軍事裝備不但殘破落伍，大部分武器更是由缺乏技能的中國人操作，提出中國的武器面對歐洲的炮船是毫無還擊之力的。[30] 因此，結束勘察中國的航程後，郭士立積極鼓勵英國政府堅持向中國提出要求，以打開中國東北部的貿易大門；他表明：「我的微小的願望是英國政府將會替英國商人獲得這樣大的貿易的。但是不恐嚇那個衰弱和可鄙的政府，而採取商議的辦法，將會得不到任何結果。由大小不同的一千艘船隻組成的整個中國艦隊，都抵禦不了一艘戰艦。」[31] 郭士立於 1832

29 參 Charles Gützlaff, *Journals of Three Voyages along the Coast of China in 1831, 1832, & 1833* (London: Frederick Westley and A. H. Davis, 1834); Huge H. Lindsay, *Report of Proceedings on a Voyage to the Northern Ports of China, in the Ship Lord Amherst* (London: Fellowes, 1833); Charles Gützlaff, *A Sketch of Chinese History, Ancient and Modern: Comprising a Retrospect of Foreign Intercourse and Trade with China* (London : Smith, Elder, 1834)；南木：〈鴉片戰爭以前英船阿美士德號在中國沿海的偵查活動〉，載於列島編：《鴉片戰爭史論文專集》（北京：生活·讀書·新知三聯書店，1958），106-107。

30 Gützlaff, *Journals of Three Voyages along the Coast of China in 1831, 1832, & 1833*, 182.

31 參 Gützlaff, *A Sketch of Chinese History, Ancient and Modern: Comprising a Retrospect of Foreign Intercourse and Trade with China*；南木：〈鴉片戰爭以前英船阿美士德號在中國沿海的偵查活動〉，111。

至 1834 年間先後數次應東印度公司的鴉片船邀請，擔任翻譯員和秘書，[32] 沿海北上到過中國的奉天、上海、廈門、福建等地，他認為為鴉片船擔任翻譯是要方便傳教。不過，郭士立與商業及鴉片活動確實有著千絲萬縷的關連：一方面他阻撓及威嚇那些意圖破壞鴉片活動的中國人，另一方面在實際行動上促進了鴉片販賣的活動，其中活躍於鴉片貿易的英商查頓（William Jardine）曾向其鴉片船的船長發出與郭士立交往的指示：「你將很高興就與改變自己目的有關的所有問題與郭士立博士商量，他在語言及中國人的特點方面的廣博知識，對你制訂及實施計劃很有益處。為了我們的利益，我們要很好地意識到合作雙方的熱情。」[33] 郭士立為鴉片商人提供的服務，使他賺取了相當可觀的報酬；雖然他認為這是取得傳教經費的途徑，但他對英國鴉片販賣貿易的實際扶助，終究帶來了尖銳的矛盾和批評，也令人難以抹掉他在對中國的侵略上所擔當的重要角色。後來，郭士立為英國政府擔任譯官，而1840 年當英國艦隊威脅天津時，他亦為艦隊的譯官。郭士立藉英軍佔領中國的舟山時，繼續派發傳教單張和書刊。其後英軍攻佔中國時，郭士立繼續充當譯官。當英軍攻陷寧波後，以寧波為總部，郭士立則以華文譯官身分管理當地華人事務。

　　1842 年中國在鴉片戰爭戰敗，郭士立協助英方談判南京條

---

32 Karl F. A. Gützlaff, *Journal of Three Voyages along the Coast of China* (London: Frederick Westley and A. H. Davis, Stationers' Hall Court, 1834), 70.

33 Jessie G. Lutz, "The Missionary Diplomat Karl Gutzlaff and Opium War", 中文翻譯載於《史學選譯》，17 期（1990）：24。

約，故他是簽訂條約之重要的英方譯官，亦是負責與中方交接之譯官。藉簽約交涉，郭士立乘機向中國官員派送聖經，而當時中國的重要官員均有接受。1843 年，郭士立到香港就任香港總督的華文譯官，管理華民事務及對清廷官方接觸的事務，即後來之華民政務司。雖然負責處理香港的華民事務，但郭士立對於居港的中國人卻沒有半點好感：「對打石工人，他說『他們大多是無道德操守的人，沒有安定生活的打算，只看生意利淡，隨聚隨散』，『我們來到之後，大多數來到這個島上的都是黃埔的人，他們當中不少人格低下，隨時可以做出種種殘酷勾當』；『店員的資本很少，他們胼手胝足地過日子，過著無操守無自制的生活』；『這裏的人的道德水平是最低最低的』」。[34] 郭士立對於中國人的真實感受，顯得與其「愛漢者」的自稱格格不入。

（2）失實不當的傳教成果

　　至於在傳教事業上，郭士立對華人傳道員向來信任包容，其中有不少吸食鴉片及行為惡劣的會員，在領取傳教刊物之後，並無到指定工作地點派發傳教，及至預定時間即返訓練中心作出虛假報告，以便領取薪金，引起其他傳教士，尤其是理雅各（James Legge）非常不滿。[35] 郭士立在其出版之刊物中自稱為「愛

---

34 原文見 George Smith: *Rev. G. Smith's Report on Hongkong, More Especially in Reference to Missionary Facilities There and in the Contiguous Parts of the Canton Province* (London: Church Missionary House, Salisbury Square, 1845)，譯文引自劉紹麟：《香港華人教會之開基：1842 至 1866 年的香港基督教會史》（香港：中國神學研究院，2003），144-145。

35 李志剛：《基督教與近代中國文化論文集》（台北：宇宙光，1989），65。

漢者」，上文曾提及一些他附會及討好中國人的做法。當他第一次前往中國航行時，就穿著福建當地的衣服。郭士立另一備受爭議的地方，就是他於 1844 年在香港成立一個團體，名為福音宣教聖會（Christian Association for Propagation of Gospel），後來改名為福漢會（Chinese Union 或 Chinese Christian Union），其組成目的就像其英文名稱一樣：讓中國信徒自己傳教。郭士立早期把福音書刊派發，故又稱為「散書者」（tracts distributor）。從 1844 至 1849 年，郭士立創辦的團體成員人數據稱增加到 1,000 人，宣教師由 1846 年的 36 人增至 1849 年的 130 人，受洗者由 1844 年的 262 人，至 1849 年已有 695 人。[36] 當中福漢會的重要成員包括有羅孝全（Issachar Roberts）、黎力基（Rudolph Lechler）、韓山文（Theodore Hamburg）等。1847 年，郭士立聲稱福漢會已在中國 70 個地方建立了穩固基地，至 1848 年更增至 80 個工作點。理雅各為郭士立福漢會所宣傳的數據感到憂慮，特別在於郭士立一直在歐洲宣揚其宣教事業的成就時，成立了許多支持福漢會的群體，當中最著名的包括英國商人鮑爾（Richard Ball）成立的中國福音會（Chinese Evangelization Association），成員包括有當時的律師、股票經紀、牧師、商人等。傳教士韓山文、黎力基、葉納清（Ferdinand Genähr）因發現郭士立的佈道失實不可信，故於其後離開福漢會。另一方面，理雅各和韓山文於 1850 年 2 月 20 日組成一個委員會調查福漢會內情，不單指出他所宣揚的失實，而在福

---

36 Lutz, *Opening China: Karl F. A. Gützlaff and Sino-Western Relations, 1827-1852*, 228.

漢會中更充斥著很多吸食鴉片及行為不檢的同工。韓山文更作證他們所派發的 200 部新約，其中散書人根本沒有外出，只是以每市斤 15 枚銅幣賣給原來承印的書商，而書商又以高價轉賣給韓山文，其中有些書籍已多次轉賣。這次調查揭露了許多福漢會的情形，於 1850 年 4 月這份調查報告已開始在歐洲流傳。韓山文於郭士立在 1849 年全年於歐洲宣傳福漢會期間，將不信任的宣教師遣散，當中更受到被殺的威脅。

翌年，韓山文在香港組成調查委員會，在是次調查的範圍中，包括了福漢會的華人職務及管理成分，對於郭士立對外聲稱福漢會的審計和書記職務有華人擔任、以及設有由華人組成的管理委員會，調查委員會的結果是認為郭士立這些說法並不可信。再者，有數位傳教士指出楊志遠等人因品行問題而遭到其他傳教士開除甚至趕出教會，但郭士立在知情的情況下仍然僱用這些人，引證郭士立的處事方法備受爭議及存在問題。是次調查向大眾揭開了福漢會充斥著虛假失實和欺瞞的行為，以及其包庇惡劣質量的形象，由此展現了郭士立誇張虛假的個人性格，以及其傳教工作利用了不擇手段的方法。[37]

在當時理雅各等人及至近代對於郭士立的研究，[38] 皆使我們

---

37 吳義雄：《開端與進展：華南近代基督教史論集》（台北：宇宙光，2007），94-95。

38 Jessie G. Lutz and R. Ray Lutz, "Karl Gützlaff's Approach to Indigenization: The Chinese Union", in Daniel H. Bays ed., *Christianity in China: From the Eighteenth Century to the Present* (Stanford, Calif.: Stanford University Press, 1996), 281; 吳義雄：《開端與進展：華南近代基督教史論集》，90-94。

看到在郭士立的傳福音策略上，因強調經濟支持，故在宣教事工上對於數字的虛構、以及使用行為卑劣的同工，這顯然與原來基督教的重視生命、藉基督教勝過人類罪惡的問題皆背道而馳，甚至因著郭士立一直的傳福音策略，被指控為英國作間諜，又說服西方在鴉片戰爭的議題上向中國發動戰爭，這種種都是充斥著利益、政治的動機，以達至個人的利益。所以，在當時有良好名聲的傳教士理雅各組成一個超宗派的委員會，又在西方揭示這種失實的行為。對於郭士立所說的愛漢者，上文已指出那是他在刊物中一種附會中國文化、但其中卻絕不是真實尊重中國的做法，其政治目的乃是藉著宣傳刊物表示西方在文化上如何優勝，以得到在中國的輿論上爭取於中國開放門戶。郭士立一直活躍於政治事務，包括積極擔任鴉片戰爭及簽訂條約的傳譯、在殖民地參與管理華人的工作，意味著他已在自由獨立傳教生活上找到「合他胃口的職位」，[39] 但其傳教工作卻與西方帝國主義的擴張和侵略互相掛勾。英國漢學家韋利（Arthur Waley）甚至指責郭士立為「牧師和海盜、江湖郎中和天才、慈善家和騙子的混合體」。[40]

3. 從理雅各的角色探索錢幣的另一面：文化交流

英國傳教士理雅各整個對外傳教的生涯，幾乎都用於香港的

---

39 Lutz, "The Missionary Diplomat Karl Gutzlaff and Opium War", 中文翻譯載於《史學選譯》，17 期（1990）：23。

40 Arthur Waley, *The Opium War through Chinese Eyes* (New York: Macmillan, 1958), 233.

傳教事業上，而他的建樹卻對於在華傳教事工具有顯著的意義。作為一個西方殖民地的傳教士，他理應像郭士立那樣，以政治為策略去鋪排自己的事業；他也理應像聖公會主教施美夫（George Smith）那樣，把中國視作一個對手，藉著基督教來征服和控制這資源豐富的異國，並使這異國的人民成為自己國家的人民。但是，理雅各雖然服務於英國殖民地政府，參與殖民地政府的教育決策，[41] 其傳教的意識形態卻與他們截然不同。在學術的研究上，我們會用「轉向」這一詞彙，是的，「轉向」這是理雅各把傳教從政治主導中回復到信仰的根源，讓信仰的真實成為建立中國人民的幫助、重拾他們失去了的中國文化，並以此融合著基督教文化來喚起他們對道德、生命的渴求，從而離開以往的腐敗體系；也在傳教領域外把西方知識和語言訓練 —— 就是對西方溝通的利器，無條件的給予華人。這不是為囊括他們成為西方的傳教士，而是藉著教育體系，真實的使中國進入一種進步的發展歷程。在這過程中，理雅各在中國的土地上並不只強調某一特定的宗派，他所作的貢獻就是聯合了不同宗派及不同階層，包括不同國籍的商人和官員，以對華人作出貢獻。當理雅各退休回到英國，在牛津大學擔任漢學教授時，他還把中國文化介紹到西方，宣揚他在

---

41 Lauren F. Pfister, "The Legacy of James Legge," in *International Bulletin of Missionary Research*, (April 1998): 78; 岳峰：《架設東西方的橋樑：英國漢學家理雅各研究》（福州：福建人民出版社，2004），1；雷俊玲：〈宗教與文化的雙重使者 —— 理雅各〉，《輔仁歷史學報》18（2006）：106-107。

華的傳教事工，[42] 這已踏入一種回饋使命，就是把傳教去政治化滲透、超宗派的合作、使西方明白中國文化作為西方文化的他者等等，都是一種回饋使命。

（1）以中國作為另一個家

作為最早期首批到香港傳教的傳教士，理雅各如其他傳教士一樣，尚未能摸透教會在香港發展的可行性，推行的傳道工作也屬試驗性質。[43] 他所面對的張力不單存在於當時的中國人與西方人之間，亦存在於差會之間。當談到理雅各，不期然令人聯想到與他同時期來到香港、被英國國教會（Church of England）差派的施美夫。同樣來自英國，但有趣的是理雅各與施美夫對香港的印象卻是兩個截然不同的情懷。在施美夫對英行會（Church Missionary Society）的報告中，[44] 他對香港的看法非常負面，學習中文固然對傳教士產生問題，而且整個地方的衛生不佳、治安惡劣，根本不宜在香港建立華人教會。施美夫認同郭士立的看法，強調居港的中國人沒有道德

---

42 Pfister, "The Legacy of James Legge," 78; 理雅各著，馬清河譯：《漢學家理雅各傳》（北京：學苑出版社，2011），201-214。

43 劉紹麟：《香港華人教會之開基：1842 至 1866 年的香港基督教會史》，23、65；劉紹麟：〈比較浸信會與倫敦會：早期在香港建立華人教會的經驗〉，載於《第二屆近代中國基督教史研討會：近代中國的基督教宗派論文集》（香港：浸會大學歷史學系、建道神學院，2001），3。

44 George Smith, *Rev. G. Smith's Report on Hongkong, More Especially in Reference to Missionary Facilities There and in the Contiguous Parts of the Canton Province* (London: Church Missionary House, Salisbury Square, 1845).

操守、人格低下、見利忘義、「道德水平是最低最低的」。**45**

　　身處於同時代、同處境的早期香港，理雅各對香港卻是完全不同的思維。當他憶述自己初來到香港時，緬懷地說：「……我沒有忘記那份喜悅的激動，就是當我們通過了青洲，我凝視著在北面和南面的連綿山嶺，而圍繞在它們之間的是海灣的寧靜水域。我似乎覺得，我終於找到了我離開蘇格蘭所為著的家……」**46** 早期香港的客觀環境確實並不理想，理雅各同樣被當時香港的治安、衛生、疾病、仇外的陰影所籠罩著。**47** 但經過了在香港接近 30 年的生活，理雅各見證著香港的疾病及死亡率的下降、法律的建立及治安的提升。對於香港這一切的改變，理雅各深感安慰。**48** 他在香港所接觸和相處的中國人中，他們不是一群

---

45 原文見 George Smith: *Rev. G. Smith's Report on Hongkong, More Especially in Reference to Missionary Facilities There and in the Contiguous Parts of the Canton Province*，譯文引自劉紹麟：《香港華人教會之開基：1842 至 1866 年的香港基督教會史》，144-145。

46 James Legge, "The Colony of Hong Kong," *Journal of the Royal Asiatic Society Hong Kong Branch* 11 (1971): 172.

47 除了基督教傳教士，開埠初期來港的天主教神職人員也受香港土地貧瘠、資源缺乏的問題困擾，有些更因衛生和居住環境而相繼病逝，而當時在港的華人亦往往對外籍傳教士存有敵意、甚至作出攻擊。早期來香港傳教的天主教修女有些只得居住在山邊的茅寮，生活艱苦，如雅芳善科嘉修女（Sr. Alphonsine Forcade）、佳播祖賓修女（Sr. Gabrielle Joubin）都是因病年輕早逝，而戴本雅明修女（Sr. Benjamin Dei）更在一場火災中喪失生命。他們除了經常遭遇天災人禍、疾病瘟疫帶來的危險，也會遭遇社會上仇外的情緒威脅，不但發生拒絕向外籍人士售賣東西，更因針對居港的英國社群而發生華人麵包師的下毒事件。此事震驚了天主教及基督教的傳教士群體。申頌詩（Sr. Josefina Santos)：〈沙爾德聖保祿女修會在香港〉，載於夏其龍、譚永亮編：《香港天主教修會及傳教會歷史》（香港：香港中文大學天主教研究中心，2011），11-14；Legge, "The Colony of Hong Kong," 182; 理雅各著，馬清河譯：《漢學家理雅各傳》，84。

48 Legge, "The Colony of Hong Kong," 176-180.

「無道德操守」、「人格低下」、「道德水平是最低最低」的流氓，他反而感到「總體來說中國人是守法及喜歡制度 …… 我會只能說在我於這裏多年的居住中，我跟他們的書本（中國文學）的交往與跟他們人民交往的程度是差不多的」。[49]

施美夫在他寫給英國的報告中的結論是：「把資源放在敵人前線上的一個哨站並不適當，真正的戰鬥要在中國的土地上進行。」[50] 這樣的思維方向，很難令人想像他會把最好的系統送給中國。即使施美夫在香港建立教育事業，開辦聖保羅書院，也只是以此作為英國國教會訓練宣教師的基地，自然地他發展的教育是以取得華人宣教師為方向。[51] 對於香港的中國人而言，這種只是擴

---

49 Ibid., 180-181.

50 Rev. Smith's Report, C CH M1, 134, Church Missionary Society Archive.

51 香港的殖民地政府依循英國本土的情況，教會及宗教在教育事務上有重要角色。事實上，宗教與教育涉及利益上的掛鈎。由於備有聖經科目的學校可以得到政府提供資助，這成為了國教教會倡議把聖經科目引進教育之內、拒絕把宗教從教育劃分開來的原因。英國國教會對教育掌握了控制權，學校需要執行國教教會的指引，教會在教育事務上並沒有受到任何制衡。以英國國教教會的聖保羅書院為例，這所教育機構於1849 年成立，宗旨是訓練男學生在其教會內工作，學生來源是由學校選拔進聖保羅書院受訓的男生。這所學校在建校三年後，得到了政府可觀的支援。這種具有宗教性的政策得以在教育上推展，原因是香港的英國國教主教施美夫出任當時教育委員會的主席，英國國教因而在香港的教育事務上掌握了最高的權力，導致英國國教式的宗教教育推展在學校之內。然而，倡導學校推行聖經學習在當時來說，卻被視為是政府及教會對於本土教育的操控。George Smith, "Prospectus of Missionary Plans for the Benefit of the Chinese", 1849, CO 129/31, 286-288, Colonial Office 129，英國殖民地部與香港政府之書信往來檔案；Wong Man-Kong, *James Legge: A Pioneer at Crossroads of East and West* (Hong Kong: Hong Kong Educational Pub., 1996), 69-72; Stephen Evans, "Language Policy in British Colonial Education: Evidence from Nineteenth Century Hong Kong", *Journal of Educational Administration and History* 38/3 (2006): 296。

展英國國教會基地的做法，可能會引起更大的反感。理雅各的方向剛好相反，經過在香港的摸索階段後，他指向的不是一個西方建立傳道人的基地，也不是藉基地擴展西方殖民主義的做法，[52] 相反卻是把西方其中最好的系統 —— 教育制度，不計較彼此國籍不同而作為禮物送給中國的平民大眾。自此以後，香港的學校從英國國教會的控制中釋放出來，成為了一種世俗教育的體制，也就是由政府提供普及教育的前身。[53]

19 世紀中期，西方傳教士是因中國在鴉片戰爭的戰敗而得以進入中國，打開了通向中國傳福音的大門。但複雜之處在於，一方面傳教士受惠於鴉片貿易帶來的戰事勝利，另一方面鴉片貿易卻使中西關係充滿張力，更挑戰了基督教的倫理。所以，在傳教士群體當中對鴉片戰爭存在著兩種極端的立場。[54] 理雅各對於鴉片的反對和痛恨，並沒有因他返回英國後隨之丟淡，他更沒有放棄在遠方的中國和香港。耳聞目睹鴉片如何毀滅中國人民的生命和家庭的悲劇，使他參與禁止鴉片貿易協會（the Society for the

---

52 Lauren F. Pfister, *Striving for 'The Whole Duty of Man': James Legge and the Scottish Protestant Encounter with China,* Volume I (Frankfurt am Main; New York: Peter Lang, 2004), 10-11; 岳峰：《架設東西方的橋樑：英國漢學家理雅各研究》，108-109。

53 世俗教育今天被稱為普及的基礎教育，它強調的並非是灌輸式的基督教教育，卻是著重科學、技術、文學知識的教授。然而，這類世俗教育其實不是世俗，而是一種基本的教育。

54 Paul A. Cohen, "Christian Missions and Their Impact to 1900," in *The Cambridge History of China*, Vol. 10, ed. John King Fairbank (Cambridge: Cambridge University Press, 1978), 551; Wong, *James Legge: A Pioneer at Crossroads of East and West*, 31-32.

Suppression of the Opium Trade），強烈提出禁售鴉片的要求。[55] 理雅各重視人民的生命被建立、基督性格的培育，他特別感到難以接受英國向中國進行的鴉片貿易，強調鴉片是「過去腐敗的幽靈」("corrupt phantom of the past")，[56] 它沒有任何認可地位（locus standi）能繼續維持下去，應予以取締。[57] 自詡為信奉基督的維多利亞時期的英國，經常把讚美神的說話掛在口邊的同時，卻經他們的手把鴉片帶到中國為自己圖利，用外表的敬虔作為掩藏自私、損人利己的面具，[58] 難怪帶著神的呼召和有人情的理雅各，為自己的國家向他所愛的國家所作的不公義和邪惡之事而痛心疾首，[59] 更指出「英國稱呼自己為一個仁愛和公正的國家，但在這事上卻顯出它缺乏了這兩個美德」。[60] 對於鴉片的問題，他重申「我只知道先知的響應：『要止住作惡，學習行善』」。[61] 理雅各認為在生命中實踐仁愛、公平、正直的基督精神肯定最為重要，更是終生的使命。

---

55 Helen E. Legge, *James Legge: Missionary and Scholar* (London: The Religious Tract Society, 1905), 225.

56 Norman J. Girardot, *The Victorian Translation of China: James Legge's Oriental Pilgrimage* (Berkeley: University of California Press, 2002), 54.

57 Legge, "The Colony of Hong Kong," 191.

58 Lauren F. Pfister, *Striving for 'The Whole Duty of Man': James Legge and the Scottish Protestant Encounter with China*, Volume II (Frankfurt am Main: Peter Lang, 2004), 8-9.

59 James Legge, *The Nestorian Monument of Hsi-An Fu in Shen-Hsi, China* (London: Trubner, 1888), 60; Legge, *James Legge: Missionary and Scholar*, 226-227.

60 Girardot, *The Victorian Translation of China: James Legge's Oriental Pilgrimage*, 197.

61 Legge, *James Legge: Missionary and Scholar*, 226.

（2）把傳教體現於一種關係性的神學 —— 生命的重建及世俗教育的建立

　　理雅各對於早期香港教育的發展具有領導性的角色，雖然本身為傳教士，但他積極推動香港世俗化教育的發展，當時同樣來自英國的施美夫名義上雖為香港首位教育局的主席，但德籍宣教士歐德理（E. J. Eitel）在他撰寫香港早期歷史的著作中指出，理雅各才是名副其實香港教育精神的實質領導人，[62] 被譽為「香港教育之父」。[63] 像費樂仁（Lauren Pfister）提出理雅各是「以其非英國國教的傳統為框架」，[64] 並展現了理雅各與卡萊爾（Thomas Carlyle）對宗教有相似的瞭解。由此看來，理雅各有著加爾文主義的嚴謹，[65] 當然他也自稱是加爾文派。[66] 這個看似驟眼就能解決的神學問題，其實卻是一個非常複雜及帶著深度、值得探討的議題。從一般加爾文的思想分析，我們可以有第一層的體會。理雅各所推行的世俗教育，背後是訓練一群具有基督教思維的人。然而，從進深的角度來看，加爾文主義在不同的時代、不同的地域

---

62 德籍宣教士歐德理是早期香港的漢務參贊（助理司級殖民地官員），曾任香港政府視學員。E. J. Eitel, *Europe in China: The History of Hongkong from the Beginning to the Year 1882* (Hong Kong: Kelly & Walsh, 1895), 392.

63 吳梓明：《基督宗教與中國大學教育》（北京：中國社會科學出版社，2003），21；高時良：《中國教會學校史》（長沙：湖南教育出版社，1994），44。

64 Pfister, *Striving for 'The Whole Duty of Man': James Legge and the Scottish Protestant Encounter with China*, Volume I, 9.

65 Pfister, *Striving for 'The Whole Duty of Man': James Legge and the Scottish Protestant Encounter with China*, Volume II, 5.

66 Girardot, *The Victorian Translation of China: James Legge's Oriental Pilgrimage* 24.

都有不同的體現：蘇格蘭的加爾文主義經常是系統性的，美國的加爾文主義是務實的，荷蘭與清教徒等也各有其特色。這裏我們嘗試以蘇格蘭的系統、並以印度中心及非洲中心配合理雅各於中國的發展，就可看到一種蘇格蘭式的宣教體系 —— 教育，即學習理性思維、科學，作為使人們能明白聖經的預備。事實上，在同樣的時代背景，理雅各與其他地域的蘇格蘭系統皆具有相同的方向，但此種蘇格蘭系統卻帶來與不同宗派有所歧義。蘇格蘭的宗教生活具有神權政治（theocratic）的元素，福音的傳播不只是為了拯救靈魂或擴張教會，更重要是在基督的心意下，建立一個有法律和經濟秩序的基督教社會，擁抱著一種通過進步而朝向文明的理想。[67] 一個有秩序的社會，就需要以教育作為基礎及承傳，因為教育帶來知識和理性思維的培育。在蘇格蘭的觀念中，教育的元素包括了科學、科技、機械、經典的學術，[68] 而一個以「藝術與科學、知識與學習的復興」作開始的福音化，被視為是上帝的神聖心意，將成為新世代傳教工作的起點。[69] 這正好讓我們明白為何理雅各會如此重視教育的發展。在蘇格蘭的宣教中，教育在基督

---

67 Andrew F. Walls, "The Scottish Missionary Diaspora," in *The Cross-Cultural Process in Christian History: Studies in the Transmission and Appropriation of Faith* (Maryknoll, NY: Orbis Books, 2002), 260-261; Brian Stanley, "Christianity and Civilization in English Evangelical Mission Thought, 1792-1857," in *Christian Missions and the Enlightenment*, ed. Brian Stanley (Grand Rapids and Richmond: W. B. Eerdmans, 2001), 171.

68 Walls, "The Scottish Missionary Diaspora," 262.

69 Robert Millar, *History of the Propagation of Christianity, and the Overthrow of Paganism*, Volume 2 (London: A. Millar, 1731), 227.

化（Christianization）的過程中擔當了一個關鍵。[70] 這樣，一種強調以理性探究及經驗觀察為基礎的教育系統，[71] 能夠推動理性化的進程，正是理雅各努力引進到香港、植根於中國人社會中的成果。理雅各的教育工作，不單是要打破中國人與英國人這兩個截然不同的民族、兩個東方與西方文化的藩籬，[72] 事實上堅信自己背負著世俗和神聖雙重使命的理雅各，確是把這個雙重使命實現於他的傳教處境之中。[73] 當我們瞭解這種蘇格蘭的系統時，只是一個開始，而更重要的是此種系統在學者來看，理雅各是具有一種詮釋的靈活性。[74] 這個思維是完全正確的，但卻要訴諸於對加爾文神學

70 Stanley, "Christianity and Civilization in English Evangelical Mission Thought, 1792-1857," 180.

71 蘇格蘭的知性傳統強調運用理性探究及經驗觀察，傳教士便以此來認識傳教地的不同宗教，能夠消除對異教的敵對和衝突，並可與它們以一個帶著公義、謙恭有禮及愛的基礎接觸，甚至發現其他宗教也可作為基督教的一種預備，而印度的傳教工作正好為這一點作出了引證。由於以西方的思想模式作為起點和建構的教義體系，往往只反映出西方的宗教思維，這對於基督在印度的表述、甚至是對印度人的意義沒有甚麼作用，因為這種取向忽視了印度人本身的思想模式和他們的宗教體系。但是對蘇格蘭的傳教士來說，印度人的宗教並非必然與基督教敵對、也非一無可取，相反當地人的宗教現象可被視為有助於當地的知性過程。其中倫敦會的法庫爾（John N. Farquhar）便是一個很好的例子，他對於印度教的思想作出了完整的表達，將印度教信念的實現與基督相連，以此作為基督教的預備，使印度教與基督教築起了一道橋樑。對於在中國人社會傳教的理雅各來說，中國的儒家不單是預備，更有其獨特的發展。Stanley, "Christianity and Civilization in English Evangelical Mission Thought, 1792-1857," 174-175; Walls, "The Scottish Missionary Diaspora," 269, 271.

72 Gwenneth Stokes, *Queen's College 1862-1962* (Hong Kong: Queen's College, 1962), 16.

73 Girardot, *The Victorian Translation of China: James Legge's Oriental Pilgrimage*, 1.

74 Pfister, *Striving for 'The Whole Duty of Man': James Legge and the Scottish Protestant Encounter with China*, Volume I, 9.

的研究方法之發展有更深入的瞭解。在加爾文的研究上，卡諾奇（Alexandre Ganoczy）對加爾文的演繹純以天主教的觀點，亦即加爾文的轉變並沒有一個特定時期的悔悟。[75] 至於溫德爾（François Wendel）則特別指出了兩個時期：1533 年 8 月、及 1533 年 11 月，認為這兩個時期都是加爾文轉變的重要時間，這一說法為麥格夫（Alister McGrath）所同意。[76] 沒有其他學者接納麥克尼爾（John T. McNeill）對於加爾文悔悟過程之看法，但他也同意加爾文的轉變有特定的時期，而這時期是在 1534 年初。為甚麼加爾文轉變的時期是如此重要呢？麥格夫認為加爾文在巴黎大學（University of Paris）的時期中，與來自蘇格蘭的梅爾（John Mair）有所關連，[77] 而在美國學術界公認對加爾文研究有貢獻的慕勒（Richard Muller），則設定這個悔悟的時期是在 1529 至 1531 年。[78] 不同學者對加爾文的研究，就是一層一層地加深對加爾文的瞭解。2009 年耶魯大學的哥頓（Bruce Gordon）在加爾文出生五百周年時，出

---

75 見 Alexandre Ganoczy, *The Young Calvin* (Philadelphia: Westminster, 1987); "Calvin's Life," in *Cambridge Companion to John Calvin*, ed. Donald K. McKim (Cambridge: Cambridge University Press, 2004), 3-24。

76 François Wendel, *Calvin: The Origins and Development of His Religious Thought* (New York: Harper & Row, 1963), 37-45.

77 麥格夫認定由中世紀晚期唯名論者（Nominalist）所引發的新奧古斯丁學派（neo-Augustinian）是改教運動的肇因，而梅爾是當時此派的要員之一。Alister E. McGrath, *A Life of John Calvin: A Study in the Shaping of Western Culture* (Oxford, UK; Cambridge, Mass.: B. Blackwell, 1990), 21-50.

78 Richard A. Muller, "The Starting Point of Calvin's Theology: An Essay-Review," *Calvin Theological Journal* 36 (2001): 314-341.

版了《加爾文》（*Calvin*）一書，他從這些時期與當中勾勒出的事件，提出一個對加爾文瞭解的重要方向。[79] 哥頓著墨於加爾文的心思態度，以及他在外在形勢中的變動，[80] 故哥頓所提出的是一種關係性的改革，指出加爾文不是由純意識主導，因其所作的決定不完全是由神學觀念指導，卻是一種由複雜的人脈關係所影響而作的決定，從而建構其中的神學反思、以及對教會的教導。這樣就帶出一種強調關係式的加爾文神學。因此，加爾文派的群體是帶著基督的心志、高舉聖經的標準、沒有放棄上帝的原則，並隨著聖靈的帶領，仔細作出選擇；並且他們在環境的互動中，展現出

---

[79] Bruce Gordon, *Calvin* (New Haven; London: Yale University Press, 2009).

[80] 加爾文的性格與理雅各實在有相似的地方。加爾文把自己看作上帝的器具，他具有超凡的影響力，雖然其友人有不良行為，但是他也能把他們導向在上帝裏面工作的方向。他在巴黎就讀於最好的大學，卻少有人像他這樣的才能。按哥頓所言，加爾文的成就在於他是一個出色的思想家和作家、以及他在詮釋聖經上的能力，其中一些特點就是加爾文喜愛人文主義。哥頓認為，加爾文的所有才能都是使他明白自己是一個有上帝特別呼召的人，特別是加爾文明白他生命的終極不只在於日內瓦，而是在於他是一個教會的人，他關心的就是教會的團結，他的天分是去顯示教會，尤其當教會面對變動莫測的政治及壓力，他也擅於以聖經中的人物像摩西、大衛與其他先知來教導，所以在他的思維中顯示了他像使徒一般的角色。見 Gordon, *Calvin*, Preface, vii-x。
理雅各與加爾文的性格相似之處，顯然他也視自己是上帝的器具，所以他隨倫敦會來到香港。事實上他並不是英國國教者，在初期的殖民地政府時期，英國國教的優勢顯而易見，但是理雅各的性格使他能把軍隊、商人、一切非英國國教的英國人也整合起來，甚至其後對中國人也產生很大的影響力。理雅各對漢學的研究恩賜是當時少有的。理雅各與加爾文一樣，他明白自己的終極不只是在於他當時創立的教會，他更進入政府的系統，成為最具影響力的人物之一。在教會中，他在佑寧堂的地位在歷史中是舉足輕重的，當他離開時，繼承者難以有他的恩賜去整合中西兩群教友；但他回來重掌教政之後，就不斷使教會擴展，這個情況不只一次發生。理雅各擅於用聖經的教導，就像摩西在沙漠中領受的十誡，來教導當時香港的商人應脫離金錢的捆綁而建立屬靈的生命。

聖靈在場景（*sitz im leben*）中給我們的啟示，以作為神學的建構，這也是對教會活的指導。由此，我們就可以明白理雅各的神學思維，他由最初的蘇格蘭宣教系統，建立起著重科學、理性、語言等元素的教育，好像蘇格蘭的傳教士在印度傳教時，他們以認識印度教作為對基督教的預備。這種進路與理雅各是同出一轍的，理雅各也以建立教育開始，深入瞭解中國文化，並提出以對儒家的瞭解作為啟動。不過，他在中國本土的互動，卻展現了這一種關係性的神學建構。

1843 年香港割讓給英國作殖民地後，理雅各把原設於馬六甲的英華書院遷到香港，並出任英華書院的校長，計劃栽培第一代中國基督徒日後作牧師、教師或學者。同年，該書院成立了預備學校。理雅各的原意是讓英華書院可與大學課程銜接，發展為高等的教育學府，[81] 加上他有意培育中國信徒將來奉獻於傳教工作，所以將英華書院改為一所神學院，書院名稱同時改為英華神學院。[82] 書院的宗旨是讓學生接受一般知識的教育後，繼續修讀神學，將來作教會的傳道。[83] 理雅各在書院推行蘇格蘭模式的教育，教授的課程包括基督教倫理和英語語言文化，原意是使學生兼具世俗知識和宗教知識，為他們日後修讀神學有更好的基礎和

---

81 Lauren F. Pfister, "The Legacy of James Legge," in *International Bulletin of Missionary Research*, (April 1998): 78.

82 Pfister, "The Legacy of James Legge," 78; 雷俊玲：〈宗教與文化的雙重使者 —— 理雅各〉，106-107。

83 李志剛：《香港教會掌故》（香港：三聯書店，1992），16。

預備，因此這所書院成為中國人接受英語教育的第一所學校。[84] 在歷史發展的影響下，理雅各培養教會僕人的工作出現了困難。社會上普遍形成了一種不願意承擔傳教工作的氣氛，[85] 甚至一些理雅各本來視為很有前途的學生亦表現出猶豫不定、離開學校，使理氏深感失望。[86] 理雅各失去了早期對基督教教育的樂觀看法，他看出學院的設立未能達到預期的果效，[87] 甚至對在香港教育中施行雙

---

84 雷俊玲：〈宗教與文化的雙重使者 —— 理雅各〉，107；岳峰：《架設東西方的橋樑 —— 英國漢學家理雅各研究》，135。

85 當時美國掀起淘金熱潮，使懂得中英文翻譯的年輕中國人獲得的機會，明顯地遠較作傳道的生活更具吸引力。再者，當時香港整體的經濟發展處於波動和脆弱的階段，政府和商人因而打消了對教會的資助。1850 年代，中國和英國政府之間的關係惡化，無論傳教工作是直接進行抑或通過教育進行，也極不討好。理雅各與另一位倫敦會傳教士湛約翰（John Chalmers）於 1857 年知會倫敦會，指出當時的中國人若仍然留在香港，他們在中國的家人就遭到滿清官吏的威嚇，在滿清官吏的指使下，社會上許多人離開了香港，結果商業業務停止，理雅各等傳教士在香港的運作亦暫時中止。Council for World Missions Archives, G4, Box 6. 引自 Leung Kwong-Hon, *The Impact of Mission Schools in Hong Kong (1842-1905) on Traditional Chinese Education: A Comparative Study* (Boston Spa, Wetherby: British Library Document Supply Centre, 1987), 80。

86 理雅各如此寫道：「過去的經驗使我們相信在這殖民地訓練年青人成為傳道人是不設實際的想法，尤其是這裏沒有為他們服務的迫切需求、沒有這麼多可轉移他們目標的東西。」LMS Archives 5/4/A, Annual Report of the Hong Kong Mission, January 12 1855. 引自施其樂：《歷史的覺醒：香港社會史論》（香港：香港教育圖書，1999），347。

87 理氏提供的教育因向學生教授英語，許多接受英語訓練的中國學生因獲得知識而比一般同胞地位提高，容易找到更好的工作崗位，他們被社會上薪高優職的職業吸引，相反傳教工作卻顯得薪金微薄，所以他們畢業後沒有參與傳教事業，大多從事商行的翻譯工作，甚至前往外國尋找發展機會。神道院在興辦 13 年的過程中，共收納了 17 位年輕人入學，但當中沒有一個繼續作傳道工作。Gillian Bickley, *Development of Education in Hong Kong: Revealed by Government Reports, 1848-1896* (Hong Kong: Proverse Hong Kong, 2002), 58.

語宣教教育的可行性開始提出懷疑，理氏最終於 1856 年關閉英華書院。[88]

理雅各提倡向中國人提供教育，支持向中國學生提供一般教育，而不是要求他們遵行嚴格的傳教士課程。[89] 理雅各於 1853 年被邀擔任教育委員會的成員，自此他在香港的教育制度上作出了重要的貢獻，帶來了徹底的變革。他不但在港督戴維斯的年代已經遊說政府批准建立一所大型的免費學校，向華人提供教育，其後他更以早期在教育上的經驗作為參考和先例，進一步於 1860 年向港督羅便臣提出他的計劃。[90] 理雅各認為政府官校不應該有宗教成分，故他所倡導的官校去除了宗教的元素。最初是專為神學生而設的學院，很快便被修正為一所培訓英語人員的學院。[91] 由於英國國教教會與非國教的理雅各在教育觀念上明顯迥異，雙方存在一定的張力，而理雅各更被視為嘗試打破英國國教教會在教育事務上的角色。理雅各所反對的做法正是英國國教主教在教會及教育上的利益所在，他倡議在政府學校推行世俗化教育，便是抗衡

88 Pfister, "The Legacy of James Legge," 78; 劉紹麟：〈比較浸信會與倫敦會：早期在香港建立華人教會的經驗〉，《第二屆近代中國基督教史研討會：近代中國的基督教宗派論文集》，11。

89 Pfister, *Striving for 'The Whole Duty of Man': James Legge and the Scottish Protestant Encounter with China*, Volume II, 197.

90 Anthony E. Sweeting, *Education in Hong Kong, Pre-1841 to 1941: Fact and Opinion, Materials of a History of Education in Hong Kong* (Hong Kong: Hong Kong University Press, 2001), 14.

91 Lo Hsiang-Lin, "James Legge and Wang Tao: Two Prominent Figures in the Early Stage of Cultural Interchange between East and West in Hong Kong," *Journal of Education* 23 (1966): 21.

英國國教主導的教育制度。[92] 香港的教育局於 1860 年由港督羅便臣批准成立，理雅各出任了教育局的委員，他所主張的教育革新計劃獲得羅便臣採納，重新把政府所支持的中國學校徹底整理及變革。[93] 在此教育革新計劃中，理氏要求官立教育有自行的管理和內容，從國教劃分出來，使香港成為一個西學傳授的中心。翌年，他把香港島最大規模的三所官立政府鄉村學校合併，成為一所中央書院，運作模式參照英國文學學校，教授課程包括了中英文和科學知識，正式象徵香港由宗教教育改成世俗教育。1861 年理雅各的提議得到港督接納，由中央書院的校長管理各所官立學

---

92 香港割讓給英國後，當地國教與非國教勢力的張力亦延伸至香港。英國國教主教意欲擴展其在教育上的勢力，非國教人士則繼續尋求要削弱國教在教育上的影響力。當時，英國國教的施美夫主教在香港教育局具有名義上的主席職銜，但理雅各卻是在當中最具影響力的人士，且是整個教育局的精神領導。理雅各在 1853 至 1857 年於香港教育委員會、以及 1860 至 1865 年新成立的教育局中所扮演的角色，令他在香港世俗化教育的歷史上成為了一個重要的人物。香港的教育制度早期出現重要的改變，與理雅各出任教育委員的貢獻有密切關連。為了在香港惠及更多普羅大眾、達至推行教育改革的理想，理雅各善用了當時施美夫主教不在香港的機會，加上與施美夫主教有密切關係的羅傳列牧師（Rev. William Lobscheid）辭任教育局的職位，理雅各即在教育局內提出由政府資助設立一所中央書院的計劃。中央書院成為了香港發展世俗教育（secular education）的中心，同時也令政府學校脫離聖保羅書院及英國國教會主教的束縛。Eitel, *Europe in China: The History of Hongkong from the Beginning to the Year 1882*, 392; E. J. Eitel, "Materials for a History of Education in Hong Kong," *China Review* XIX (1890–1891): 321; Legge, "The Colony of Hong Kong," 188; Wong, *James Legge: A Pioneer at Crossroads of East and West*, 50-53, 69-72; Gwenneth Stokes, *Queen's College: Its History 1862-1987* (Hong Kong: Queen's College Old Boys' Association, 1987), 7. 黃文江在研究理雅各的教育事業時，提出理雅各與英國國教的主教在教育事務上之張力，不過他並未論及這種張力與他們背後之神學關連。

93 Legge, "The Colony of Hong Kong," 188.

校，正式開展政府直接參與香港教育的時代。[94]

理雅各提倡的世俗教育，可能一般稱之為世俗，實在是一個傳教的重要策略，向人提供教育以使他們在理性、科學上進步，能夠瞭解聖經、瞭解神的真理。英國國教在香港推行是一種以英國國教會的原則為本，旨在幫助其教會訓練本土傳道人的教育，[95]而理雅各主張的卻是一種以普羅大眾為本，為尋求中國人福祉的方向。

（3）從中國文化處境中發現基督教的元素

理雅各從事傳教事業的同時，亦展開了對中國傳統文化的深入研究。在中國文化下的香港生活了 30 年後，他在 1873 年離開香港，返回英國出任牛津大學的首任漢學教授，繼續從事漢學及中國經書的翻譯工作及評論，直至他 1897 年病逝。[96] 理雅各帶著中國文化背景下的生活體驗及傳教經歷，產生了一種對基督教與中國文化的領會。在翻譯及研究中國古典著作的工作上，他選擇了中國具代表性的著述如四書五經中的《詩》、《書》、《禮》、《易》、《春秋》、《論語》、《孟子》等十多部著作，儒家經典在理雅各的努力下首次被系統地翻譯成英語，受到國際的注目，同時

---

94 王賡武主編：《香港史新編（增訂版）全二冊》（香港：三聯書店，2016），500-501。

95 George B. Endacott & Dorothy E. She, *The Diocese of Victoria, Hong Kong: A Hundred Years of Church History 1849-1949* (Hong Kong: Kelly & Walsh, 1949), 20.

96 Pfister, "The Legacy of James Legge," 78; 理雅各著，馬清河譯：《漢學家理雅各傳》，201-214。

造就了西方人對中國文化及人文思想認識的基礎。[97]

理雅各研究中國文化時，發現中國文化能承載基督的元素，於是推舉儒家的著述，更通過翻譯這些經典，而把其精萃帶到西方世界之中。理雅各著重從中國傳統的古籍中尋索基督教與中國文化的關連，中國的經典著作匯聚了古代知識分子有關中國傳統的哲學和思想文化，在這些古籍中尋找中國傳統文化處境下的基督教元素具有其代表性，能藉此發掘中國人深層思維中的基督精神。

理雅各探索儒家的經典和思想後，發現儒家早已存在著有關上帝、有關道德的治理及有關中國人的真理，由此可以「在基督教同樣的主題裏，引領他們到更深、更豐富的真理」。[98] 儒家經典中在宗教和道德範疇上所作的指引和教訓，是它與基督教聯繫起來的關鍵。[99] 在理雅各眼中的中國傳統文化裏，人既然是上帝具有智慧的創造物，內在具有其道德的本性，這本性是人需要依循

---

97 雷俊玲：〈宗教與文化的雙重使者——理雅各〉，113；理雅各著，馬清河譯：《漢學家理雅各傳》，28-29；雷雨田：〈傳教士與近代香港的中西文化交流〉，《廣州師院學報》3（1997）：17。

98 Legge, *James Legge: Missionary and Scholar*, 36.

99 理雅各指出儒家對人的理解是「人是上天或上帝的創造物，他是所有上帝低級創造中之首，比其他存有更有智慧，尤其是被賦予道德本性……關於人類從上帝而來的道德本性，儒家學說認為每一個人進入世界都是美善的，雖然這種美善體現在不同的個體中有所不同，而孔子相信人性是美善的。」原文為英文，此乃筆者之翻譯。引自 James Legge, *Confucianism in Relation to Christianity* (Shanghai: Kelly & Walsh; London: Trubner, 1877), 3、7。

的，也是人的基本責任。[100] 孟子同樣主張人性美善：[101]「首先，人裏面有仁慈的自然法則 …… 人裏面有反省的原則，通過這原則可以對他們自己的行為容許與否區別出來。」[102] 孟子認為人有憐憫同情之心、羞恥厭惡之心、辭謝退讓之心、是非善惡之心，不過需要讓這四端發芽生長，即努力順著這四端去行，發展成仁、義、禮、智，成為善人。[103] 因此，基督教與儒家之間在人性的理解上具有一個非相衝突的方向。

雖然儒家的教導並非完美，但儒家對人的道德責任和社會關係的教導，卻是理雅各尤為推崇和欣賞的，[104] 肯定了中國傳統文化中的倫理道德精神。[105] 基督教把耶穌的登山寶訓，視為人們品格言行及生活上待人處事的準則。至於在中國，人倫關係如君

---

100 吉瑞德著，段懷清、周俐玲譯：《朝覲東方：理雅各評傳》（桂林：廣西師範大學出版社，2011），267。

101 這與英國白達勒主教（Bishop Butler）在講道中提及人性的看法有相同方向，白達勒分析人性而認為人生來是為了達至美善的，當人陷入不道德時，就是破壞了人性的律法。Legge, *Confucianism in Relation to Christianity*, 7.

102 James Legge, *The Prologomena to the Chinese Classics of Confucius and Mencius* (Oxford: Oxford University, 1907), Book II, 60-61; *The Four Books: Confucian Analects, the Great Learning, the Doctrine of the Mean, and the Works of Mencius with English Translation and Notes* (Shanghai: Commercial Press), 550-551.

103 孟子對於人性的法規，以及這法規如何給他提供了行為的規則及責任的法則，與白達勒主教的見解幾近一致，雙方只是在用語和部分內容的組合上有所區別。Legge, *The Prologomena to the Chinese Classics of Confucius and Mencius*, 56-57.

104 Legge, *Confucianism in Relation to Christianity*, 9.

105 中華民族的道德準則對於中國人具有很強烈的約束力，但中國人強調的尊師重道、崇尚學問，卻是其他國家和民族所不能相比的。James Legge, *The Chinese Classics* (Taipei: Southern Materials Center, 1985), 10.

臣、父子、夫婦、兄弟、朋友是中國倫理的核心，在人倫關係上人被賦予正直的完整責任。[106] 孔子所教導的學問、道德規範和忠信卻是跟律法和福音互相和諧協調的。[107] 其實除了儒家外，中國傳統文化中的道家思想，也含有相類的教導。[108] 至於中國人的孝道和拜祭祖先的習俗，在儒家的一方被看為屬於倫理的範疇，但理氏指出其中滲雜了道教對死人的敬拜，顯然需被摒除。[109] 孝道

---

106 「這就是正確的教義，中國的正統、儒家的純淨和樸實，人在各種社會關係上履行他的責任。他不需去超越自己才能有這發現，且不用在自己的本性以外尋求任何維護道德的更高約束力，也不需要去尋找任何未來因報應而來的懲罰以迫使自己服從。如果他必須要超越自身，有四書五經、有所有由先哲傳下來或關於他的儒家書籍，包含自身及古聖先賢的例子和教訓的記錄。」孔子相信自己有一個從天而來、關乎於真理的使命，而人們應該不容置疑地接受他這個信念。孔子展現了一種古代聖賢的道德教育，闡明了聖賢的思想精神中著重裏表一致，外在的行為要配以內在的真實。理雅各認為中國人熟悉孔子的戒律，儼如西方人熟悉基督教中的登山寶訓。當孔子提出其金科玉律的教誨後，就履行了道德衛士的責任。原文為英文，此乃筆者之翻譯。引自 James Legge, "Imperial Confucianism", *China Review* 6, no. 3 (1877-1878): 232; James Legge, *The Religions of China: Confucianism and Taoism Described and Compared with Christianity* (London: Hodder and Stoughton, 1880), 261-262。

107 Legge, *Confucianism in Relation to Christianity*, 9.

108 老子在《道德經》中沒有提出甚麼金科玉律，但理雅各認為他展現了人性中崇高的美德：除掉自私敗壞、以謙卑的力量戰勝邪惡、以德報怨。道教的道德倫理，可見於旨在叫人向善的《太上感應篇》。理雅各發現在孔子和老子個別的教導中，含有聖經如待人處事的信息。例如《衛靈公十五篇》提到「己所不欲，勿施於人」，這與馬太福音七章 12 節「無論何事，你們願意人怎樣待你們，你們也要怎樣待人，因為這就是律法和先知的道理」有異曲同工之妙。至於老子倡導的以德報怨，亦與路加福音六章 27 至 28 節中耶穌愛仇敵的教導不謀而合。Legge, *The Religions of China: Confucianism and Taoism Described and Compared with Christianity*, 185-188, 262-264.

109 Legge, *The Religions of China: Confucianism and Taoism Described and Compared with Christianity*, 259-260.

既是儒教向來強調的教誨，應該對它表現尊重和認同，他進一步把這種觀念引申至基督教有關孝敬父母的誡命，同樣是強調兒女要善待父母，帶有中國人孝道的意味。所以，基督教與儒教對於倫理孝道有一致的立場。[110]

理雅各這種以中國傳統文化來闡釋基督精神的取向，可説是為奠定中國神學的基礎作出了貢獻。事實上，理雅各對於傳統中國儒家文化的看法，也展現在他所建立的教育事業上。理雅各的繼承人、中央書院首任校長史剣域同樣明白到「儒家思想是道德訓練的一個合理可靠的基礎，也似乎常意識到中國文化和傳統是對西方有所貢獻，正如西方對中國有許多的授予」。[111] 因此，理雅各創立的中央書院（後名皇仁書院）一直流傳下來的是一種強調人類友愛和兄弟情的精神。[112]

至於理雅各對儒家的欣賞，甚至因而引致他被當時的同儕所排斥，[113] 但這卻是理雅各最突出的貢獻之一，乃是一種超越時代的神學建構。這種體會在中國神學的發展中可見一斑，例如來自

---

110 理雅各指出儒家的教導雖不完全，卻能夠與上帝的真理相吻合，故他接受孔子是「為著教導中國人而被神興起的」。Legge, *The Religions of China: Confucianism and Taoism Described and Compared with Christianity*, 257-258; Legge, *Confucianism in Relation to Christianity*, 10.

111 Stokes, *Queen's College 1862-1962*, 25.

112 Ibid., 17.

113 費樂仁提出理雅各後來被歸類為徹底的異端，因理氏被指歪曲了儒家的上帝與耶和華而認為兩者非常一致。Pfister, *Striving for 'The Whole Duty of Man': James Legge and the Scottish Protestant Encounter with China*, Volume II, 6.

英國浸信會的傳教士李提摩太於 1902 年建立山西大學堂，而由李提摩太提拔的首任西齋總教習敦崇禮（Moir Duncan）、以及其後繼任校長的蘇慧廉（William Soothill）皆是理雅各的學生，他們也成了研究中國經典的優秀學者，其中蘇慧廉更是英國知名的漢學家，並成了牛津大學的漢學教授。[114] 李提摩太重視西方與中國教育，隨著他在政治路線上的失敗，開始轉向教育及文化的路線。在五四運動後，中國本土的神學家韋卓民在英國倫敦大學追隨斯特理特（Burnett H. Streeter）及霍布豪斯（Leonard T. Hobhouse），他的博士研究正關乎中國文化實與西方文化有等同的地位。從這些學者的年份來看，事實早於 20 世紀 80 年代的後殖民主義及東方主義產品。東方主義（Orientalism）所竭力提出的扭曲東方文化的一種方向，若以理雅各而言，卻是已知更為甚，就是他指出中國的文化竟能承載、或與聖經中舊約的文化等同重要。而在此之後，中國本土的神學家發展出一種中國文化對等於西方文化的體會，進而建構今天的中國神學。從這觀點看來，理雅各事實上是本色神學的先鋒。

---

114 Timothy Richard, *Forty-five Years in China: Reminiscences* (London: Fisher Unwin, 1916), 305; William Soothill, *Timothy Richard of China: Seer, Statesman, Missionary & the Most Disinterested Adviser the Chinese Ever Had* (London: Seeley, 1924), 255.

第三章

神學的挪用、文化的桎梏

本章曾發表於 2016 年 6 月 23 至 25 日耶魯—愛丁堡學人群體於英國愛丁堡大學舉辦之
「對宣教之回應:挪用、修正、拒絕」國際會議,題目為:〈從悲劇中結出豐盛的果子:
二十世紀早期兩個中國基督徒對宣教的回應〉("'Tragic Deaths, Yet Abundant Fruits' – Two
Chinese Christians' Responses to Missions in China in the Early 20th Century")。

中國內地會傳教士李岱汶（Dr. D. Vaughan Rees）回憶說：「1921
年我第一次來到中國，這幾乎與在該國裏兩個最大的本色化教會
運動的開始同時。前者是耶穌家庭，後者是經常被稱為小群的教
會。這是一個非常令人振奮的事實 ⋯⋯ 」[1]

自 19 世紀基督新教傳教士來華傳道，特別是鴉片戰爭及與
西方列強連場戰事後，中國緊閉之大門被迫打開，西方傳教士紛
至沓來。進入 20 世紀，傳教事業發展蓬勃，從 1900 至 1920 年的
20 年間，在華的西方差會數目由 61 個增至 130 個，傳教士人數由
1,500 人增至 6,600 多人，全國基督徒的人數從 8 萬增至 36 萬多，
這一時期可說是基督教傳播的黃金時期。[2]西方傳教士因列強對華
的軍事勝利，得以進入中國開展傳道生活，其中不少中國人與他
們交流而接觸基督教信仰；也因西方傳教士與帝國主義擴張連上
關係，中國國內瀰漫著反西方帝國主義的風潮。在民族主義情緒
高漲下，國內的基督教教會激起一片建立本色化教會的呼聲。如
李岱汶所言，由倪柝聲創辦的基督徒聚會處（又稱小群教會）及
敬奠瀛創辦的耶穌家庭是兩個最大的本色化教會，他們挪用了西
方基督教的神學重點和模式，套用在各自的教會內實行。[3]在上世

---

1 D. Vaughan Rees, *The "Jesus Family" in Communist China: A Modern Miracle of New Testament Christianity* (Exeter Devon: Paternoster Press, 1964), 113.

2 中華續行委辦會：《中華歸主：中國基督教事業統計 1901-1921》（上）（北京：中國社會科學出版社，1987），89、103；費正清編：《劍橋中華民國史，1912-1949 年》（上卷）（北京：中國社會科學出版社，1994），179-181。

3 當代神學家特雷西（David Tracy）在著作《秩序的神聖憤怒》（*Blessed Rage for Order*）中以挪用（appropriate）檢視過去傳統，施泰納克爾（Peter Steinacker）在〈謝林哲學

紀中國本色化起步的階段，這兩個由中國人創立和辦理的教會，披上了西方神學思想的外衣，卻不免仍在中國或西方文化的桎梏之下，成為了早期中國本色化教會的試驗。

一、中國本色化教會對西方基督教生命神學之挪用

1. 西方教會復興運動帶動中國早期本色教會的發展

在美國聖潔運動的氛圍下，聖潔運動佈道家史密斯（Robert Smith）夫婦於 1870 年代在牛津及布萊頓提出聖經中的聖潔觀念，促使了英國開西大會（Keswick Convention）的誕生。[4] 自 1875 年開始，該大會每年於英國西北部湖區坎布里亞郡（Cumbria）的開西舉行，成為了復興浪潮中的一個重要部分。[5] 當時英國因著國

對於蒂利希神學的意義〉（Die Bedeutung der Philosophie Schellings für die Theologie Paul Tillichs）也展現蒂利希神學的核心概念由挪用謝林（F.W. J. Schelling）的思想構成。敬莫瀛挪用西方靈恩運動的傳統來到他的教會群體裏運作，倪柝聲挪用西方復興運動的傳統，建構他的生命神學。此挪用是研究近代神學在思想繼承上常用的方法。David Tracy, *Blessed Rage for Order: The New Pluralism in Theology* (New York: The Seabury Press, 1975), 29; Peter Steinacker, "Die Bedeutung der Philosophie Schellings für die Theologie Paul Tillichs", in Hermann Fischer ed, *Paul Tillich. Studien zu einer Theologie der Moderne*（蒂利希：一種現代人的神學研究論文集）(Frankfurt am Main: Athenäum, 1989), 37-61。

4 David Bebbington, *Evangelicalism in Modern Britain: A History from the 1730s to the 1980s* (London; Boston: Unwin Hyman, 1989), 151; J. B. Figgis, *Keswick from Within* (London: Marshall Brothers, 1914), 10-14, 34-35.

5 Figgis, *Keswick from Within*, 31; Charles Harford ed., *The Keswick Convention: Its Message, Its Method and Its Men* (London: Marshall Brothers, 1907), 37.

教的緣故，禱告聚會已顯得冷淡及形式化，失去了信仰應有的活力，墨守成規的形式導致很少人敢在公眾面前禱告，而復興的一個重點就是要燃起火熱的心。[6] 開西大會初期的重要講員包括霍普金（Evans Hopkins）、梅爾（Frederick Meyer）、慕迪（Dwight Moody）、慕安德烈（Andrew Murray）、賓路易師母（Mrs. Jessie Penn-Lewis）等，他們對推行此運動產生重要的影響力，[7] 其後這復興遍及英國中部的曼徹斯特、利物浦、紐卡素，西部的埃克塞特，南部的韋茅斯，東部的諾里奇以至蘇格蘭等地。[8]

這個復興運動在西方得到的認同，帶來了教會的復興，其中傳揚的得勝神學，使基督徒能經歷「更高的基督徒生活」、「更深的基督徒生活」、「得勝的基督徒生活」。[9] 開西大會的年會最初

---

6 賓路易師母著，戴致進譯：《大地覺醒：威爾斯復興運動》（台北：橄欖基金會，1986），8。

7 Figgis, *Keswick from Within*, 34-47, 62-68, 115-123; John C. Pollock, *The Keswick Story: The Authorized History of the Keswick Convention* (London: Hodder and Stoughton, 1964), chapter 15.

8 Figgis, *Keswick from Within*, 167.

9 人憑著信心而接受基督的能力，從纏擾人的罪惡權勢中得著拯救釋放，在每天日常生活和行為裏的微小矛盾和爭戰中實現得勝。開西大會的主題信息是在基督內不單能夠解除因以往的罪而來的刑罰，並帶著一個永遠存在的能力，能夠阻止罪惡對人的反覆攻擊。信徒的正常經驗應該是一個得勝、自由、完全和平的經驗，而非不斷失敗、痛苦捆綁、煩躁焦慮的經驗。每一個信徒在基督裏得到的勝利、自由和安寧，不是來自人終生的努力，而是來自對上帝的降服及聖靈的內住，使我們從罪中潔淨，並保持著我們的潔淨。這種和平、喜樂、得勝的生命，正是真理彰顯出來的形式。Charles Harford ed., *The Keswick Convention: Its Message, Its Method and Its Men*, 6, 35, 78; Klaus Fiedler, *The Story of Faith Missions* (Oxford: Regnum, 1994), 213.

只是一連四至五天的聚會，[10] 確信聖靈對信徒的帶領不會偏離聖經。[11] 哈福特（Charles Harford）於 1907 年曾評論這種神學在年會中以一種明確、完整及漸進的方式，循序漸進的教導信徒進入一個信心、得勝及祝福的更高生命。這一種循序漸進的階段，包括即時棄絕任何違背上帝旨意及阻礙聖潔生活的東西、在實際層面上接受耶穌基督作王及掌權，還有在生命中需要放棄自我放縱及自我依靠的本性、發展出對上帝的順服而使靈魂朝向著由聖靈帶領的方向，使人每天習慣符合上帝的旨意。這種經歷能發展出與上帝緊密的團契，體驗出真實的相交生命，是一種心、靈、體被上帝神聖佔有、得著基督的新啟示、以及聖靈真實充滿的生命，這樣的生命最後能勝過罪的力量、在禱告中得勝及在眾人中作見證，被視為一種得勝生命的神學。[12] 開西運動在當時掀起了浩大的復興，事實上這運動使冷淡的英國國教、形式化的禱告及基督徒作為社會高階層代表的意識形態，變為具有生命、服事社會的復興。[13] 許多英國國教的主教、牧師、信徒，還有蘇格蘭的長老會、

10 Charles Harford ed., *The Keswick Convention: Its Message, Its Method and Its Men*, 90.

11 開西大會的精神是堅信聖靈的帶領與聖經相符合，任何教會若傾向於遠離聖經，這教會必然是出現了問題。Elizabeth McQuoid ed., *Going the Distance: The Keswick Year Book 2012* (Keswick: Keswick Ministries, 2013), 71-72.

12 Charles Harford ed., *The Keswick Convention: Its Message, Its Method and Its Men*, 62, 90, 180, 229.

13 賓路易師母著，戴致進譯：《大地覺醒：威爾斯復興運動》，8。

浸禮會、弟兄會等等，同樣在這開西大會內經歷了信仰的復興。[14]

進入 20 世紀，英國威爾斯教會曾於 1904 年出現大復興，[15] 使開西大會的領袖如梅爾、賓路易師母等均曾親身實際考察及確認這聖靈澆灌的結果；[16] 威爾斯大復興的影響力更遍及世界不同地方，激勵了印度、韓國、中國、日本等地的教會。[17] 同年，印度的復興在卡西亞（Khasia Hills）山區、慕克替（Mukti）開展，韓國的復興在北部的平壤開展。[18] 莊士敦醫生教士（Dr. Howard Agnew Johnson）從印度到漢城，報道威爾斯和印度的復興。韓國南部也展開了聖靈的工作，至 1907 年出現了韓國大復興。[19] 加拿大傳教

---

14 Charles Harford ed., *The Keswick Convention: Its Message, Its Method and Its Men*, 161, 164, 184; 另參 Pollock, *The Keswick Story: The Authorized History of the Keswick Convention*, chapter 13。

15 W. T. Stead & G. Campbell Morgan, *The Welsh Revival* (Boston: Pilgrim Press, 1905), 28; Eifion Evans, *The Welsh Revival of 1904* (Bridgend, Wales: Evangelical Press of Wales, 1969), 46; D. W. Bebbington, *Evangelicalism in Modern Britain: A History from the 1730s to the 1980s* (London: Unwin Hyman, 1989), 114; Jessie Penn-Lewis, *The Awakening in Wales* (Parkstone, England: The Overcomer Literature Trust, 1905).

16 Figgis, *Keswick from Within*, 34-47, 62-68, 115-123; Pollock, *The Keswick Story: The Authorized History of the Keswick Convention*, chapter 15.

17 參 J. Edwin Orr, *The Flaming Tongue: Evangelical Awakenings, 1900* (Chicago: Moody Press, 1975)。

18 Mrs. John Robert, *The Revival in the Khasia Hills* (Newport: Cambrian Printing Works, 1907), Preface; Pandita Ramabi, *The Baptism of the Holy Ghost & Fire* (Kedgaon: Mukti Mission Press, 1906).

19 Orr, *The Flaming Tongue: Evangelical Awakenings, 1900*, Chapter 22, "The Korean Pentecost"; 另可參 *Evangelical Awakenings in Eastern Asia* (Minneapolis: Bethany Fellowship, 1975), Chapter 4; Kim In Sik, "The Great Revival in 1907 and It's Influence on the Korean Church," (Th.M. Diss., Fuller Theological Seminary, 1992), 47-54, 80-81。

士古約翰（Jonathan Goforth）在韓國得著復興，回程經過中國東北三省，因他相信威爾斯及韓國的復興也可在中國出現，故積極帶領了中國的東北大復興；[20] 這一年山東的復興被稱為「與五旬節相似」，但也只是有限度的復興，至 1927 年由山東開始的復興運動，才成為了著名的山東大復興。[21]

1927 年，中國在非基督教運動的浪潮及南京的暴力排外事件，令到西方差會的傳教士紛紛撤退到山東的煙台。挪威路德會中國差會的傳教士孟慕真（Marie Monsen）在一些傳教士聚會中進行演講及分享，而復興運動就在這些聚會上開始起來。[22] 馬莊的基督徒因與泰安的基督徒有緊密交往，他們的宗教經驗也受到五旬節派的泰安神召會的影響。[23] 耶穌家庭的創辦人敬奠瀛在泰安參加了名為「阿尼色弗之家」（Home of Onesiphorus）的基督教孤兒院所舉辦的奮興會，此所孤兒院乃由屬於五旬節教派的神召會於 1910 年代中期所創辦。「阿尼色弗之家」的創辦人安臨來（Leslie Anglin）原是美國浸信會的傳教士，後脫離浸信會而轉為獨立的

---

20 Jonathan Goforth, *By My Spirit* (London: Marshall, Morgan & Scott, 1929), 12; J. Edwin Orr, *Evangelical Awakenings in Eastern Asia* (Minneapolis: Bethany Fellowship, 1975), 157; Gustav Carlberg, *China in Revival* (Rock Island: Augustana Book Concern, 1936), 46-47.

21 Marie Monsen, *The Awakening: Revival in China, A Work of the Holy Spirit* (London: China Inland Mission, Overseas Missionary Fellowship, 1961), 173-174; Daniel H. Bays, "Christian Revival in China, 1900-1937", in Edith L. Blumhofer and Randall Balmer ed., *Modern Christian Revivals* (Urbana and Chicago: University of Illinois Press, 1993), 171-172.

22 Monsen, *The Awakening: Revival in China, A Work of the Holy Spirit*, 173-174.

23 《地縣工作組關於批判敬奠瀛、群眾控訴、馬莊耶穌家庭的黑暗統治、敬奠瀛的申訴報告及其本人檢討自傳》，泰安市泰山區檔案館，1-16-9-53。

「信心」傳教士。[24] 根據傳教士顧茨塔芙蓀（Helen I. Gustavson）所述，1924 年他們的群體經歷了一個復興，[25] 這個復興影響了敬奠瀛的群體，也讓他蒙受靈恩，接受了「靈洗」以及五旬節教義重視的說方言、異象、靈歌、靈舞、靈魂離身「被提」升天等信仰形式。[26] 事實上，「阿尼色弗之家」對敬奠瀛有深遠的影響，當他在這所孤兒院工作時，熟悉了那裏分門有序的運作和管理，奠定了往後耶穌家庭的模式，在家庭中設有財務、木作、醫藥、石工、製鞋、廚房、鐵工、學校和幼兒園等不同的部門運作。[27] 在山東教會復興的熏陶下，敬奠瀛成為典型的五旬節派。

　　基督徒聚會處的創辦人倪柝聲，是另一位受山東大復興影響的中國本色化教會領袖。1932 年，倪柝聲接受美北長老會傳教士單覃恩（Thornton Stearns）的邀請到山東濟南向齊魯大學的學生講道。倪柝聲前往山東是因受到單覃恩的邀請，而單覃恩則是敬

---

24 馬鴻綱：〈介紹中國新興的教派「耶穌家庭」〉，《協進月刊》6，第 7 卷（1948）：6；陶飛亞：《中國的基督教烏托邦：耶穌家庭（1921-1952）》（香港：中文大學出版社，2004），58-61。

25 顧茨塔芙蓀記載：「當時也有方言翻譯過來的消息，（在這種場合）預言的能力也大大的實施了……上帝警告說將會有許多戰爭、饑荒、洪水、悲哀和沮喪降臨到中國，也降臨到其他國家。這些預言都應驗了。這是最後的日子了。耶穌就要來了。」陶飛亞：《中國的基督教烏托邦：耶穌家庭（1921-1952）》，63。

26 馬鴻綱：〈介紹中國新興的教派「耶穌家庭」〉，6；陶飛亞：《中國的基督教烏托邦：耶穌家庭（1921-1952）》，58-61。

27 Rees, The "Jesus Family" in Communist China: A Modern Miracle of New Testament Christianity, 26-27；另可見《山東泰安臨汶區馬莊敬家杭耶穌家庭靈修院會議記錄簿（1938 年 8 月至 1939 年 7 月）》，山東省泰安市檔案館，0031。

奠瀛在齊魯醫院作傳道工作時的好友。[28] 而倪柝聲在山東的經歷可說是開展了屬靈生命中的新一頁。1935 年，倪柝聲再次應單覃恩的邀請到山東，在單覃恩的介紹下認識了內地會傳教士巴若蘭（Elizabeth Fischbacher）。[29] 倪柝聲此前經歷過「屬靈的沙漠地」，他渴慕著對神有重新的體驗，故當他看到巴若蘭主領的復興會用方言祈禱唱詩，便感到大受吸引。他在禱告中得著聖靈的澆灌，發出聖靈的笑聲，對於倪柝聲來說，這是前所未有的新境界，使他脫離了講道時的枯乾現象，所以他發電報回上海說：「我遇見主了。」[30] 倪柝聲對五旬節運動公開支持，他傳遞聖靈澆灌及得勝生命的信息，帶領了許多人在屬靈生命上經歷聖靈的能力，這一股屬靈復興的浪潮遍及全國各地的基督徒聚會處。

2. 內在靈恩的重視：倪柝聲之基督徒聚會處

倪柝聲在 1920 年代歸信基督後，認識了英國傳教士和受恩（Margaret Barber），她不但栽培倪氏，也對他靈性、學習、閱讀上作出許多指導，成為了他重要的屬靈導師。當和受恩鼓勵倪氏閱讀賓路易師母的著作後，使他深受啟發，成為了他在基督徒聚會處中重要的講道信息和教會方向。故如倪氏所言，除了和受恩以

---

28 陶飛亞：《中國的基督教烏托邦：耶穌家庭（1921-1952）》，52、75。

29 James Chen, *Meet Brother Nee* (Hong Kong: Christian Publishers, 1997), 52.

30 Angus I. Kinnear, *The Story of Watchman Nee: Against the Tide* (Wheaton, IL: Tyndale House Publishers, 1973), 171.

外，賓路易師母是對他生平影響最大的傳教士。[31]

　　倪柝聲對於關乎屬靈生命的教導，不強調外顯的恩賜，而是神話語的恩賜和職分，乃一種重視內在靈恩的果效。在其最具代表性的著作《屬靈人》中，倪氏論到人生命的建造，他強調一種得勝的生命，此種得勝生命的成聖觀乃是建基於他的人觀。倪氏將人性分為靈、魂、體三個要素，並以這一種三元論的觀點去理解人的生命，以及瞭解聖靈內住後的生命。在上帝的原意下，靈本來是掌管著整個人，人透過它可以領會上帝的啟示、聖靈的工作、良心的聲音和直覺的指教，[32] 因為「靈有神的知覺，知道神的聲音，和神交通，對於神有極敏銳的知識」；[33] 魂是服從於靈，包含了人的心思、意志和感覺，是一個人的主人；但當人墮落以後，魂不再依從靈，反而由體所掌管，靈不能發揮其原有的作用去傳遞上帝的旨意，體的慾望成為了人的行為依據。[34] 然而，當人藉著基督得救重生後，靈魂體的原初次序重新恢復，「聖靈就從此住在人的靈裏，所以，人就被遷入靈的境界裏了。靈現在復活過來，

---

31 陳終道：《我的舅父倪柝聲》（台北：中國信徒佈道會，1992），10-11；賴恩融：《中國教會三巨人》（台北：橄欖，1992），31。

32 「全人是分為三下的：靈、魂、體。神的意思原是要靈居在最上，來管束魂。人變作屬魂之後，靈就沉下來服事魂。人變作屬體之後，最卑下的肉體就作王起來了。」倪柝聲：《屬靈人》上冊，卷一，第三章，〈人的墮落〉，載於福音書房編輯部編：《倪柝聲文集》，第 12 冊（台北：福音書房，1991）。

33 倪柝聲：《屬靈人》上冊，卷一，第三章，〈人的墮落〉，載於福音書房編輯部編：《倪柝聲文集》，第 12 冊（台北：福音書房，1991）。

34 倪柝聲：《屬靈人》上冊，卷一，第一章，〈靈與魂與身子〉，載於福音書房編輯部編：《倪柝聲文集》，第 12 冊（台北：福音書房，1991）。

重新執掌權柄」，[35] 為人追求成聖提供了基礎。對於靈、魂、體的論點，早於他發表的十多年前，賓路易師母已在她的著作《魂與靈》（Soul and Spirit）中有論述，而倪氏也精讀了對方對於靈與魂的探討、以及如何勝過撒但權勢等著作與觀點。[36]

論到十字架的信息，他也從賓路易師母的著作中學習道理，他說自己「寫了信給賓路易師母，人家把書寄來當禮物給我，還寫了一封美好的信呢！一本是《十字架的道路》，另一本是《加略山的十字架信息》。不錯，我是讀得相當仔細，是得了些幫助」。[37] 倪氏認為基督既在十架上勝過一切肉體的東西，並要在那些與上帝相合的「基督人」的生活、經歷、工作和信息裏面居首位。每一個得救、重生、得永生的人，他要活出基督人的生命，就是脫離眾罪、與上帝有親密交通、因主完全滿足、充滿感力、脫離罪的能力、勝過環境、有行善能力、滿有亮光、完全成聖的生命，「基督人」的生命展現出來的，正是一種得勝的生命。[38] 倪氏在 1930 年代後講論得勝生命的神學思想，可追溯於十多年前他從賓路易師母的《得勝者》（The Overcomer）的學習；閱讀此刊物以後，倪柝聲致函給她，表明他將對方的著

---

35 倪柝聲：《屬靈人》上冊，卷二，第一章，〈肉體與救恩〉，載於福音書房編輯部編：《倪柝聲文集》，第 12 冊（台北：福音書房，1991）。

36 金彌耳：《中流砥柱：倪柝聲傳》（台北：中國主日學協會，2013），101。

37 同上書，78。

38 倪柝聲：〈得勝的生命〉，第二篇，〈聖經所啟示基督人的生命〉，載於福音書房編輯部編：《倪柝聲文集》，第 24 冊（台北：福音書房，1993）。

作直接翻譯成中文，在中國的基督徒之間傳播，而他其後出版的《復興報》，也記載了賓路易師母的《得勝者的見證》（*Overcomer Testimony*）。[39]

1938年，他特地前往英國的開西大會，參與這個旨在提升靈命進深的聚會，並在大會中帶領會眾為遠東祈禱。[40] 倪柝聲在教會中宣講得勝神學的思想，其實也沿用了開西運動中倡導的得勝神學：生命的得勝及成聖是一個進程，通過屬靈的操練而經歷破碎及釋放，外面的人被主破碎拆毀，裏面的靈才能夠出來發揮原初的作用，因為只有靈叫人能活，[41] 而得勝正正是一個活的人。倪氏強調「得勝是改換的生命，不是改變的生命」，[42] 得勝的生命是一種達到了「不再是我，乃是基督」的生命，人要看見自己的不能，把自己一切完全降服放手，交託給上帝接手，讓我們的自己出去，上帝就把基督放在我們裏面，我們的生命就改換成了基督的生命。人若過了得勝的關後，每天在生活中要脫離罪的纏累、勝過罪的權勢，並承認自己的不能而接受基督作生命裏的一切，這種強調屬靈生命的果效成為一種以聖靈內在光照為主的生命神學。[43] 今天位於福建省福州市的中洲基督教堂正是承傳了倪柝聲的

---

39 見 Mrs. Jessie Penn-Lewis, *The Overcomer* (January 1924)之封底。

40 金彌耳：《中流砥柱：倪柝聲傳》，170。

41 倪柝聲：〈人的破碎與靈的出來〉，第一篇，〈破碎的緊要〉，載於福音書房編輯部編：《倪柝聲文集》，第54冊（台北：福音書房，1997）。

42 倪柝聲：〈得勝的生命〉，第三篇，〈得勝生命的性質〉，載於福音書房編輯部編：《倪柝聲文集》，第24冊（台北：福音書房，1993）。

43 同上。

屬靈教導，當筆者與該教會的李堅登長老作訪談時，他也談及現時教會不會著重外顯的靈恩，而是重視聖靈的光照，讓信徒省察自己，破碎自己，使自己的生命得勝。倪氏的神學運用了許多西方靈恩神學的術語，但他們不講方言，不用外顯的恩賜，而強調一種內裏的靈恩，就是與聖靈的關係，特別在於神話語的聆聽及職分。他在自己的著作及其在教會中所倡導的神學思想中，足尋見他深具有西方復興運動的基督徒佈道家賓路易師母及開西大會精神的影子；他在講台上傳講、在文字上翻譯或記載的信息，實是直接挪移了西方傳教士賓路易師母和西方復興運動的開西大會的思維，實施在他創辦的中國本色教會群體中。

3. 外顯靈恩的追尋：敬奠瀛之耶穌家庭

敬奠瀛經歷山東的教會復興而蒙受靈恩後，1925 年回到馬莊老家，成立蠶桑學道房；兩年後，學道房正式改名為耶穌家庭，敬奠瀛成為首任負責人。[44] 由於敬氏不喜以文字佈道作為傳教方式，故在他的教會群體中，沒有留下任何文字著述，也沒有以文字留下他的講道信息，這顯然與倪柝聲的做法不同。然而，敬氏採用民歌作佈道的方式，使耶穌家庭留下了多本聖詩歌集，表達

---

44 見《地縣工作組關於批判敬奠瀛、群眾控訴、馬莊耶穌家庭的黑暗統治、敬奠瀛的申訊報告及其本人檢討自傳》，泰安市泰山區檔案館，1-16-9；馬鴻綱：〈介紹中國新興的教派「耶穌家庭」〉，6；陶飛亞：《中國的基督教烏托邦：耶穌家庭（1921-1952）》，58-61、69-70。

圖 3.1

圖 3.2

圖 3.3

圖 3.1，3.2，3.3 中國山東省泰安市馬莊鎮北新莊教會所在的村落。時至今日，教會附近的家家戶戶仍然會把基督教信仰或聖經經文的對聯掛在門上。

了敬氏的信仰思想和教導方向。[45] 在耶穌家庭的日常聚會中，他們成員多以詩歌來表達對基督信仰的熱誠，故所頌唱的詩歌成為了一主要的載體，刻劃了群體中著重的神學向度。在敬奠瀛領導下的耶穌家庭，顯然承襲了五旬節主義的模式和思想路向。

為深入認識敬奠瀛的耶穌家庭，筆者特地走訪當年耶穌家庭的所在地、即今天的馬莊鎮北新莊教會，以及存放敬奠瀛檔案的檔案館：泰安市檔案館及泰山區檔案館，進行調研。馬莊鎮北新莊教會位於中國山東省泰安市偏遠市郊的一個農村，其前身乃是敬奠瀛創辦的耶穌家庭。當筆者進入這條村落時，發現時至今日，教會附近的家家戶戶仍然會把基督教信仰或聖經經文的對聯掛在門上（圖 3.1、3.2、3.3）。

在存放耶穌家庭的眾檔案室中，保留著耶穌家庭兩本詩集，一本是《耶穌家庭詩歌》，另一本是《耶穌家庭鄉村佈道詩歌》，還有在《記耶穌家庭》一書中也記錄了這兩本詩集中部分的詩歌。其中名為〈醫藥部歌〉的詩歌是以手抄本形式寫在《耶穌家庭詩歌》的空白頁上。筆者訪問了曾於 1940 年代生活在敬奠瀛領導的耶穌家庭、現為北新莊教會的李瑞君長老。在訪談進行期間，李長老饒有興致地向筆者頌唱一首在耶穌家庭中具有代表性的詩歌，而她唱的正是〈醫藥部歌〉（圖 3.4）。耶穌家庭強調信心與醫學配合的神醫體系。屬於耶穌家庭的醫藥部、又是教會屬靈領袖之一的陳碧璽，她本身是耶穌家庭裏的醫生；他們相信信心醫治，

---

45 陶飛亞：《中國的基督教烏托邦：耶穌家庭（1921-1952）》，83。

醫药部歌

(此旋律由伍德榮教授筆錄)

圖 3.4〈醫藥部歌〉的曲譜。這是作者聆聽了北新莊教會李瑞君長老的頌唱後，自行記錄下來的歌譜。

但在強調神跡醫治的同時，又不會拒絕醫生的醫治。其中一個例子是一位老婦人的子宮長了一個很大的瘤，醫院裏沒有醫生為她做手術，結果就在耶穌家庭裏他們自己為她做手術。醫藥部的陳碧璽醫生又在其後與敬奠瀛結婚，所以其重要性可見一斑。

在檔案查考的過程中，筆者發現一個特別之處，就是詩歌沒有註明作曲者及作詞者的名字。有一些學者以為全部詩歌皆由敬奠瀛本人創作，但情況並非如此，而是在教會群體中，有時候會由不同部門的成員創作他們的樂曲。李長老在訪談中亦指出，詩歌是由一個曾在大學修讀音樂的畢業生負責編印的，不過當時所有耶穌家庭的詩歌都要經過敬奠瀛審閱，若是單單對個人有益的詩歌不會被採用，只有對整個群體有幫助的詩歌才會被採納作頌唱；而甚麼是對群體有益的準則，卻是由敬奠瀛負責作出釐定，這顯然是加入了一種中國傳統家長式的做法。

神蹟醫治（神醫）、被聖靈充滿、說方言均是五旬宗及靈恩運動的重要標誌。20 世紀初期美國阿蘇薩街的復興經歷，除以說方言為重要的表徵外，醫治也被視為具有同等的重要性。宗教改革時期，雖然神醫被視為帶有迷信的意味；但到了 18 世紀，隨著基督徒完全的觀念及循道宗傳統的影響，對於神醫的看法出現了改變。約翰衛斯理（John Wesley）深受清教主義影響，加上有保存超自然學說的傾向，以及敬虔主義的薰陶，他關注如何恢復初期教會中的信仰及做法。韋斯利強調一種恩典與拯救的治療模式 —— 恩典是醫治涉及罪的疾病；而拯救的兩重性質：稱義與成聖，則被視為雙重醫治。衛斯理深信上帝能力的臨在是恢復墮

落的受造物，而醫治及身體的復原是給予受造物的恩典。[46]

耶穌家庭的詩歌中充滿了當時西方五旬節主義的思想方向，這首在耶穌家庭具代表性的〈醫藥部歌〉，採用了山東民歌的小調體，[47] 它不只是在外表上以山東民歌的音樂作表述，而是內裏結合著五旬節主義的神學，強調救主的醫治通過「撫摸」、「細聽」後，能徹底將病源查清，這正是在五旬節神學中一種通過恩賜辨明以瞭解罪。敬氏在耶穌家庭教導成員：「人若被聖靈充滿，就可以有靈知、靈覺，一件事情的來到，不用思考，就可分辨出它的是非真偽來 …… 無論誰，只要他的心景不好，我一看見就會知道

---

46 Candy Gunther Brown ed., *Global Pentecostal and Charismatic Healing* (New York; Oxford: Oxford University Press, 2011), 3, 30; Vinson Synan, *The Holiness-Pentecostal Tradition: Charismatic Movements in the Twentieth Century* (Grand Rapids, Mich: William B. Eerdmans Pub., 1997), 103-105; Grant Wacker, "The Pentecostal Tradition", in R. L. Numbers and D. W. Amundsen ed., *Caring and Curing* (New York: Macmillan, 1986), 521; Donald Dayton, *Theological Roots of Pentecostalism* (Metuchen, N.J.: Scarecrow Press, 1987), 116-120; Joseph Williams, *Spirit Cure: A History of Pentecostal Healing* (New York: Oxford University Press, 2013), 5-6; Allan Anderson, *An Introduction to Pentecostalism* (Cambridge, U.K; New York: Cambridge University Press, 2004), 30-31; Mary Theresa Webb, *Christian Healing History and Hope* (Pittsburg: GOAL, 2001), 14-15.

47 山東民歌的小調體運用了六聲音階、小調體、多句式，也採用了很多拖腔的運用。小調體是一種工整的民歌，分有四種：第一種為對句式，乃兩句加副歌；第二種為三句式，每句四個小節，第一句為獨立句，第二、三句為呼應句；第三種為四句式，富有邏輯性；第四種為多句式，多於四句，一般為六、八、十二或九、十三句等；用了許多襯句，加添固有曲詞以外的字數，以補足語氣。李長老唱出的這一首〈醫藥部歌〉就是採用多句式，並運用了許多拖腔的運用，如第二小節及第五小節的最後兩個音是拖腔，相同地第七、八、九、十、十一、十二、十三、十四、十六、十七、十八、十九也有拖腔；全首詩歌為九句，第十三小節、第十六小節也為襯句。

的;因為無所不知的聖靈早已在我的心裏啟示了。」**48**

　　五句節主義強調一種完全（perfection）的概念:完全是成聖的過程,但要通過被聖靈充滿,人的心思意念才能得以潔淨而離開罪惡。所以神聖醫治如詩歌的第二至四小節所説是「全靠主大能」,「悔改就醫」、「祈禱臨法」、「診治賴神功」,醫治趕鬼的能力乃源自聖靈的能力及祂所賜下的超自然恩賜。**49** 醫治是在救贖裏面,救贖的基礎是赦免以往一切的罪惡,及潔淨與生俱來的罪;救贖提供了身體所需的一切從而提供靈魂的所需,而任何持續的疾病是繼續犯罪或缺乏信心的標記。19 世紀後期,美國基督徒作家及音樂家卡特（Russell Carter）論及醫治時,指出成聖的經驗具有實時及徹底的特點,由此把聖潔及完全的概念連結一起,推論救贖同樣包含了靈魂的拯救及身體的拯救。**50** 五句節派卻認為疾病和痛苦是由罪惡衍生出來,就像詩歌中的第二小節歌詞「病從心靈起,苦由罪孽生」。在第九小節中,歌詞連續重複使用兩個「反省」,**51** 這種自我的反省是因由聖靈帶出來的強烈責備。在第十六

48《地縣工作組關於批判敬莫瀛、群眾控訴、馬莊耶穌家庭的黑暗統治、敬莫瀛的申訊報告及其本人檢討自傳》,泰安市泰山區檔案館,檔案編號 1-16-9-1。

49 Ronald Kydd, *Healing through the Centuries* (Peabody, Mass.: Hendrickson Publishers, 1998), 19, 34, 37-39; Dayton, *Theological Roots of Pentecostalism*, 120-121; Anderson, *An Introduction to Pentecostalism*, 24, 30, 32, 105-106; Synan, *The Holiness-Pentecostal Tradition: Charismatic Movements in the Twentieth Century*, 82.

50 Dayton, *Theological Roots of Pentecostalism*, 127-130; Russell Carter, *Russell Kelso Carter on Faith Healing* (New York: Garland, 1985), 12-13.

51 這句在音樂中也採用了兩個拖腔。

小節的歌詞中，「認罪悔改，一杯硫苦，骯髒排洩清」，表達出當我們認罪悔改的時候，這認罪的過程需要經歷痛苦，藉此把所有污穢排淨，這也是認罪、悔罪的果效。加拿大佈道家宣信（Albert Simpson）在 20 世紀初期提出神醫是對疾病的神聖處方，強調神醫與成聖的關連，而在宣信的四重福音（基督的救恩、成聖、醫治及再臨）中亦帶有神醫的信息，救贖打開了所有祝福之途，並且是醫治及成聖的踏腳石。[52] 在第十七至十八小節中「傾盆的熱淚，雙眼洗明清」，也展現了五旬節派在敬拜中經常因聖靈的感動而哭泣，以及聖靈使一個人瞭解罪的勢力而改變生命，就像聖經說：「眼睛就是一個人的身上的燈，這燈滅了是何等的黑暗」（馱福音六章 22-23 節）。

筆者按照神蹟醫治的神學發展及實踐，結合研究五旬節主義及靈恩運動的著名學者戴頓（Donald Dayton）及祈德（Ronald Kydd）的分類，重整為對抗模式、救贖模式及信心禱告的模式；[53]

---

52 1883 年宣信開始了信心及治療之家，凡願意運用信心實行靠主醫治的病人，都可以留在此療養院住一段短時期以接受主的話語，並等候神祝福他們的身體和靈魂。宣信成為醫治運動的重要人物，並成立了福音會幕堂（Gospel Taberlance）。Dayton, *Theological Roots of Pentecostalism*, 127-130; Williams, *Spirit Cure: A History of Pentecostal Healing*, 3; Synan, *The Holiness-Pentecostal Tradition: Charismatic Movements in the Twentieth Century*, 48; Melvin Dieter, *The Holiness Revival of the Nineteenth Century* (Lanham, Md.: Scarecrow Press, 1996), 264; Albert Simpson, *The Four-Fold Gospel* (Harrisburg: Christian Pub., 1925), 5-6; Allan Anderson, *An Introduction to Pentecostalism* (Cambridge, U.K; New York: Cambridge University Press, 2004), 31-33.

53 在對抗模式中，神醫最重要的特點是驅趕邪靈，代表人物有布倫哈特（Johann Blumhardt），杜威（John Dowie）等。布倫哈特的神學架構有幾個重點：首先是終末論，把醫治置在上帝自我揭示的場景中，上帝不但通過話語顯示自己，也會通過行動，尤其

並且從耶穌家庭的教導方向及思想重點可瞭解到，敬奠瀛的方向是偏重於救贖模式。除了這首在耶穌家庭裏具有代表性的〈醫藥部歌〉外，其他的詩歌例如〈末日靈恩〉亦有談到說方言、跳靈

是神跡揭示自己。布倫哈特期待著上帝能力的最終體現，以及它所帶來的終末。布倫哈特另一神學重點是基督論，這也是醫治中最重要的元素：耶穌是勝利者，祂透過上帝的靈趕鬼，就是把上帝的國度帶來。第三個神學架構是把基督的醫治工作連結於聖靈的工作，聖靈的能力是耶穌驅鬼的能力來源，而教會所作的醫治趕鬼也證明了聖靈而來的超自然恩賜現今仍然存在。布倫哈特在 1850 年代有感那些因疾病而面對壓力的人需要一個能提供休息及安靜的環境，所以成立了醫治之家，使有需要的人可長時間居住以舒緩壓力，病者可在當中接受醫治祈禱及趕鬼。至於杜威，他強調基督的來到不但是要永恆地拯救靈魂，同時也是要為人類的生命帶來健康。基督來到是從仇敵的權勢中釋放我們，這救恩更延伸至身體，而這種對健康的拯救就是一個拯救及醫治的福音。1900 年杜威在芝加哥成立了錫安城，並宣稱要復興使徒性的基督教。他派遣宣教士前往世界各地，促使非洲發展了興旺的五旬宗運動。不久，他也自稱為復興萬事的以利亞及第一位使徒，他同時強調基督的千禧年即將來臨及屬靈爭戰的概念。在救贖模式中，論點是在救贖裏包含了醫治，以往的罪被赦免、生下來已有的罪被潔淨；人若繼續犯罪或缺乏信心，則疾病會持續出現。這種模式的代表，包括了 19 世紀後期的卡特及宣信。至於信心的祈禱醫治，是關乎於敬虔的基督徒為身體醫治而禱告的答案，通過信心的祈禱宣告，上帝以疾病得醫治作回應。19 世紀後期的慕安德列提出信心醫治的重要性，禱告缺乏信心是沒有能力的，只有信心的禱告可以醫治病人，為人帶來新生命及能力。他更強調在上帝神跡介入前，禁食可為信心禱告打好根基。Dayton, *Theological Roots of Pentecostalism*, 120-121, 124, 127-130; Kydd, *Healing through the Centuries*, 19, 34, 37-39; Russell Carter, *Russell Kelso Carter on Faith Healing* (New York: Garland, 1985), 12-13; Karl Barth, *Church Dogmatics*, Volume 2, edited by G. W. Bromiley and T. F. Torrance (London: T & T Clarks, 2004), 633; Anderson, *An Introduction to Pentecostalism*, 24, 30, 31-33 105-106; Synan, *The Holiness-Pentecostal Tradition: Charismatic Movements in the Twentieth Century*, 48, 82; Dieter, *The Holiness Revival of the Nineteenth Century*, 264; Simpson, *The Four-Fold Gospel*, 5-6; Andrew Murray, *Divine Healing: A Scriptural Approach to Sickness, Faith and Healing* (Washington: CLC, 2012), 34, 78; Williams, *Spirit Cure: A History of Pentecostal Healing*, 3-5; http://www.archive.org/stream/americanfirstfru00leavrich/americanfirstfru00leavrich_djvu.txt.

舞、哭笑等等，皆清晰展現五旬節的神學及醫治。1936 年信義神學院院長康爾伯（Gustav Carlberg）出版的著作，是對於耶穌家庭向西方所作的最早報道：「他們特別強調聖靈的充滿，以及把『方言』視為這種充滿的一個不可或缺的標誌。他們非常強調不同的狂喜現象，例如是異象、異夢、魂遊象外、晃動、跳躍、歌唱、聖笑、以及異口同聲地大聲催逼祈禱，而魂遊象外和異象尤被重視……」[54] 敬奠瀛相信「人若被聖靈充滿了，人與神的交通可以沒有阻礙，神可以隨意的把他的旨意啟示人，人可以隨時地作異夢、見異象、聽見神的聲音。」[55] 20 世紀初期西方五旬節的神學思想及特點，充分展現在耶穌家庭的詩歌之中；顯然深受五旬節主義影響的敬奠瀛，在他的教會群體裏不斷追尋外顯的靈恩，積極推動成員在其信仰中重視被聖靈充滿的外在表達。

二、文化幽暗的桎梏

20 世紀初期，正當中國的基督教教會提出建立本色化教會及神學的強烈要求之際，基督徒聚會處及耶穌家庭已於 1920 年代分別由倪柝聲及敬奠瀛創辦及發展，標誌著中國的基督教教會真正由中國人興辦及領導。倪柝聲在賓路易師母及開西大會的感染

---

[54] Carlberg, *China in Revival*, 236-237.

[55] 《地縣工作組關於批判敬奠瀛、群眾控訴、馬莊耶穌家庭的黑暗統治、敬奠瀛的申訊報告及其本人檢討自傳》，泰安市泰山區檔案館，檔案編號 1-16-9-1。

下，主張內在屬靈生命的成長，因此在基督徒聚會處一直強調這一種對內在靈恩的重視和教導；至於一直生活在山東的敬奠瀛，他從信仰的起初已在山東大復興的氛圍而蒙受靈恩，把五旬節主義中重視外顯靈恩的行為方向套用到耶穌家庭裏，成為群體中主要的信仰模式。當他們披上了西方神學思想的外衣後，前者（基督徒聚會處）同時也引進了西方文化裏的幽暗面，後者（耶穌家庭）卻仍然保留了中國文化裏的污垢，這些都成為了這兩個具代表性的中國本色化教會的絆腳之石。

1. 西方霸權的陰霾

正如倪柝聲所言，20 世紀早期帶領英國威爾斯大復興的賓路易師母是其中兩位對倪氏影響最大的傳教士之一，[56] 而他對賓路易師母的認同，使他挪用了對方一種具積極性及正面性的得勝生命神學在他的教會作為導引。然而，在挪用這一種西方的神學思想的同時，倪氏卻不能脫離那一種西方文化下的霸權。

開西大會的得勝神學與賓路易師母在她創立的《得勝者》雜誌的理念確有共同之處，賓路易師母作為初期開西大會一位最突出的女性講員，卻因與開西大會的其他領袖發生齟齬，不能協調，最終在 1907 年後脫離了開西大會。[57] 除個人風格外，可能也

---

56 陳終道：《我的舅父倪柝聲》，10-11；賴恩融：《中國教會三巨人》，31。

57 Pollock, *The Keswick Story: The Authorized History of the Keswick Convention*, chapter 15; 連曦：《浴火得救：現代中國民間基督教的興起》（香港：中文大學出版社，2011），140。

因她對五句節運動感到反感，並質疑外顯的靈恩能力之來源。五句節運動重視一些外顯的靈恩，強調神蹟奇事，如聖經中的趕鬼釋放。賓路易師母在她的神學思維裏審慎地界定自己不與五句節運動為一同，因她懷疑他們的能力來源未必是來自聖靈。[58] 雖然她這種做法顯得非常穩妥，但同時也為自己關上了與其他宗派合一的道路。至於重視神跡奇事的五句節宗派，今天已成為了基督新教裏全球最大的宗派。賓路易師母的做法並非意味著她拒絕重視聖靈，而是她強調的重點在於聖靈的光照和引導、使人的內心融化和火熱，並用十字架的道理使信徒勝過罪、在生命裏過一個穩定的得勝生活。[59] 故此，在這場復興運動中，強調聖靈的能力及得勝的生命的追求無疑是主題方向，但通過不同的詮釋 —— 賓路易師母的詮釋是著重光照、內顯的靈恩使人勝過罪，而當時五句節教派一些信徒的詮釋則是神跡奇事的超自然經歷；這樣的結果，是出現一種對於啟示或詮釋啟示的絕對性，顯示出一種霸權來。

　　誠然，開西大會承接了聖潔運動的傳統，它提倡得勝生命的神學，棄除宗教者對於自身作為領受啟示的絕對化的問題，放

---

58 葛蕾德（Mary Garrard）著，鍾越娜譯：《得勝者 —— 賓路易師母回憶錄》（加州：美國活泉出版社，1992），135-137、141-142；賓路易師母著，戴致進譯：《大地覺醒：威爾斯復興運動》，3-4；The Pew Research Center's Forum on Religion and Public Life, "Global Christianity: A Report on the Size and Distribution of the World's Christian Population", December 19, 2011. www.pewforum.org/2011/12/19/global-christianity-exec/

59 賓路易師母著，王在康譯：《各各他的十字架》（台北：橄欖基金會，1991），26-30、55-58、64-65；《大地覺醒：威爾斯復興運動》，3-8；葛蕾德著，鍾越娜譯：《得勝者 —— 賓路易師母回憶錄》，143。

下了容易挑引人心的西方霸權，從而打破了宗派與宗派之間的藩籬，因著經歷 —— 聖靈的復興、生命的得勝 —— 而帶來宗派與宗派的對話及合一。研究倪柝聲的學者絕不會忽視賓路易師母的作品對他的影響；賓路易師母於 1907 年後開始遠離開西大會，而倪氏於 1938 年卻通過友人的介紹專誠到訪開西大會，可見開西運動對倪氏的重要。開西運動素來強調在基督裏合一的精神，然而當我們小心檢視的時候，從賓路易師母對於聖靈的闡釋，以及她反對五旬節派以致離開開西大會、成為了另一個支流，這就可以看到接受啟示者的一種絕對化的霸權，是如何脫離了帶有合一精神的運動。賓路易師母的作品對倪柝聲產生了潛移默化的作用，由此亦讓我們不難瞭解當倪氏重視開西運動之時，這種容易絕對化及分離的元素也對倪氏有一定的影響。

當我們研究具生命向度的得勝神學的優越之處時，也得同時瞭解到西方詮釋者滲雜在其中一種對啟示、或接受啟示的絕對化而衍生出來的霸權 —— 開西運動的得勝神學具有融和及合一性，但賓路易師母脫離開西大會實在是展現了接受啟示者的一種絕對性。這一種霸權，除了賓路易師母外，也可追溯至更早期於英國和愛爾蘭的弟兄運動，[60] 其中可見它影響倪柝聲的端倪，並由這些群體中可探索到當時西方的霸權。

---

60 Harold Rowdon, *The Origins of the Brethren, 1825-1850* (London: Pickering and Inglis, 1967), 37-53; Frederick Coad, *A History of the Brethren Movement* (Exeter: The Paternoster Press, 1968), 139-153, 155-164.

弟兄運動於 1820 年代的英國和愛爾蘭展開，一群信徒有感
於當時教會的嚴密組織及繁瑣儀式削弱了屬靈的氛圍，加上宗派
主義的盛行使教會出現分裂的形勢，故以基督教的初期教會為藍
本，追求一種純樸自由的屬靈生活及培育更深的靈命，並團結起
理念相同的信徒，實踐在基督裏的合一見證。後來因神學上的爭
論，弟兄會內部分裂為開放弟兄會及閉關弟兄會兩個陣營。弟兄
運動的神學特色是重視聖經的教訓，以聖經的權威作為唯一的信
仰標準，由此也要求教會各方面的運作模式需要謹守初期教會的
做法，而教會的唯一憑據按聖經而言就是聖靈的同在。弟兄運動
關心先知的預言，認為先知預言及千禧年國度是屬於現今的時
代。[61] 這些高舉聖經、重視聖靈的方向，表面看來都被認同，但其
中對於如何詮釋聖經及詮釋聖靈的同在，容易帶來很大的爭議或
分裂。接受啟示者通常帶有的一種絕對化，正是我們需要留意的
地方。閉關弟兄會的主要領袖達秘（J. N. Darby），[62] 認為聖經裏

---

[61] Rowdon, *The Origins of the Brethren, 1825-1850*, 37-53; Coad, *A History of the Brethren Movement*, 92; Henry Craik, *New Testament Church Order* (Bristol: Mack, 1863), 68; Clarence B. Bass, *Backgrounds to Dispensationalism: Its Historical Genesis and Ecclesiastical Implications* (Eugene: Wipf & Stock, 2005), 129-140; Josiah S. Teulon, *The History and Teaching of the Plymouth Brethren* (London: Society for Promoting Christian Knowledge, 1883), 94.

[62] 閉關弟兄會是一個權力集中、組織嚴密的群體，堅持與其他教會分離，他們不接受其視為信仰不正統的人進入團契的圈子。達秘認為教會自使徒時代以來已經走向世俗的敗壞，上帝的教會不應與罪惡並存，故主張要脫離現今的教會組織是信徒的使命，而脫離的那些組織亦不是上帝的教會。他們相信只有弟兄會的聚會，才能稱為真正奉主名的聚會。至於個人與上帝建立良好的屬靈關係，正是罪得釋放、重得自由的表現，他們也視之為基督教信仰的最終目的。只有重生得救、奉主名聚會的人，才是真正的信徒。Coad, *A History of the Brethren Movement*, 118-122, 155-164; John N. Darby, "Separa-

提及上帝的教會，其實指向著居住在一個地方之內一同聚集的信徒，具有地區性的區分，而每個地方的教會應有獨立的行政，其他地方的教會不能作出干預；不過在屬靈層面上，各地方的教會也因聖靈的引導而有合一的交通。教會由有屬靈恩賜的人分派工作，而屬靈的領袖被稱為長老。弟兄運動強調信徒的成聖，其意義在於要分別為聖、以及重生後屬靈生命的成長。[63] 對於倪柝聲地方教會的主張，學者有不同的看法。[64] 梁家麟認為倪氏提出使徒的權柄凌駕於長老之上，而他本人對更廣泛地區的事工還具有策劃及安排的權柄；[65] 況且眾多使徒中還得有一個作為首領，梁氏認為這是一種樹立絕對權威的方式，而倪柝聲因話語的職事也壟斷了釋經權力。[66] 倪柝聲有關於地方教會的主張，採用更正教「回到本源」的一種復原的原則，就是回到聖經中有關初期教會的時

tion from Evil: God's Principle of Unity," in W. Kelly ed., *The Collected Writings of J. N. Darby*, Vol. I (London: Morrish, 1867-1883), 538.

63 John N. Darby, "Discipline and Unity of the Assembly," in W. Kelly ed., *The Collected Writings of J. N. Darby*, Vol. IV (London: Morrish, 1867-1883), 387; Teulon, *The History and Teaching of the Plymouth Brethren*, 94.

64 參 Dana Roberts, *Understanding Watchman Nee: The Newest Book on Watchman Nee* (Plainfield: Logos-Haven Books, 1980)；Liao Yuan-Wei, "Watchman Nee's Theology of Victory: An Examination and Critique from a Lutheran Perspective," (Th.D. Diss., Luther Seminary, 1997；梁家麟：《倪柝聲的榮辱升黜》（香港：巧欣，2004），139-184。

65 倪柝聲：〈教會的事務〉，第九篇，〈地方教會與工作和使徒的關係〉，載於福音書房編輯部編：《倪柝聲文集》，第 51 冊（台北：福音書房，1997）；梁家麟：《倪柝聲的榮辱升黜》，154-155。

66 梁家麟：《倪柝聲的榮辱升黜》，155-156。

期，[67] 而當時自由派的斯特理特（Burnett H. Streeter）亦同樣以此原則作研究。斯特理特在今天西方的研究中仍是一位重要的聖經學者，[68] 他運用同一「回到本源」的原則，研究新約聖經裏對於初期教會的瞭解。對比倪柝聲的論點，斯特理特在研究中的發現顯出有其深度。[69] 斯特理特對於聖經以復原的原則研究新約聖經及初

---

[67] 同上書，147。

[68] 斯特理特對於福音書的四源說作出了重要的貢獻。參閱 Burnett H. Streeter, *The Four Gospels: A Study of Origins, Treating of the Manuscript Tradition, Sources, Authorship, & Dates* (London: Macmillan, 1924)。

[69] 斯特理特研究原始教會的規章理論，由當時以猶太人為主的教會與外邦人為主的教會之治理作比較。他以初期教會具有分量的著述如新約書信及十二使徒遺訓作研究，清楚發現其中在一世紀末期於敘利亞這一地區，仍然有一些教會是以先知和教師為首，還未有監督，正如使徒行傳十三章 1 至 3 節，安提阿以幾位先知和教師為主，代表教會作差遣。另外在使徒行傳中，保羅給哥林多教會長老的信，是一個重要的歷史證據。路加形容以弗所的代表為長老，但保羅稱他們為監督。事實上當時監督可以稱為長老，但不可推斷所有長老皆可被稱為監督。斯氏指出保羅及巴拿巴在第一次宣教旅程回程，在「各教會中選立了長老」，而此行動被斯氏認為是教會的一個新發展，帶出了在教會中一個緩慢但穩定的運動。最初是根據個人擁有的屬靈恩賜作領導，但斯氏再由約翰的書信進一步指出，對於一些傳講有問題的教義的基督徒，長老的角色是可以阻止他們去影響教會，還可驅逐向他們表達同情的人離開教會；這不單只是對公開的崇拜有至高的管理權，亦對逐出教會有獨一的權柄。斯特理特表示這一個教會中的長老，確實擁有在以後監督的職務及權力。此種具有權柄的監督制度，對其他亞洲小城鎮中的教會因負擔其財政等而具有影響力。以亞細亞教會而言，從提摩太和提多的書信中，展現出類此情況。斯特理特認為提摩太在保羅死後可能在以弗所安頓下來，並繼承他的權柄；當亞細亞教會面對困難，教會人員道德敗壞，提摩太的管治只是一段短的時間，後由長老約翰恢復規章，指出此教牧書信所關心的是同工的性格，而非教會治理的認識，由一個具有監督制的母堂教會，對一些還在發展中的小堂會提出如何選擇長老或監督作一忠告。斯特理特的理論確實可以看出在復原原則的框架下，深入瞭解初期教會的一百年中，整個教會從先知與教師的舊體制，慢慢發展成為具有權柄的監督制，甚至發展由母堂的監督影響其他小城鎮教會對於監督的選立，

期教父的著作，而倪柝聲的復原精神所言說的是地方教會，由此可看出他們截然不同的分歧。[70] 同樣是運用復原的原則，但哪一點具有絕對性呢？雖然我們在現時不能掌握那絕對的真實 —— 就是哪一個是對的，但卻豐富了我們對於內裏的瞭解及深度。顯然我們可以看到對於接受啟示者的絕對性，正如現代詮釋學所指出是關乎於哪一個群體、是哪一個處境，不同的詮釋是使我們對真實的瞭解更為進深一步。當我們進深瞭解不同的層面時，不難會看到當中的一個亮光。正如倪氏對於地方教會的看法是基於復原原則，強調要回到聖經，[71] 但斯特理特與倪柝聲的發現、以至各自

成為一個制度。所以，斯特理特的理論基於對聖經及十二使徒遺訓的瞭解，指出很多基督徒群體誤以為或多或少接受有一種形式的教會規則是唯一最原始的，並認為這是唯一擁有使徒先例的認可。但斯氏指出從歷史證據展示出這個信念是一個錯覺，在原始的教會沒有一個教會規則盛行，各處都有準備就緒的經驗而發展及更新。倪柝聲提出的地方教會觀念，正正是斯特理特所指的欠缺發展及更新。Burnett H. Streeter, *The Primitive Church, Studied with Special Reference to the Origins of the Christian Ministry* (New York: Macmillan, 1929), 79-81, 85-86, 88, 91-92, 103, 129-130.

70 Streeter, *The Primitive Church, Studied with Special Reference to the Origins of the Christian Ministry*, 79-81, 85-86, 88, 91-92, 103, 129-130.

71 從地方教會的瞭解來看，一些學者認為倪氏表現激進。倪柝聲在 1922 年底發現教會中存在著宗派林立的狀況，認為那是不符合聖經的教導：「今天有許許多多的公會；但是，聖經裏沒有美以美會，也沒有長老會，或者甚麼別的會。我為甚麼作一美以美會的教友呢？神的話沒有這樣說，我為甚麼這樣作呢？…… 我也看見，牧師的制度是不合聖經的。更有一件事，就是聚會，應當按著聖經的原則而行。」倪氏既認為宗派的存在是罪惡的事，於是寫信要求其本來所屬的美以美會，把他的名字從該會的教會名冊中刪除。然而，由倪柝聲及學生傳道者組成的群體（後被稱為基督徒聚會處）後來在獨立性的程度上也出現分歧。倪氏堅持反對採用宗派及以牧師為主的教會結構，並主張要脫離西方差會；王載傾向於以獨立傳道的方式去試圖重振宗派教會，以溫和的態度應對它們，故王載受到差會的接納和歡迎。梁家麟：《倪柝聲的榮辱升

提出的論點卻是完全不同的。那麼，哪一個發現才較為睿智呢？哪一位是較為絕對化呢？這樣就要訴諸我們對聖經神學的瞭解有多少，它既是一個更進一層的神學問題，也涉及對不同神學立場的研究及進深的取捨。一種接受啟示者的絕對化的霸權，從對開西運動及弟兄運動的研究中浮現出來，當然每一個詮釋者的性格對此種霸權也有直接的關連，這也是倪柝聲認為每人要對付自我的其中一個要點。[72] 筆者指出的是一種西方絕對化的霸權，在挪用

點》，119-123、134、147-152、163-168；倪柝聲：〈講經記錄〉，卷二，〈往事的述說〉，載於福音書房編輯部編：《倪柝聲文集》，第 18 冊（台北：福音書房，1991）。

72 倪柝聲：〈人的破碎與靈的出來〉，第一篇，〈破碎的緊要〉，載於福音書房編輯部編：《倪柝聲文集》，第 54 冊（台北：福音書房，1997）。倪柝聲性格上的特點，使他不容易與別人調和，而這一性格早年已經有跡可尋。倪氏年輕時與較他稍微年長的同工常因意見不合而出現紛爭，他回憶說：「當時有個同工長我兩歲，我們意見常常不合。而且不合的事，都出在一些大家的事務上，所以我們的爭執，也都給大家看見了。我總是告訴自己：要是他堅持那麼做，我就非抗議不可，因為那不對。我是一定抗議。」他甚至曾把自己的委屈向其屬靈導師和受恩分訴，期望對方為他評理，定斷誰對誰錯。和受恩「可是認識神，也痛恨自己身上有一點驕傲與嫉妒的人 …… 只平靜的回答：你最好按照他的話去做」，她的說話令倪柝聲感到「大失所望，『如果我對，』他抗議說：『為甚麼不承認我對？如果是我錯，就明說嘛！為甚麼叫我照他的話去做？』…… 他頂了回去：『如果年紀小的「對」，年紀大的「錯」，難道小的還要順服嗎？』」後來有一次，倪柝聲「又跑去找和受恩小姐談他的問題。『讓我煩惱的，』他抗議說：『就是那個弟兄根本對錯不分！』但她一向自律極嚴，所以也敢毫不客氣地明講了。她站起了身子，直接瞪進他眼裏，『難道你到了如今這個節骨眼，』她問他：『還沒有認識基督的生命嗎？還不明白十架的意義嗎？這幾個月你不停地說你自己對，說你弟兄錯 …… 覺得你那種講話的態度很「對」，是嗎？你覺得來向我一次又一次地講這些事，很「對」是嗎？你的對錯分辨，可以說完全正確，可是你內在的直覺如何？難道你裏面的生命不會反對你自己這種令人生氣的行為嗎？』從他最在意的事情著手，她一下子碰到了他的痛處。頓時他沉默不語，自己不得不承認從人來看，他的道理很對，但內在的聖靈卻指示他的態度錯了。」

時也影響著挪用者。[73] 當然倪柝聲在中國基督教的發展仍具卓越地

到了倪柝聲開展了自己的事工以後，這種情況也會出現。對於當時的主流教會或獨立傳道人，倪柝聲也有所保留。倪氏本人抗拒被標籤為與聖公會、路德會或浸信會等宗派有任何關連，事實上他對於當時主流教會的靈性狀況，亦帶有一種蔑視的態度，認為對方膚淺及天真；而對於獨立傳道人如王明道、王載及宋尚節等，則認為別人性格不成熟，或是所建立的教會不能帶人達至終點。好像倪柝聲與宋尚節的服事各有特點，當時有人認為「倪柝聲雖算是較有才能的傳道者，不過宋尚節呢，神使用他把大批人潮往神的國度席捲而入……他講了道，羊群就醒過來，飢渴萬分，因為沒有人餵養他們，倪柝聲的教導服事正好填補了這個空洞」，但問題是「宋尚節和倪柝聲一直合不來……宋尚節大膽明言地批評了倪柝聲，而倪柝聲私下也講過，他輕視宋尚節神學的理念欠成熟，服事的扎根太淺。」宋尚節擁有神的恩膏，倪氏也知道這正是他自己所沒有的。除了主流教會及獨立傳道人外，倪柝聲在 1930 年代初期也反對靈恩運動，把它視為黑暗之子的工作，故他對當時的五旬節派也沒有太大的好感，「真耶穌教會僅不過是邪靈支配的異端，其解經則是附會支離，憑空臆說，不值識者一笑」。倪氏又批評五旬節信仰的功效好像一種屬靈的鴉片一樣，一旦嘗試經歷過它後，就變成了一服不斷加重的藥劑，使人不能節制、無法自拔。1939 年倪柝聲宣稱得著了神的藍圖，「就在這人類歷史終結和千年國度開始的交接之際……那些能夠走非拉鐵非的路和得勝的人，顯然就是指小群裏那些真正信徒 —— 才能在神創造的宇宙的中心，完成神的工作。」金彌耳：《中流砥柱：倪柝聲傳》，73-75、135、153-154、161；連曦：《浴火得救：現代中國民間基督教的興起》，147、153。

73 霸權是一個國際關係的概念，指出一個國家的國際領導與其他國家的權力異常不相稱。當我們借用霸權一詞來放在賓路易師母身上，可使我們理解到在開西大會各不同宗派也都強調各自的信仰來源是來自基督的啟示時，那麼賓路易師母的啟示是否與其他宗派異常的不相稱呢？這就是當時一種霸權的表現。這種霸權正展現一個權力不相稱的圖像，使我們明白到這種不相稱成為了不能和諧的元素。相同地，倪柝聲對於地方教會的概念，是以使徒行傳作為基礎來發展的，而這正是他對那些經文的詮釋。我們必須要在詮釋學中與其他學者作比較，從以上斯特理特的詮釋來看，便發現他們之間存有很大的分歧。若我們對使徒行傳這些經文深入地參考不同學者的詮釋，就可看到其中的差異，特別在倪柝聲的時代，西方對於釋經已有很深入的發展，尤其對於原文及背景的分析。故此，若過於強調倪柝聲的詮釋的絕對性，就會產生一種霸權的效應，這將難以維繫在不同基督教群體中的和諧性。見 Simon Reich and Richard Ned Lebow, *Good-bye Hegemony!: Power and Influence in the Global System* (Princeton, New Jersey : Princeton University Press, 2014), 16。

位，而事實上，倪柝聲、魏保羅和敬奠瀛等也是由中國人建立教會的突出領袖。

2. 中國封建傳統的幽靈

敬奠瀛來自一個傳統封建的家庭，他的家庭著重禮教，凡事以孝悌為中心，自小接受儒家孝悌觀念的他素來對孔子尊君親上的主張非常尊崇，常以孔子的教導來斷定是非，「因此在家庭中就逐漸形成了封建制度和統治作風」。[74] 所以在他對西方傳入的基督教體系進行調適的過程中，出現了中國封建傳統下家長制的嚴苛模式，要求耶穌家庭的成員對他絕對的服從：「耶穌家庭既是一個家，就應當講孝道；因為家的存在，全是靠孝道來維持的。」[75] 作為教會的領袖，也是耶穌家庭裏最高的家長，敬奠瀛的嚴厲經常使成員心生畏懼，他對他們常厲聲責備、施以體罰：「以為若要愛弟兄姊妹，就必得『管教』，若要管教，就必得『打』，因此他就把『苛責』和『毒打』，當作他對待弟兄姊妹犯錯誤的唯一方法了」，「當敬奠瀛發脾氣的時候，氣勢洶洶，全家震駭，這樣在全家之中又只有敬奠瀛了」，[76] 敬奠瀛自己也形容自己「對孩子們也常施體罰，對弟兄姊妹們也常急言劇色叱責，家裏的青年人

---

[74] 《地縣工作組關於批判敬奠瀛、群眾控訴、馬莊耶穌家庭的黑暗統治、敬奠瀛的申訴報告及其本人檢討自傳》，泰安市泰山區檔案館，檔案編號 1-16-9-5。

[75] 《地縣工作組關於批判敬奠瀛、群眾控訴、馬莊耶穌家庭的黑暗統治、敬奠瀛的申訴報告及其本人檢討自傳》，泰安市泰山區檔案館，檔案編號 1-16-9-1。

[76] 同上。

不被我責備的很少，因此好多人怕我，甚至責備錯了，他們也不反唇」。[77]

在敬奠瀛的家長制下，他嚴格控制教會成員在生活上的各個層面，對於成員的婚姻更有編配的權力。耶穌家庭的婚姻編配中，出現接受中等教育的人配給文盲的人、樣貌娟好的人配給殘疾人士、體格健全的人配給患上性病的人等個案。成員被迫把自己的婚姻權柄交給耶穌家庭的領袖，至於違反的成員則遭到領袖的責打：「看見宋煥靈因為不甘心交出婚姻的權柄，被左順真痛責以後，哀哀哭泣的光景，心裏便想道：若我今天不答應，輕著是一頓痛責，重著是一場毒打，因此便委屈著良心說：『願意。』」[78]對於已婚夫婦，他們需要提出申請才能同居，夫婦生活被干預破壞，家庭關係遭到拆毀：「耶穌家庭的夫婦生活，既是受著這樣的統治和剝削，因此夫婦的自由同居，便被視為非法了。若有夫婦自由同居，或因自由同居而懷孕者，那就被視為『犯罪』或『鬼胎』，便要被左順真等施以極嚴重的造就，還有孕婦及『奶媽』（就是孩子的生母）在耶穌家庭裏是非常沒有地位」。[79]又因敬奠瀛主張走窮苦的路，「在家裏經常受窮、受餓、吃粗穿破、受統

77《地縣工作組關於批判敬奠瀛、群眾控訴、馬莊耶穌家庭的黑暗統治、敬奠瀛的申訊報告及其本人檢討自傳》，泰安市泰山區檔案館，檔案編號 1-16-9-5。

78《地縣工作組關於批判敬奠瀛、群眾控訴、馬莊耶穌家庭的黑暗統治、敬奠瀛的申訊報告及其本人檢討自傳》，泰安市泰山區檔案館，檔案編號 1-16-9-1。

79 同上。

治、受摩擦、受苛責、挨毒打」，[80] 但家庭中有些領導的飲食及居住環境遠較其他成員優越，有些成員卻吃得太少、甚至一連數天斷糧，[81] 引起耶穌家庭的成員不滿。雖然耶穌家庭提倡把私人財產變賣後帶進家庭的共產制度，但卻連當時的共產黨也反對敬奠瀛的做法。[82]

1953 年，敬奠瀛被捕入獄，四年後因患肝癌而保外就醫，不久離世，他最後留下的字條說：「我回家見父去，你在此等主來。」[83] 敬奠瀛面對的悲劇，出現的問題並不因為是西方神學，而是他的神學必然會喚起人們的反抗 —— 就是當時新中國對於清朝以來遺留的封建家長制的反對。在這家長制之下，群眾生活太痛苦。如果用今天中國進步了的社會主義的方向，是讓一些人先富起來、然後進入小康的做法，與敬奠瀛是截然不同的看法。另一方面，敬奠瀛被視為因驕傲而引來很多攻擊，當他說他的教會是共產主義與三自教會的結合，在《天風》內出現了很多反對的聲音，批判有些人一直說自己是三自，即不需要在政治下學習而成為領袖。[84] 所以，在他的神學裏出現問題的地方是家長制及不成

---

80 《地縣工作組關於批判敬奠瀛、群眾控訴、馬莊耶穌家庭的黑暗統治、敬奠瀛的申訴報告及其本人檢討自傳》，泰安市泰山區檔案館，檔案編號 1-16-9-1。

81 《地縣工作組關於批判敬奠瀛、群眾控訴、馬莊耶穌家庭的黑暗統治、敬奠瀛的申訴報告及其本人檢討自傳》，泰安市泰山區檔案館，檔案編號 1-16-9-5。

82 沈德溶：《在三自工作五十年》（上海：中國基督教三自愛國委員會、中國基督教協會，2000），10-21。

83 童小軍：〈耶穌家庭歷史片段補遺〉，《橋》66（1993）：11。

84 陶飛亞：《中國的基督教烏托邦：耶穌家庭（1921-1952）》，225-226。

熟的共產制，他的共產制特別是拆毀了家庭的核心、控制夫婦的性，這些都是他被拒斥的原因及出現的問題。[85]

這兩位中國 20 世紀初期最大本色化教會的領袖 ── 倪柝聲及敬奠瀛，他們各自在信仰歷程中受到西方傳教士的導引，也因西方教會復興運動的浪潮而經歷了信仰上的體會，因此他們把其所接觸的西方神學思想，引進到他們所創辦、由中國人負責領導和運作的本色化教會 ── 基督徒聚會處及耶穌家庭之中。對於 20 世紀初期的中國基督徒及教會領袖而言，中國基督教本色化還在倡議及開展的階段，這可說是一種「試行」；可惜在這種「試行」的過程中，他們仍未能擺脫西方及中國本身的文化幽暗面。在挪用西方基督教神學思想的同時，因文化的桎梏而出現重重困難，甚至窒礙了他們的本色化教會在中國繼續發展的步伐。

---

[85] 在 1950 年代控訴期間，有些人指出敬奠瀛與林美麗的感情關係，但單取這個年代的資料並不中肯，而陶飛亞對敬奠瀛的評論比較中肯。參陶飛亞：《中國的基督教烏托邦：耶穌家庭（1921-1952）》。

第四章

中國基督教思想本色化發展
的早期嘗試
—— 中國文化與神學的融合

本章曾發表於 2014 年 4 月 22 至 23 日美國耶魯大學「中國基督教」國際研討會，題目為：〈具特色的中國基督教神學：韋卓民的文化神學與趙紫宸的教義神學〉（ ”The Unique Features of Chinese Christian Theology: Francis C.M. Wei's Theology of Culture and T.C. Chao's Doctrinal Theology”）；另外，部分內容曾於 2012 年 11 月 28 日中國華東神學院舉辦之中國近代神學講座（一）：「北趙南韋：趙紫宸與韋卓民的神學」中發表。

1940 年代的中國基督教思想界曾經有「南韋北趙」的說法，因在 20 世紀的中國基督教神學家當中，最具代表性的人物有南方的華中大學校長韋卓民、北方的燕京大學宗教學院院長趙紫宸。[1]生於 1888 年廣州經商望族之家的韋卓民，自年幼起已接受中國經籍之薰陶，[2] 在美國聖公會創立的武昌文華書院中學畢業後，入讀文華大學，1910 年底以最高榮譽生畢業，取得文學士學位。[3] 畢業後，韋氏為文華大學留校任教，同時亦攻讀碩士研究生學位，於 1916 年取得文學碩士學位。[4] 1918 年韋卓民赴美於美國哈佛大學研究院深造，同時在著名哲學家霍金教授（William E. Hocking）的指導下研究西洋哲學史。翌年他在哈佛大學取得哲學文學碩士學

1　最初華中師範大學之章開沅教授與吳梓明教授引證了「南韋北趙」這一說法。吳梓明：〈中國基督教史研究：時代的新挑戰〉，載於羅秉祥、江丕盛主編：《基督宗教思想與 21 世紀》（北京：中國社會科學出版社，2001），364；徐以驊：〈紐約協和神學院與中國基督教會〉，載於劉家峰編：《離異與融會：中國基督徒與本色教會的興起》（上海：人民出版社，2005），44。

2　見韋卓民個人檔案，第六盒，收藏於武漢華中師範大學檔案館。

3　韋氏之大學畢業論文為〈古代中國人之宗教信仰及其對中國民族性的影響〉（"Religious Beliefs of the Ancient Chinese and Their Influence on the National Character of the Chinese People"），由此可體現他對於中國民族文化探索的熱心。他又於大學畢業時受洗，成為基督徒。吳梓明、梁元生：《中國教會大學文獻目錄第三輯》，168；馬敏編：《韋卓民基督教文集》，192；馬敏、周洪宇等編：《跨越中西文化的巨人：韋卓民學術思想國際研討會論文集》（武漢：華中師範大學出版社，1995），251。

4　1915 年初，韋卓民完成其碩士論文〈孟子之政治思想〉（"Political Principles of Mencius"）。馬敏編：《韋卓民基督教文集》，192；吳梓明、梁元生：《中國教會大學文獻目錄第三輯》，168。

位。於 1920 年提前返國後，在武昌文華大學出任哲學教授；[5] 六年後代理華中大學校長。[6] 由於國內政局及社會動盪，學生不斷騷動，許多大學無法運作，1927 年華中大學亦停辦。[7] 韋氏有感留在國內會面對危險，便趁機遠赴英國留學，在倫敦大學著名哲學家霍布豪斯教授（Leonard T. Hobhouse）及牛津大學著名哲學家斯特理特教授（Burnett H. Streeter）的指導下當研究生；在學期間，於 1928 年參加了國際宣教協會的耶路撒冷大會。[8] 翌年取得哲學博士學位回國後，韋氏被推選為剛復校之華中大學校長，展開了為期 22 年的校長生涯。[9] 對於當時的華人來說，韋氏不但擁有在中國本

---

5 1920 年，韋卓民完成了哲學博士學位之所有課程，更以全優成績獲得霍金教授極高度的評價，但因為缺乏留學經費，韋氏只得放棄了只差博士論文待繳的學位，提前回國。吳梓明、梁元生編：《中國教會大學文獻目錄第三輯》，168；馬敏、周洪宇等編：《跨越中西文化的巨人：韋卓民學術思想國際研討會論文集》，251-252。

6 1921 至 1922 年，波頓教育調查團（The Burton Educational Commission）於中國進行廣泛的教育調查，目的是通過調查結果來增加效率及教育的影響，它大力提倡在華中地區合併一些規模較小的教會學校，而當時的反基督教情緒也促成了合併的需要。1924 年在武昌及漢口的數所大學合併成武昌華中大學，韋卓民被選為該校副校長兼教務主任。1926 年，長沙雅禮書院之大學部與湖濱大學加入華中大學，韋卓民代理華中大學校長。吳梓明、梁元生編：《中國教會大學文獻目錄第三輯》，168；馬敏編：《韋卓民基督教文集》，193；馬敏、周洪宇等編：《跨越中西文化的巨人：韋卓民學術思想國際研討會論文集》，252。

7 見華中大學韋卓民書信檔案案卷 1930-LS12-01-001「1930 年 4、7-12 月韋卓民與有關人士的書信往來」（英文）。

8 吳梓明、梁元生編：《中國教會大學文獻目錄第三輯》，171；雷法章等編：《韋卓民博士教育文化宗教論文集》（台北：華中大學韋卓民紀念館，1980），145-146。

9 1929 年，韋卓民獲得倫敦大學哲學博士學位，其論文題目為〈中國道德傳統及其社會價值的探討〉（"A Study of the Chinese Moral Tradition and Its Social Values"）。

土大學的豐富經驗，更擁有留學英、美、歐之經驗及豐富學歷，[10]
而他面對的時局及他個人對基督教教育、神學之使命所產生的衝
擊，引發他反思文化與神學的問題。韋氏擁有良好的中國古代哲
學基礎，亦有深入研究中國哲學思想及西方哲學思想，故他擔任
華中大學校長二十多年期間，經常因學術及社會之緣故而訪問歐
美，[11] 曾出任芝加哥大學、耶魯大學、哥倫比亞大學的講師和客座
教授，[12] 更於 1938 年世界基督教協進會籌備會中，成為發起人及

---

10 韋卓民自述之個人略歷如下：

1903-1906	武昌文華書院（後改文華大學）預科
1907-1910	武昌文華大學畢業
1911-1918	武昌文華大學數學教員
1918-1920	留學美國哈佛大學研究院
1920-1924	武昌文華大學哲學教授
1924-1926	武昌華中大學副校長兼教務主任
1926-1927	武昌華中大學代理校長
1927-1929	留學英國倫敦大學、牛津大學、法國巴黎大學、德國柏林大學
1929-1951	武昌華中大學校長兼教授
韋卓民自華中大學請假出國所擔任之職務：	
1934-1935	美國芝加哥大學特約講師、耶魯大學暑期學校特約講師
1937-1938	美國耶魯大學研究院教授
1945-1946	美國哥倫比亞大學協和神學院教授

見於韋卓民個人檔案，第六盒，收藏於武漢華中師範大學檔案館。

11 參華中大學韋卓民書信檔案案卷 1935-LS12-01-001, 003「1935 年韋卓民與有關人士的
書信往來（英文）（一）」。

12 1934 至 1935 年，韋氏應聘為美國芝加哥大學講師。其後，他更擔任了不少著名大學
的講座。1937 年 7 月至 1938 年夏，耶魯大學聘請韋氏為客座教授；1937 年 7 月他出
席在牛津大學召開的「生命與聖工會議」（Conference on Life and Work）及 8 月在愛丁
堡所召開的「信仰與教制會議」（Conference on Faith and Order）；隨後往美國出任耶魯
大學神學院客座教授。1946 年在海威特基金會（Hewett Foundation）聘請下，於安德
沃－牛頓（Andover-Newton）及波士頓（Boston）的聖公會神學之神學講座中擔任
主講。參華中大學韋卓民書信檔案案卷 1934-LS12-02-001「1934 年韋卓民與有關人士
的書信往來（英文）（二）」及 1935-LS12-02-002「1935 年韋卓民與有關人士的書信往
來（英文）（二）」；華中大學韋卓民書信檔案案卷 1937-LS12-04-003「1937 年 4 月韋卓

唯一參與的中國人。[13] 由於韋氏在學術上的成就，一些大學授予他人文學博士及法學博士等榮譽博士學位。[14]1952 年後，韋氏擔任全國基督教三自革新委員會領導人之一。[15]

趙紫宸為當代中國重要的神學家，是首個自撰基督教哲學著作的中國人。趙氏承認自己在初作基督徒時，是一個不折不扣的清教徒，每天祈禱、讀經、靈修。1914 年，趙氏於美國梵德貝爾特大學（Vanderbilt University）留學，浸淫在當時美國崇尚理性的自由派神學的風氣之中，[16] 自言受到鮑痕（Borden P. Bowne）的人格論、詹姆斯（William James）的實驗論、柏克森（Henri Bergson）的創化論所影響。[17] 曾出任東吳大學文理學院院長、燕京大學宗教學院院長，又於英國牛津大學及美國講學，獲普林斯頓大學頒授榮譽博士銜。1920 至 1940 年代期間，趙氏三次代表中國基督教

民與有關人員的書信往來（英文）」；華中大學韋卓民書信檔案案卷 1937-LS12-05-001「1937 年 5 月韋卓民與有關人員的書信往來（英文）」；華中大學韋卓民書信檔案案卷 1937-LS12-09-002、1937-LS12-09-008「1937 年 11 月韋卓民在美國與有關人士的書信往來（英文）」、1938-LS12-01-011、1938-LS12-01-027「1938 年 1 月韋卓民與有關人員的書信往來（英文）」。

13 參華中大學韋卓民書信檔案案卷 1938-LS12-05-004「1938 年 1 月韋卓民在桂林期間與有關人員的書信往來（英文）」。

14 馬敏編：《韋卓民基督教文集》，194-195；吳梓明、梁元生編：《中國教會大學文獻目錄第三輯》，170。

15 吳梓明、梁元生編：《中國教會大學文獻目錄第三輯》，172；馬敏編：《韋卓民基督教文集》，vii-ix 及 13。

16 趙紫宸：〈我的宗教經驗〉，載於燕京研究院編：《趙紫宸文集（第三卷）》（北京：商務印書館，2007），138-139、144。

17 趙紫宸：〈自序〉，《基督教哲學》（蘇州：中華基督教文社，1925），5。

界前往耶路撒冷、印度和加拿大參加世界宣教會議，並在世界基督教協進會第一次會議上，當選為世界基督教協進會其中一位主席，在普世運動中擔當過重要的角色。[18]1949 年後，趙紫宸曾擔任中國基督教界五位代表之其中一位，出席中國人民政治協商會議第一屆全國委員會會議，當選為中國基督教三自愛國運動委員會常務委員，對於建立 20 世紀中國之神學建設具有舉足輕重的地位，[19]故與韋卓民並稱為「南韋北趙」，足見他們二人在中國神學中的代表性。

一、大時代的社會背景與中西文化的關係

1. 五四新文化運動

在邁向現代化的過程中，中國經歷著洋務運動和維新運動先後失敗的挫敗與傷痛。在 1911 年，隨著孫中山領導的辛亥革命，較具規範的改革終於來臨。民國成立之初以共和建國，提倡民主政治，各派政黨冒起爭權。後來袁世凱再次建立帝制，國民黨發動了二次革命以反對，但卻失敗而回。1915 年日本藉第一次世界大戰的機會，向中國提出了二十一條要求以強佔中國疆土和權益。1916 年袁世凱病逝，中國陷入軍閥割據的局面。辛亥革命的成功及政制的改變並沒有帶來期望的和平統一，反而造成一片

---

18 吳利明：《基督教與中國社會變遷》（香港：基督教文藝出版社，1981），7。

19 唐曉峰：《趙紫宸神學思想研究》（北京：宗教文化出版社，2006），65。

混亂。這結果令國人及知識分子作出了深刻的反思，到了 1919 年五四運動就應運而生。五四運動稱為「新文化運動」或「新思潮運動」，是中國進入現代化的一個階段。新知識分子在 1919 年的「五四事件」後，從思想和文學的革新，轉變為集中於政治的問題。由於巴黎和會的失敗，北京大批青年學生於 5 月 4 日示威遊行，口號為「內除國賊，外抗強權」，而五四運動中最被標榜的另一口號就是「全盤西化」。從文化分析的角度來看，可見五四否認「體」與「國」是可以分開的。[20] 全盤西化不單在制度、器物層面，而是在思想層面與文化上的全盤西化。五四人物否定傳統儒家文化，他們推翻舊禮教，打倒孔家店。儒家學者對於超自然事物沒有多大興趣，他們所強調的是關於道德生活；新文化的領袖也有反宗教的傾向。當時的少年中國學會發動有組織性的反對宗教的行動。在反傳統的同時，五四知識分子大力的迎接西方思想。透過西方著作的翻譯，接觸到不少西方的哲學和文學作品，其中包括了笛卡兒（René Descartes）、伏爾泰（F. M. A. Voltaire）、邊沁（Jeremy Bentham）、馬克思（Karl Marx）、克音泡特金（Peter Kropotkin）、杜威（John Dewey）、羅素（Bertrand Russell）等人的作品。不少新文化運動的領袖因為曾在海外留學而吸納了歐美流行的思想，而科學和民主就成了兩個救國的必備條件。[21]

---

20 勞思光：〈五四運動與中國文化〉，載於周策縱等著：《五四與中國》（台北：時報文化，1979），443。

21 林榮洪：《風潮中奮起的中國教會》（香港：天道，1990），34；溫偉耀、林榮洪：《基督教與中國文化的相遇》（香港：香港中文大學崇基學院，2001），83。

2. 非基督教運動

　　五四新文化運動激發了中國民眾的愛國情緒、以及鼓吹了批判的態度，加上當時西方的科學主義及懷疑主義在中國流傳，[22]歐美思想中對宗教的質疑被中國知識分子所接納，基督教因而被視為違背科學精神的一種迷信。踏入 20 世紀 20 年代，這種抗拒基督教的情緒開始在中國蔓延。由李大釗、王光祈、周太玄等人成立的少年中國學會以北京為總部，並在南京、上海、湖南、山東、陝西、遼寧、天津、廣州等地皆有會員分佈，該會宗旨是「本科學的精神，為社會的活動，以創造少年中國」，積極作學術研究，評論社會，並以《少年中國》作為學會刊物，吸納了一批文化水平較高的知識分子成為成員，當中有些更在其後的非基督教運動具有重要作用。[23] 1920 年，少年中國學會禁止有宗教

---

[22] 在五四新文化運動時期，一些西方哲學家到中國作訪問講學，進一步促進中國知識界在文化思想上的轉變。當時歐美哲學家如羅素和杜威在中國的講學，吸引了許多年青知識分子。美國的杜威是一位實驗主義者，在科學主義的範疇上批判傳統的哲學思想，「將政治化約為科學、將主義化約為問題」，面對任何事情都要採取探究原因和提出「為甚麼」的懷疑角度，他高舉實驗的方法，反對一切形而上的意識形態及宗教上的哲學和神話；杜威排斥非科學的事物，他認為宗教問題若不能以理智分析，就該列入非科學的範圍而被排斥；對他而言，宗教不應被列入學校的課程之一。英國的羅素具有社會主義的理念，並且反對基督教，認為宗教利用主觀感情代替客觀的事實，故是一種非理性的信仰。杜威：〈社會哲學與政治哲學〉，《新青年》，第 7 卷第 1 號，1919 年 12 月，引自葉仁昌：《五四以後的反對基督教運動 —— 中國政教關係的解析》（台北：久大文化，1992），74；段琦：《奮進的歷程：中國基督教的本色化》（北京：商務印書館，2004），140-142；王治心：《中國基督教史綱》（上海：上海古籍出版社，2004），226-227。

[23] 楊天宏：《基督教與民國知識分子》（北京：人民出版社，2005），59。

信仰人士加入成為會員，而《少年中國》亦成為了批判宗教的渠道。[24] 醞釀了非基督教運動的發生。非基督教運動主要可分為兩個階段：1922 年 4 月為第一階段、1924 至 1927 年為第二階段。1925 年 5 月，上海發生了「五卅慘案」，[25] 激起國內民眾強烈反對帝國主義、反對列強侵略，加劇了非基督教的浪潮；各界發起罷工、罷課、罷市，要求從列國手上收回租界，並取消領事裁判權。由於排外情緒高漲，不少傳教士被迫離開中國，亦發生基督徒被暴力襲擊的事件。同年 7 月，全國學聯代表大會在決議案中指明帝國主義就是用基督教來侵略中國，並提出具體措施要深入各地城鄉組織相關行動，繼續發展收回教育權運動。1926 年國民黨召開第二次全國代表大會，強調反基督教運動要站在反帝國主義的立場上，任何由外國人興辦的學校（包括基督教學校在內）若不按照政府註冊規定的都要被關閉。[26] 一年後，國民政府在南京成立，對外與西方列強修補了外交關係，對內為求政治安定而展開清黨行動，不再鼓勵學生參與政治活動，反對基督教的浪潮才沉

---

24 賴德烈（Kenneth Latourette）著，雷立柏譯：《基督教在華傳教史》（香港：道風書社，2009），585-586；楊天宏：《基督教與民國知識分子》，58-59。

25 1925 年，設於上海租界內的日本紗廠廠主因殺害了一名中國工人及把其他中國工人的工作革除，激發上海工人與學生在 5 月 30 日在租界內舉行遊行抗議，結果與英國巡捕因衝突而遭到開槍射擊，導致三十餘人死傷，此次事件稱為五卅慘案。事件發生後，因英國及日本的態度強硬，激發全國的反帝運動，而反基督教運動更進一步加強，不少學生因此退出基督教學校。查時傑：《民國基督教史論文集》（台北：宇宙光，1994），200-202、417；林榮洪：《風潮中奮起的中國教會》，143-154；卓新平編：《本色之探：20 世紀中國基督教文化學術論集》（北京：中國廣播電視，1999），10。

26 楊天宏：《基督教與民國知識分子》，289-300。

寂下來。[27]

二、具對等地位的中國文化，與西方文化作互補，建立一種綜合的文化理論

1. 韋卓民對時局的回應

　　韋卓民的成長適逢於中國大時代的變遷時期，及後畢業於華中大學、留學美國哈佛大學及英國劍橋大學的歷練，皆對韋氏其後對國家、文化、教育、哲學的反省進程有著根本的影響。面對1920年代中國社會文化的轉變及基督教的嚴峻局面，韋氏非但沒有避而不談他的立場，反而把他的見解撰文闡釋。[28] 他指出當時中國人正經歷一場革命運動，在革命仍未成功以前，這時代的中國人幾乎無國家可言，而所謂的政黨根本就是對憲法有不同釋義的人所組成的不同組織，所以在革命運動中他們大都不能容忍與自己有不同看法的黨派是很自然的事。而在此時期的基督教運動，需要思想怎樣參與革命運動的態度，適合的態度才能賦予中國基督教運動的成功。所以，韋氏所強調的並不是參與哪一個政黨，而不同的政黨具有排他性，他是足以明白的，就是因為這一點，

27　查時傑：《民國基督教史論文集》，398；楊天宏：《基督教與民國知識分子》，366-373。

28　Francis Wei, "Viewpoints on the Present Situation: Some Aspects of the Relation of the 'Peoples' Revolution' to the Christian Movement," *The Chinese Recorder* 58 (March, 1927): 219-220.

所以他強調基督教運動應如何適應這變動的政治情況。他以 1926 年聖誕節當天在大學中所面對的政治煽動運動為例，因著教會學校的緣故，華中高等師範學校充斥著很多反對基督教的口號和標語，但卻沒有造成任何破壞。經事後的調查，這些學生並沒有受到政府或任何責任團體的指使，作為大學的校長，他慶幸自己能對當時政府及不同政見的學生建立此種誠摯的關係。所以韋卓民提出一種積極熱誠的參與信念，在這次事件中表現出華中高等師範學校的學生沒有違背基督徒的良知，但又具備了充滿革命熱誠的當代學生本色，這一種態度將會大大地影響以後的革命運動。[29]

韋氏對於基督教與革命在這處境中分析得十分清楚：(1) 正面的參與是必需的。無論是好是壞，總不能裹足不前。(2) 生命熱誠的態度是本於基督教，而這種精神使學生能撇除一切的破壞與負面。(3) 採用相互合作與溝通，明瞭著不同的政黨有排他精神，但卻盡力的在互動中相互瞭解。

所以，韋卓民面對著波濤洶湧的「非基督教運動」，作為基督教大學的校長，卻提出了相互瞭解、積極參與革命運動的一種儒家學者的處世之道，就是個人與社會絕不能分割。雖然當時的國民黨政府有它的立場，但是韋氏對學生、對工人、對革命的支持明確展現在其校政方面，這是當時許多學校絕不能接受的。他允許學生們上午上街參加愛國活動，下午回大學上課，這既能鼓

---

[29] Ibid.

勵學生繼續其學習熱誠，又能支持他們參與的愛國行動。[30] 章開沅教授指出韋氏曾支持武漢基督徒聯合發表《武漢基督徒革新運動宣言》，耶穌基督就是以自由、平等、博愛、犧牲、服務來打敗罪惡的勢力，這也是一種革命的大勢力。耶穌基督當年打倒法利賽主義及傳統的舊禮教，並那些富裕、貴族階級對平民的壓搾，這些都以捨身十架的革命精神來使使命完成，所以在基督中的革命精神正好回應著這時期的革命工作。[31] 從這段時期可看到韋卓民適切地配合了在當時開始的革命精神，就是以基督的十架精神與革命精神相兼容，儘管當時的韋卓民並未看到在 1949 年革命的成功。

雖然基督的精神與中國革命精神相配合，但是對於連續的非基運動，韋卓民明白到作為教會及教會的中小學所面對的境況是困難的。然而他指出這只是一個過渡時期，基督教教育工作者應作出最大的努力來適應，用更自由靈活的態度來配合以減少犧牲。[32] 他認為當時國家收回教育主權是正確的，所以他呼籲教會學校服從政府，而對於外國差會在中國辦學，韋氏的看法是跟當時的運動一致的。他曾發表文章論到有關在中國傳教事業的四個階

---

30 John L. Coe, *Huachung University* (New York: United Board for Christian Higher Education in Asia, 1962), 44，轉引自吳梓明編著：《基督教大學華人校長研究》（福州：福建教育出版社，2001），84。

31 章開沅：〈序〉，馬敏等主編：《跨越中西文化的巨人：韋卓民學術思想國際研討會論文集》（武漢：華中師範大學出版社，1995），4。

32 Francis Wei, "The Course of Action for the Christian Schools", *Edcational Review* XXII, no. 4 (1930):372.

段：第一個階段是開拓者階段中的開始期，外國的傳教士被聖靈驅使，到中國某一尚未聽聞福音的地方，或是鬧市、或是村莊，他們大多會租一房屋作佈道所或辦一所小學或診所。而進入第二階段時，當教堂建成後便要生根，所以是由專工的牧師負責。他們開始交遊當地居民，也有人開始皈依基督，也吸引了一批追隨者。跟著就是開展階段了，傳教士有了財產，或許是一座教堂，或許是傳教中心，這時期的中國人可說只是傳教士的雇工，或有一些人頗有熱情但並不以傳教工作為己任，這些人都是以傳教士為諸事的中心。當教會繼續發展，成了一個「傳教大院」（mission compound）的階段，可惜的是教會為保其發展卻在人群中設下圍牆，把傳教活動區與人群分開了。再過些時期，傳教大院的階段會被本土牧師隊伍及平信徒的組織超越。一種傳教大院的圍牆拆開的階段隨之展開，這一種由本土牧師隊伍運作的後起教會開始就位，能與世界上其他教會站在一起，預備好自己接受責任，面對任務。雖然如此，這時期的後起教會也需要先進教會的說明，而先進教會的傳教士也曾不遺餘力地促成後起教會的產生。[33] 從韋卓民在 30 年代對外發表的文章顯示，他的發展理論根本就配合著當時教育主權回收的行動，並且他以積極的方式指出西方差會應把原來建立的圍牆拆除，才能在中國土壤上建立真正服事中國人的方向。

---

[33] Francis Wei, "The Institutional Work of Christian Missions in China", *International Review of Missions* 27, no. 3 (1938): 386-387.

在韋氏發表的〈基督教學校的行動方向〉（"The Course of Action for the Christian Schools"）中，指出基督教學校必須重新反省其宗教教育的方針，才能面對非基運動中教育主權被收回的局面。[34] 雖然政府限制了學校的工作，但基督教學校應通過基督教老師的見證，使學生甚至是家長對於基督教的瞭解有所認識，並應把這發展為不是以學校為中心的一種宗教教育場所，而是使基督教對生命的吸引力能把學生及家長甚至是他們的親友一同帶進教會中的服事，這樣的基督教學校再不擔心政府對基督教學校的限制了，所以韋氏藉著收回教育主權的一些處境而直接對宗教教育的方法、目的及對象有更新的見解。[35] 這是一種「知識論的轉向」，[36] 而這「轉向」促使他對「現在」的宗教教育有新的發展，並引向「將來」更大的成果，是在「既濟」與「未濟」中使宗教教育朝向新的發展軌跡。他的「知識論的轉向」不單只在反基督教運動當中有所體會，更促使他隨著時代的變遷而對學校教育的目的、方法等作出反省及更新，並重新訂立基督教學校的「宗教

---

34 Wei, "The Course of Action for the Christian Schools," 372-373.

35 Ibid., 372.

36 亞里士多德（Aristotle）對時間的線性概念，在 20 世紀被否定，著名的是海德格爾提出的「存在與時間」，即是人的過去並不是過去，卻仍與我們同在，而將來亦在現在逐漸形成。海德格爾從狄爾泰（Wilhelm Dilthey）的歷史觀，視歷史為獨特及活的，當人在當中時是不能抽身作評估的。所以，韋卓民對教育的體會正是由發生的非基督教運動中尋找在未來的中國教育事業、或未來的中國教會，是一種對「教育」、「教會」的知識論轉向；換言之將來在中國的教育或教會並非由西方控制的。參 Thomas H. Groome, *Christian Religious Education* (San Francisco: Jossey-Bass Publishers, 1980), 12-15；安延明：《狄爾泰的歷史解釋理論》（台北：遠流，1999）。

教育」發展方針及策略。韋氏在 1920 年代發表了他對文化綜合的理論，他在非基督教運動中反省了自身對中國文化的再思，又批評西方式的基督教，更以行動與此運動相配合。

2. 韋氏的綜合文化理論

通過自身對中國一連串社會運動的回應，韋氏被引領到對「對等文化」、東西方文化綜合之研究。值得我們關注的是，韋卓民的研究跟在熱潮中討論中國文化的學者有所不同，一般學者主要是研究怎樣協調基督教與非基督教文化的關係，因而使基督信仰建基於本土文化中，或是探索在組織上怎樣建立自治、自養、自傳的原則；[37] 相反韋氏所表達的卻是一種強調文化相遇時，雙方在見解上具有同等重要的地位，藉此帶出在文化的對碰中，中國的基督教在中國文化與西方文化的相互作用下能作出綜合。韋卓民認為「在不同民族的歷史當中，上帝都會有祂的作為」。他又引用特洛爾奇（Ernst Troeltsch）之觀點，指出「不同民族在不同的文化生活中皆能夠以不同的方式與神有交往的經驗。上帝的靈甚至在非基督教當中都有工作，以見證上帝的作為，地上所有文化中的美好元素都是聖靈默默地孕育的。所以，基督徒向非基督徒傳播基督教信仰，並不是因為非基督徒完全陷在黑暗之中，而是由於他們與基督徒同樣是人，故同樣有著人的需要，就是從

---

37 邢福增：《衝突與融合：近代中國基督教史研究論集》（台北：宇宙光，2006），264。

福音而來的拯救，需要被基督所豐富和完全。」[38] 韋氏所言的基督信仰不是指「實在的基督教」，而是「理想的基督教」。故此，韋卓民一方面肯定了在每一個民族的文化當中，都有它從上帝而來的獨特價值，所以他認為把中國文化視為沒有價值的人是「違反了我們對天意留美的堅定信念」。[39] 另一方面，韋氏確信每一種文化皆有其見證上帝恩典和豐盛的使命。韋卓民認信基督耶穌所啟示的是絕對（absolute）的真理，但他指出在真理的表達上卻不是最終的（final），理由是聖靈要繼續引領人進入所有的真理之中。[40] 「我們要在上帝的啟示中成長，並且因著上帝給予不同國家民族的個性，而將不同的文化表現活出來。」所以韋氏所指出的兩種文化相碰時互相摩擦的特性，西方基督教文化是不應把中國文化（他者）視為沒有價值的，這正是韋卓民所指「天意留美的堅定信念」，[41] 是一種在文化對碰中強調他者對等權利的文化觀，而此「對等」權利能把「不是最終」的真理表達為引向所有的真理之中。韋卓民所表達的基督教是一種在中國文化與西方文化下

---

38 Francis C.M. Wei, *The Spirit of Chinese Culture* (New York: Charles Scribner's Sons, 1947), 6-9. 對韋卓民而言，這不涉及到保守派神學認為要因著信耶穌、靈魂才能得到救贖的思想。韋氏明確地指出他是「趨向於『普救論』(universalism)。上帝在耶穌裏所表現的愛是萬能的，沒有人能始終如一的抵抗祂，終久要降服、得救。」韋卓民：《使徒信經十講》（香港：基督教輔僑出版社，1955），28。

39 韋卓民：〈論中國文化和道德在形勢變化條件下的保存〉，載於高新民選編：《韋卓民學術論著選》，（武漢：華中師範大學出版社，1997），440。

40 Wei, *The Spirit of Chinese Culture*, 24.

41 韋卓民：〈論中國文化和道德在形勢變化條件下的保存〉，440。

的「對等文化」，[42] 因為「中國需要在國際間平等與正義基礎下，

---

42 在此研究上，筆者應用了比利時學者鐘鳴旦（Nicolas Standaert）的「自我」與「他者」
這兩個關鍵概念來定義韋氏的「對等文化」：「對等文化」是一種或多種與西方的基督
教文化（自我）具有同等地位的文化（他者），當它們相互間對碰時，因聖靈的能力
去除原有的幽暗面，但又各具其獨立性；當下西方的基督教文化（自我）及作為他者
的「對等文化」含有「抗衡」與「互補」的性質，其中不乏其張力，但卻又是一種弔
詭式的，使在不同文化中表達福音的啟示中的豐盛。此處所指的西方基督教文化，
乃採用了神學家梅蘭（Bernard E. Meland）的理論。梅蘭提出教會與文化並非截然二
分，而教會內的文化人與教會外的文化人仍有一定的分別，故此教會內的文化人無法
完全擁有或表達整體的文化。梅蘭所指出的西方文化不能完全脫離基督教的底蘊，而
此西方文化正與基督教有千絲萬縷的關係，即使在現代呈現出某種世俗化的傾向，也
不能脫離基督教所提供的底蘊。此種基督教的遺產並非只是教義與信仰，它正塑造了
西方人的文化認同，而這種假設為不少西方神學家所接受：在梅蘭之前有特洛爾奇，
在梅蘭之後則有沃德（Graham Ward）。故此，當我們明白了西方神學家所接受的這種
假設，便能瞭解西方文化下的基督教與中國文化的對等，此一句義中所述的基督教一
詞，乃是指基督教與西方文化有千絲萬縷的關係，西方文化從未能脫離基督教所提供
的底蘊，而在 20 世紀 20 年代中的基督教亦是在西方文化下傳遞的基督宗教。筆者在
研究中使用鐘鳴旦的「自我」與「他者」的概念來作分析本身具有複雜性，因為根據
鐘鳴旦所言這概念是動態的：從中國文化的角度來看，西方的基督教文化是一個「他
者」，但若從韋卓民所述的基督教與他自己的信仰的角度來看，這西方基督教的「他
者」又可能與「自我」同化或排拒；因此有關自我的定義也影響了「他者」的定義，
相反亦然。除此之外，若以西方文化下的基督教與中國文化相對應，這西方體系的中
國文化也是一個「他者」。因此，這一個「他者」與西方文化下的基督教「自我」之
間亦存在一種張力。這一種複雜而具有深度的「相遇與對話」正是韋卓民的「對等文
化」理論，而此種複雜也因著韋卓民在當時需面對基督徒怎樣以中國人的身分看基
督教，又或者作為基督徒應怎樣以中國的文化元素豐富地描繪基督教而來。故此，筆
者是以一種同等的概念來處理韋卓民的「對等文化」中的西方基督教文化與中國文
化，並以鐘鳴旦的「自我」與「他者」的概念加以建構，這實在是一種理想，筆者曾
與鐘鳴旦討論此建構的可塑性，鐘氏贊同筆者以對等的概念來表達韋卓民的「對等文
化」，這理論中的對等地位就如哈伯瑪斯（Jürgen Habermas）的是一種理想，鐘氏認
為此研究所建構的意念十分細密，因此他對建構深表欣賞。筆者要特別提出這「他
者」是韋卓民所論述的具有雄厚發展歷史及極具深度的中國文化，它能與西方文化下
的基督教有對等的地位，這不單是歷史中所發生的事，而是此種理念能成為發展此理

尋求它在國際社會間的地位」。**43**

（1）中國文化具有其他文化不可取替的價值

韋卓民於 1924 年的一次演講中談到，當時中國有一些達爾文主義的追隨者，認為中國舊有的文化阻礙了中國前進和與世界潮流相適應，故他們宣導要完全丟棄中國舊有的文化。韋氏極不贊同此種觀點和做法，因他相信國家及其文明是歷史的產物，有一個必然的發展過程，故此絕不能一下子完全將之丟棄而重新建立另一種新的文化。若這些人堅持如此，這就無異於在沙漠上建造房屋，根本不能有穩固的基礎。韋氏慨歎道：「就我個人而言，我很難想像中國人怎麼可能在完全放棄了自己的傳統而全部採用新的東西時還叫做中國人；而一旦他們不再是中國人時，他們就喪失了作為一個民族而存的理由。」**44** 因此，對韋卓民而言，一個

論中相互性的吸納與變化的基礎。這種「他者」與「自我」的對等關係是一種理想，但實質上卻是一種受抑的「他者」與漸進的「自我」，又或可以是一種受抑的「自我」與漸進的「他者」（20 世紀 20 年代在非基督教運動下，以「他者」來論述西方基督教文化是被貶抑的；而「漸進的自我」也是在此時期的中國文化透過自我認同與反省而來。另外，通過這種相遇與對話，當西方文化中的缺陷被揭示時 —— 如帝國主義等，西方文化下的基督教也可以是一個「受抑的自我」；而當西方文化融合了中國文化後，這也是一個「漸進的他者」）。參 Bernard E. Meland, *Fallible Forms & Symbols: Discourses of Method in a Theology of Culture* (Philadelphia: Fortress Press, 1976), 169-176；鐘鳴旦：〈勾畫中國的基督教史〉，載於卓新平編：《相遇與對話：明末清初中西文化交流國際學術研討會文集》（北京：宗教文化出版社，2003），30-42。

43 韋卓民：〈抗戰初期中國的若干問題〉，載於雷法章等編：《韋卓民博士教育文化宗教論文集》（台北：華中大學韋卓民紀念館，1980），73。

44 韋卓民：〈論中國文化和道德在形勢變化條件下的保存〉，439-440。韋氏在另一著作《基督教的基本信仰》中說：「怎樣作人是有時代和地域背景的。在某一時代某一個地域，怎樣作人便是那個時代那個地域的文化。」故此韋氏認為「無文化的人生，有甚

民族能在歷史中有其獨特地位、而又有別於其他民族，正是因為此民族所建造的文化有著其他文化不可取替的價值，這有助於其民族和國家的穩定和幸福，故應加以珍視。韋氏相信若隨便放棄自己的文化，這是走向失落自己民族特徵、民族歷史的方向，此舉最終不但無法帶來民族的興盛，反倒只會導致民族的滅亡。然而，韋卓民對中國文化所言的珍視，並不是一種不論好壞、完全不變地把它保存下來的意思，而保存是「把它當作有活力的東西加以保存，允許它不斷地發展和進步」。[45] 韋卓民所指出的中國文化正是鐘鳴旦所說的「強勢他者」，強調一種文化交往互動的概念。[46] 正如筆者與鐘鳴旦（Nicolas Standaert）的交談，他者與自我的對等關係在當時是一種理想，實質上是一種受益的他者與漸進的自我。[47] 這一概念在當時是一種理想，但有誰會料到，韋卓民的這一種理想在 21 世紀的今天已漸漸發展為在改革開放後習近平主席所提出的新型大國關係，而這種關係已漸漸變成為可實現的真實了。筆者指出隨著繼續發展的方向，就使強勢的他者與自我漸漸將成為一種對等的地位，而此強勢的他者之能成為一種對等文

於無國籍的個人，生命沒有生根的處所，隨波逐流，失掉人生的意義。」韋卓民：《基督教的基本信仰》（香港：基督教輔僑出版社，1965），5。

45 韋卓民：〈論中國文化和道德在形勢變化條件下的保存〉，440。

46 Nicolas Standaert, *Methodology in View of Contact between Cultures: The China Case in the Seventeenth Century*, CSRCS Occasional Papers No. 11 (Hong Kong: Centre for the Study of Religion and Chinese Society, Chung Chi College, The Chinese University of Hong Kong, 2002)，6-47.

47 見頁 137-138 本章註 42。

化，就是一方面能吸收外來的優點，而另一方面卻是保有其「不可取替的價值」，而此「不可取替的價值」於此更新後之文化能「不斷發展和進步」。

在韋卓民而言，文化並非是一種固定不變的傳統或思想，文化是隨著歷史的進程而更新變化的，故它好像一種有機體的生命一樣，「須從其環境中吸取並同化一些要素，而只有在吸收及同化的過程不斷的情形下，才可能有生命」。[48] 而中國的固有文化也是在歷史中不斷地與不同的文化交流、吸收和同化過程中的產物。對那些堅持中國文化的保守主義者來說，他們認為中國文化所擁有的已經是最好的，故中華民族應永遠保留這份由古人所留下的珍貴遺產；[49] 但是，韋卓民卻反對此種觀點。韋氏相信「中國文化若要繼續發揮它的生命力，就必須開放自己，願意與其接觸的不同文化有所交流和吸收。無論國人對此是否願意及接受，這種交流、吸收和同化的過程是必然地進行的。」[50] 作為中國的教育工作者，其責任是要如何引導這種文化的交流和綜合，而不是盲目的跟隨或拒絕。因為這種文化的綜合工作，「只能由中國人自己去做。中國人且只有中國人能夠建立自己的家園，能夠最合理地保存他們性格中好的特點」。[51]

---

48 韋卓民：〈東西文化之綜合問題〉，載於雷法章等編：《韋卓民博士教育文化宗教論文集》（台北：韋卓民博士紀念圖書館，1980），54。

49 韋卓民：〈論中國文化和道德在形勢變化條件下的保存〉，439。

50 韋卓民：〈東西文化之綜合問題〉，54。

51 韋卓民：〈論中國文化和道德在形勢變化條件下的保存〉，446。

韋卓民認為中國文化中存在兩種元素 —— 有價值和沒有價值的歷史沉澱物，故除了確定中國文化本身的內在價值外，也要分別它的糠粃。當中國文化與其他文化相遇，便可以幫助我們加深對自身文化的認識，以至能適當地對待中國文化的優點及缺點。[52] 因此，韋氏認為中國的教育工作者所承擔的文化使命，不僅只是把中國文化和西方文化作一種「貼貼補補的工作，或是單純的融合，而是系統的、計劃周密的、整體的綜合」；而這種「綜合」是「對我們要綜合的文化有完整的分析，比較其優缺點，然後成一個有機的整體以保存兩種文化的優點」。韋氏以為「我們必須這樣做，而且須以母體系統為新結構的間架」。[53] 由此可見，韋卓民的中國教育理想乃是建基在一個以中國文化為基礎的架構下，而此架構是會不斷的開放去吸收及同化其他文化的優點，以至它能植根於中國文化之中，確立自身的民族身分，並且繼續透過這種文化的相遇去吸收其他文化的養分，從而使到中國文化和民族有活力地生長。韋氏相信「保存中國文化的最好方法是：給中國文化一個有價值的激勵，使之在新的時期、新的條件下展現自身、發揚光大」。[54] 韋卓民的文化神學不以「本色」為中心而以

---

[52] 韋卓民相信文化之間的相遇可以加深彼此對自己的認識，這不是通過學術上兩種文化間的對比而來的。韋氏認為學術上對比的方法往往會把文化本來的元素從處境中抽離出來，而只專注在一些相類的觀點上，這樣很容易會忽略了不同文化的差異。Wei, *The Spirit of Chinese Culture*, 157.

[53] 韋卓民：〈東西文化之綜合問題〉，55。

[54] 韋卓民：〈論中國文化和道德在形勢變化條件下的保存〉，447。

「對等文化」為中心，實具其意義。

韋氏強調中國文化若要繼續發揮其生命力，便必須要開放自己，並願意與所接觸的不同文化有所交流及吸收。在〈東西文化之綜合問題〉一文中，他表達了對東西文化之間的衝擊、交流，以至綜合的一些看法。那時的國家主義引領人們過分熱衷自己國家的文化，以致對那些容易混染國家文化的因素採取敵視的態度，似乎怕國家文化被改變了；韋氏指出這種看法的不適當，反而認為這能令國家繁榮興盛。[55] 兩種不同的文化匯合會產生互相衝擊的情況，韋氏建議我們以積極的態度面對，以建構一個有機的整體以保存兩種文化的優點。[56] 透過耐心的研究，就會發現中國文化的許多特質與西方文化的特質即使在基本上有所不同，卻可以互相協調，由此帶出東西文化綜合理論。在 21 世紀今天的說法，就是以辯證的關係，通過多重的深入瞭解與實證而達至成功。

（2）東西文化的綜合

韋卓民在 1928 年應倫敦基督教團體之邀，發表了〈東西文化之綜合問題〉。[57] 韋氏的言論，正值補充當時對於西方文化與中國文化從相遇中應如何自處、如何看其排斥、保存等核心問題，是當時的學者少有仔細討論的方向。韋氏提出此論說時乃面對中國非基督教運動的處境，隨著時間的過去，文化的融合並非必然發

---

55 T. C. Chao, et al., *China Today Through Chinese Eyes* (Second Series) (London: Student Christian Movement, 1926), 75.

56 Ibid., 77.

57 參雷法章等編：《韋卓民博士教育文化宗教論文集》，151。

生，美國的九一一事件、阿富汗的戰爭正是突顯了這種文化衝突的例子。韋卓民的東西文化綜合，就是解開此種衝突的鑰匙。隨著中國現代化與國力日益強大，提高國民道德意識與民族認同成為重要任務，故韋氏的論說實向文化神學學者提供了重要的研究方向。韋氏把「文化」指向一切社會的傳統，表現於個人心智的精神力量、對風俗習慣的態度及其態度於國人表達的方式。他表示文化下所含的社會意義非常深遠，它將社會結合在一起，使人能與國人交流共通語言，亦是全體價值的儲存、保存及傳遞的方法，無論如何，它對一個民族在精神上及社會上皆有重要價值。[58]

韋氏指出過去的民族主義思潮中，往往因懼怕國家文化的整體性受損，而使我們對西方文化的元素採取敵意，這種思維是不必要的。他強調文化的改變對國家繁榮有益無害的情形，在世界文化發展史上有不少例子。文化的改變不會危害國家的生命，相反的更能豐富它的內涵。他提出了有機體的理論，有機體須從其環境中吸取並同化一些要素，而只有吸收及同化的過程不斷的發展，有機生物才能有生命。所以他分析中國的文化適值與西方相接觸，中國的文化便需經歷吸收、同化的過程，繼而提出他的「文化綜合」的方向。韋氏的「綜合」一詞意指須對我們要綜合的文化有完整的分析，比較其優缺點，然後造成一個有機的整體以

---

58 張玉法指出有一派的文化民族主義是開展型，以戴傳賢為代表，他對中西文化所抱的態度是「勿迷信新與舊，須辨別是與非」，他認為絕端的趨新與絕端的守舊都是一樣的健全、一樣的危險，他主張把中國民族從根救出來，把世界文化從頭趕上去。參劉青峰編：《民族主義與中國現代化》（香港：中文大學出版社，1994），115。

保存兩種文化的優點。當我們這樣作時，便需以母體的系統為新結構的框架。[59]

韋氏把早期傳教士所看關於西方基督教在文化上的優越性及絕對性排斥於他的構思當中，他強調對兩種文化之完整的分析，是意含兩種文化皆有其優、劣之處，需以母體系統作為架構來吸納變化，這與當時的學者大有分歧。他從晚清至民初所面對的文化問題，由兩極的討論轉向實質的研究。韋卓民的看法與很多傳教士不相同，他並不以為當時西方基督教文化是一種最優秀的文化，相反地，他指出經驗的基督教（empirical Christianity）與實質的基督教（actual Christianity）不同，這一概念亦是與韋氏的老師霍金教授的教導有密切關係。經驗的基督教包含了一些西方文化的幽暗元素，這些元素卻使人不能完全體會實質的基督教，故必須以綜合的方法才能使中國基督教更能體現實質的基督教。韋氏於 1940 年應亨利魯斯世界基督教客座講座（The Henry W. Luce Visiting Professorship of World Christianity）之邀所發表的文章〈基督教在中國土地上生根〉中，指出無論在東方或西方，對基督教的解釋和對基督信仰的顯現和表達，註定了是不適宜和不完整的，這使很多人不滿意。他引述克雷瑪（Hendrik Kraemer）無法否認經驗性的基督教在歷史上不佔地位，因此不是絕對的，更談不上是最後的。[60]

---

59 參雷法章等編：《韋卓民博士教育文化宗教論文集》，53-54。

60 韋卓民：〈讓基督教會在中國土地上生根〉，轉引馬敏編：《韋卓民基督教文集》（香港：漢語基督教文化研究所，2000），123。

（3）瞭解中華民族的美德

　　隨著韋卓民於 1926 年發表了文章〈東西文化之綜合問題〉之
後，1929 年他在英國倫敦大學發表其博士論文〈中國道德傳統及
其社會價值的探討〉，繼續深化他的東西文化綜合的理論。此博
士論文就是深入地解釋中國文化作為母體的一種深入研究。如果
中國文化不是一種不可替代又具有特色的文化系統，就絕不能與
西方基督教文化作對等的關係。[61] 中國文化好像一個有機的生命，
故西方基督教文化與轉變中之中國文化的相遇，歸根究底是豐富
其文化特質，而非危害及消亡其文化。[62] 筆者從另一個視角解釋
韋卓民的理論，就是這像有機體的中國文化正能以綜合的理論去
除了西方基督教文化的黑暗面，而補足它成為一種在轉變後不斷
發展的中國文化。此種中國文化因已吸納了西方基督教的優點，
故並不排拒西方的基督教文化，卻更能在發展中轉變成一種具包
容性及先進的文化體系。基督教作為一種世界宗教，而此種更新
後的中國文化就更能豐富世界的基督教了。韋卓民於〈中國道德
傳統及其社會價值的探討〉中，論證了中國的傳統思想如道家、
墨家、法家等的發展，以及由儒家建立國家制度之後，儒家、道

---

61 對於不同文化的對等文化的相關研究，可見於拙作：〈具特色的中國基督教神學 ——
　　韋卓民的文化神學與趙紫宸的教義神學〉，《華東神苑》1（2014）：7-16；〈韋卓民的文
　　化理論〉，《華東神苑》6（2011）：22-28；〈韋卓民之對等文化〉，載於陶飛亞、劉義編：
　　《宗教．教育．社會：吳梓明教授榮休紀念文集》（上海：東方出版中心，2009），
　　140-155。

62 韋卓民：〈東西文化之綜合問題〉，75-77。

家、佛教在歷代的相互影響，通過一個長時間的發展而合成中國文化。這是一個相互性、關係性的系統，並一直發展至宋朝，出現宋明的文化內涵，包括了「仁」、「誠」、「義」、「禮」。韋氏指出當時西方一般是誤解了中國文化，他對這些誤解一一予以糾正。[63] 韋氏對中國文化的研究具有學術的深度，特別是他作為一位大學校長，面對著時代的衝擊，我們可以看到他如何闡釋儒家思想如何體現在中國的社會，成為一種內植於社會的教育；以及儒家的思想作為中國文化的一種社會力量、在合成之後如何再作為一種政治理論和社會理論，並且成為道德的理論。韋氏既看中國文化為一個有機的生命態度，由這生命態度發展出一種完美人性的最高美德的基礎。這有機的生命態度正是仁的原則，而仁就是愛的原則。當有機的生命態度存在，自私就會消散。此觀點與基督教發展出來的西方文化能夠互相對等，乃一種無私的精神。人類完美的發展使真正和諧的關係出現，在其中人類與偉大宇宙共存。[64] 於此，韋氏把基督教（即西方文化下的基督教）與中國文化作相碰，他以中國文化發展的完美人性作為人類美德的典範，而西方神學中則以「人類的模範」來指向基督論，兩者可說是具有對等的闡釋。這種文化正正是韋卓民所提出的能夠豐富西方的基督教文化，當我們中國人能夠明白和欣賞自己民族的固有傳統、

---

63 見 Francis C.M. Wei, "A Study of the Chinese Moral Tradition and Its Social Values," (Ph.D. Diss., University of London, 1929)。

64 Ibid., 151-152.

特性和美德時，就可以作成這一種文化綜合的工作。

韋卓民提出中國文化是一種文化的合成的理論，這思維在 1940 年代繼續發展，並在西方宣揚及講述。當他在安德沃 — 牛頓神學院（Andover–Newton Theological School）、波士頓聖公會神學院（Episcopal Theological School）、及紐約協和神學院等地方講學及講述中國文化之特色時，在當地聆聽的著名學者紛紛盼望他能把這個關於中國文化特色之講述刊出，故他將 1946 年海威特（Hewett）講座的演辭出版成書。[65] 韋氏看到這些地方的學者皆對於中國文化十分欣賞，所以他指出綜合的工作若要成功，必須要使中國人自己能夠欣賞自己民族的美德，而不單只是得到外國的學者欣賞。只有明白自己和自己民族固有之傳統，才能與別的文化相融，亦表達出本國的人民需瞭解中國固有文化的地位及優點。以往的學者闡釋韋卓民對於中國文化的瞭解，多只引述《中國文化之精神》一書，尤其裏面提及「在漢初建立的儒學吸納了一定的道家思想」，[66] 韋氏在海威特講座中也指出中國文化以儒學為主而輔以佛道思想與平民的宗教，實在這書是他以往對於中國文化的其中一個撮要 —— 以指出中國之文化是一種文化的合成。

韋氏指出中國文化主要以儒學為主而輔以佛道思想與平民的宗教所形成，而要欣賞中國之文化便需瞭解在儒學中的本身就是一種文化的合成，「值得注意的是在漢初建立的儒學吸納了一定的

---

65 Wei, *The Spirit of Chinese Culture*, IX.

66 Ibid., 72.

道家思想」。[67] 韋氏指出孟子於公元前 4 至公元前 3 世紀的教導是以儒學為獨一的教導，對儒學以外的傳統皆採取不容忍的方式，但儒學於主前 3 世紀末期至主前 2 世紀出的作品《中庸》，在孟子一百年後就可見儒學對非儒學傳統的認同。韋氏指出現在版本的《中庸》是由最少兩個文本所合成。韋氏指出：「我們現在所關注的是第十章。那裏我們找到在南方有一個『忍耐及溫柔』的文化，而這與在北方所提出的『死而無憾』的文化有著相同的基礎。這證明儒家文化確實承認南方文化的存在並其地位，而這文化就是那產生道家哲學的文化，其代表者有道德經。」[68] 從儒學隨時代的轉變而展現其不斷的融合性，這正是韋氏提出中國文化的博大精深之處，正如近代之中國文化學者在 21 世紀再提出此文化融合之角度。[69]

韋卓民提出在儒家的教導中，作一個人實際上是作一個完全的人。[70] 儒家的核心乃是仁。在一個不道德的社會如何達成一個完全的人呢？他指出儒學的另一理想就是「義」，在不同的倫理處境下使之達至。韋氏在《中國文化之精神》中提出一些學者把「義」翻譯成 "righteousness" 是往往令人易於誤解的，因它使人與仁慈的德性聯繫，但義卻是唯一對仁的表達。在特定的倫理處境

---

67 Ibid., 72.

68 Ibid., 73.

69 金觀濤以文化融合的方式論近代之中國文化，參金觀濤、劉青峰：《中國現代思想的起源》（香港：中文大學出版社，2000）。

70 Wei, *The Spirit of Chinese Culture*, 73.

中，一個人與另外的個體接觸，就如與其雙親接觸時使其本性在這處境中發揚出來。宋理學家提出儒家的恕道謂：「己所不欲，勿施於人」，[71] 韋氏提出這不只是在負面的範疇，而其正面的表達是在《中庸》：「君子以人治人，改而止」，[72] 指出對於「恕」最好的翻譯應為 "reciprocity"（互惠），他並引用康德之見，認為無論對自己的人或他人，皆應以仁慈（humanity）待人作為目標，而不只是一種方法。對別人的看法是「寬」，對自己的看法為「忠」——「忠於自己的本性」。[73] 韋氏提出在儒學中表明個人不能獨自與群體分割，所以儒學強調的是「汎愛眾」，[74] 生命是與別人有關連及責任的，亦即「義」的真義。在海威特講座中，韋氏把對儒學在西方系統中的過分簡化及錯誤詮釋予以更正，使不同的文化體系能互相明白欣賞，從而達至相互對話。[75]

韋氏以仁、義、禮、智說明儒學的根本，並以仁為首一步一步的演繹，闡明儒家是一種關於人在其社會、政治道德責任中的角色及文化，生命對中國人而言，就是關心其人際與社群的關係。他在海威特講座中表明中國文化的精深之處。他引韓愈的諫迎佛骨為例，說明當佛道對教徒及人民有不良影響時，會受到儒家思想的批評，而儒家思想也是初期中國文化的藍本，使人們能

---

71 《論語‧衛靈公第十五》，第二十三章。

72 《中庸》，第十三章。

73 Wei, *The Spirit of Chinese Culture*, 75.

74 《論語‧學而第一》，第六章。

75 Wei, *The Spirit of Chinese Culture*, 73-75.

互相和諧共處。故中國文化的優點是能夠在世界不同文化的交流中，提供了堅忍、自信及穩定的長處。

韋氏繼續把中國文化與當時西方基督教文化作對話，以中國人的身分把信仰作詮釋。當時西方學者中有一些質疑傳教士詮釋非西方世界的觀點是否適宜，[76] 但韋氏的言論正正表達出，通過非西方世界的文化，能與西方的基督教文化作一對話，藉此更能豐富基督教。在對話間相互的張力不單發生在 20 世紀 20 年代，其實在今天基督教中也不斷出現。韋卓民參與 1928 年於耶路撒冷舉行的基督教協進會所召集的執行委員擴大會議，[77] 他提出基督教與文化的關係，由此展現出基督教與中國文化的互補性質：

「每一個國家民族有其特性，故有它的特殊職責和生命的表達。若然我們要試圖限制這種表達的差異性，人類將會變得極其貧乏。所有國家或民族都必須賦予一種表現的自由，而在這種方式是最切合於他們的歷史背景和特殊天才。只有在那種方式之下，從不同國家、民族而來的真正貢獻才臨到全世界。基督教尚未找到完整的表達，它的表達還不能完全滿足，直到所有國家、民族都能作出其貢獻。」[78]

---

[76] Milton Stauffer, "Preface", in Milton Stauffer ed., *China Her Own Interpreter* (New York: Missionary Education Movement of the United States and Canada, 1927), xi-xv.

[77] 朱立德編譯：《耶路撒冷大會的使命和建議：1928 年 3 月 24 日至 4 月 8 日》（世界基督教協進會，1928），1-4。

[78] Francis C. M. Wei, "Making Christianity Live in China", *The Chinese Recorder* 57 (February, 1926): 118. 這對等性的文化觀正如現代神學家坦納（Kathryn Tanner）所述的系統，從後現代的文化觀能解決各自足穩定的文化系統之間，又能以同等的地位看待非排斥性

韋氏提出從不同的文化中達至對基督教更完全的表達，如果我們以蒂利希（Paul Tillich）的神學來瞭解（實在韋氏的神學或多或少帶有與蒂利希相同深度的體會），這就是蒂利希在關聯法的神學方法所表達的「多種的文化下的方法才能夠瞭解多維度面向的實在」。如何能表達基督的豐盛，正是我們研究這「實在」（reality）的方向，而實在自身是多層次的，所以面對這個豐富性的對象，是不可能採取單一主義的研究方法，而是要用不同的研究方法才能對應實在的不同面相。蒂利希更強調「實在」比較起方法更具有優先性，即是指出應由實在帶動研究者所採取的方法，這是根據對實在的瞭解實由「實在的多維度面向引導多元的方法」。[79] 故此，神學的前設就是與實在的相碰時，這「實在」自身的多層次就必須對此物件有多元的發現。這種蒂利希式的神學，使我們更深明白韋卓民的見解 —— 若我們要瞭解基督教的本身，是應在多層次的層面瞭解，而此多層次的瞭解就是從不同種族、不同的經歷與傳統中瞭解創造者。韋卓民對於當時被輕視的中國文化，提出了中國文化與西方文化的對等地位，帶出了中國文化能在另一面向（facet）表現世界的基督教。這是建立本色

的比較系統，而此諸文化再以後現代的視野將其動態與交互的元素放在這諸文化相碰的系統中。參 Kathryn Tanner, *Theories of Culture: A New Agenda for Theology* (Minneapolis, MN: Fortress, 1997)。而這裏竟具此種動態式及交互作用。

[79] Paul Tillich, "Problem of Theological Method", in Mark K. Taylor ed., *Paul Tillich, Theologian of the Boundaries* (London: Collins, 1987), 128; 陳家富：《田立克：邊緣上的神學》（香港：基道，2008），8-9。

神學的重要論點，亦即説明不同的文化如何豐富世界的基督教。

三、趙紫宸之基督教中國化 —— 基督教與中國文化的交匯

1. 趙紫宸對韋卓民文化神學之欣賞及認同

　　1922 年國際宣教協進會（International Missionary Council）成立，六年後於耶路撒冷舉行世界宣教會議，是次除了是該協進會首次舉行的會議，也是繼 1910 年愛丁堡世界宣教會議後之延續。[80] 1928 年的耶路撒冷會議主要探討了兩個主要議題，分別是：基督徒對待其他宗教和文化的態度；在非基督教的傳教領域上本色神學的發展。誠然，非基督教的宗教、與非基督教的思想和生活模式對於基督教的信仰帶來強大的挑戰，而基本的神學議題也需要加以識別。[81] 同時，來自傳教地方的教會代表強烈要求在國際社會內進行神學的對話，而韋卓民和趙紫宸就在此國際性會議上作為中國的代表。[82]

　　20 世紀初期，西方人對中國本色神學知之甚少，因此在 1910

---

[80] Jerald D. Gort, "Jerusalem 1928: Mission, Kingdom and Church," *International Review of Mission* 67, no. 267 (July 1978): 273-298.

[81] James Cox, "Jerusalem 1928: Its Message for Today," *Missionary* 9, no. 2 (April 1981): 139-153.

[82] 見 International Missionary Council, *The Relations between the Younger and Older Churches: Report of the Jerusalem Meeting of the International Missionary Council, March 24th-April 8th, 1928,* Volume III (London: Oxford University Press, 1928).

年的愛丁堡世界宣教會議上，討論本色教會的內容只是根據魏恩（Henry Venn）和安德森（Rufus Anderson）提出的三自模式，[83] 焦點僅限於教會組織上，但後起教會對於本色神學的建議卻不被重視。由於當時大多數關於中國本色神學的著作皆由中文寫成，因此西方教會及差會往往缺乏整幅本色化圖畫的視野。[84] 當時西方教會和神學家只能通過其西方視角與參與耶路撒冷會議的中國神學家溝通，而一些中國神學家因以往在西方接受過神學訓練，起初以西方詞彙來建構其神學思想，尤其在西方哲學思潮影響下，難免採用了自由派神學的語言。[85] 中國神學就是從這種處境中發展出來，韋卓民的文化神學及趙紫宸的教義神學，實際上是反映了當時中國後起教會的要求，他們的交流很可能就是最初以英語向西方提出本色神學需要的報告。[86]

---

[83] 「三自」是指自治、自養、自傳。World Missionary Conference, *Report of Commission II: The Church in the Mission Field* (London and Edinburgh: Oliphant, Anderson and Ferrier, 1910), 277.

[84] 古愛華（Winfried Glüer）著，鄧肇明譯：《趙紫宸的神學思想》（香港：基督教文藝出版社，1998），30-31。古氏之德文原著為 *Christliche Theologie in China: T. C. Chao: 1918-1956* (Gütersloh: Gütersloher Verlagshaus Mohn, 1979)。

[85] 自由派神學強調上帝在本質及歷史中的內蘊性、以及人性化的基督，高舉人類的內在價值及自我實現。見 Kenneth Cauthen, *The Impact of American Religious Liberalism* (Washington, D.C.: University Press of America, 1983)；David Fergusson ed., *The Blackwell Companion to Nineteenth-Century Theology* (Chichester, U.K. ; Malden, Mass. : Wiley-Blackwell, 2010)。

[86] 見 International Missionary Council, *The Relations between the Younger and Older Churches: Report of the Jerusalem Meeting of the International Missionary Council, March 24th-April 8th, 1928*, Volume III；古愛華著，鄧肇明譯：《趙紫宸的神學思想》，30。

早於 1928 年的耶路撒冷會議中，趙紫宸已深感韋氏在這方面為中國作出了很大的貢獻，指出定義本色教會的報告大部分是由韋氏所寫。在耶路撒冷會議的主要討論議題中，直接引述了韋卓民所提出的本色化方向：

韋卓民博士曾於 1926 年在上海基督教同工會議上，與穆德博士（Dr. John R. Mott）說：要使中國人的生活基督化，就要改變中國道德的根本基礎，以個人的上帝 —— 耶穌和眾人的父，去取代客觀及泛神的性質，意即問題是要給中國人的道德有一個新的靈魂……當基督教或上帝的神聖藉著耶穌基督臨在於中國人及中國人的國家，祂會在中國人的家庭、社會、國家、教會層面上呈現出來……怎樣使中國教會本色化？教會主體的成員和領導層肯定要是中國人，而其財政資源亦需主要來自中國人的資源。中國的建築、藝術、讚美詩學、禮儀、差會和文學固然需要，但我們更重要進一步探討這些東西背後的原動力是否來自中國的基督徒，教會的制度和活動是否以中國基督徒生活的表達方式；若然不是，我們即使有了這一切，也不是本色化的中國教會……言論自由和實驗自由對於基督教和教會在中國的本色化是必需有的。[87]

---

87 International Missionary Council, *The Relations between the Younger and Older Churches: Report of the Jerusalem Meeting of the International Missionary Council, March 24ᵗʰ-April 8ᵗʰ, 1928,* Volume III, 53-54.

在近年研究趙紫宸所出版的《趙紫宸文集》中，引述了不少以往學者未有的資料，其中趙氏對韋卓民的讚揚如下：

教會關係最重要的幾點，當然是本色教會的意義、宣教會的人材經濟的緩助等等。若先進教會不明白後起的本色教會含有何種意義，那末人材經濟的問題，就無從解決了。所以教會關係的分委員會對於這幾項須作深切普遍的研究。華中大學教授韋卓民博士，代表中國作了很重要的貢獻。本色教會的定義的報告一大部分是他的著作。請轉譯如下：「一個教會藉著耶穌基督，在上帝中間建定了根深蒂固的生活，在世界教會中成為整個的分子，方可謂之活動的本色教會。」「一個民族，能將固有的文物精華吸收在解釋基督的學說中、在崇拜服務的禮儀中、在習慣中、藝術建築中，同時又能保存歷世歷代教會的遺傳，那時節（他們就有了本色教會）。」「能使耶穌基督的精神影響生活各方面，能使男女信眾盡力盡材為它服務時，（他們就有了本色教會）。」「能努力將生命分與自己的民族時，（他們就有了本色教會）。」……**88**

筆者從耶路撒冷會議的文獻中，看到趙氏所述韋卓民的貢獻實已在大會會議後對本色教會的宣言中展現出來：

---

88 趙紫宸：《萬方朝聖錄》，載於燕京研究院編：《趙紫宸文集（第三卷）》（北京：商務印書館，2007），359。

先進教會和後起教會面對的問題沒有比發現活的、本色化教會之奧秘更為重要。一個通過基督而植根於上帝、在普世教會中不可或缺的教會，可說是活的和本色化的教會：她在基督的詮釋、崇拜中的表達、並在習俗和建築上吸收和融入人民的特質，同時又保留著基督教會的傳統。通過教會，基督的精神在生活的各個範疇上發生影響力，將男女的潛能帶到服事當中。她積極地在國家當中分享基督徒生命……她激起傳教士的熱情和先驅的精神。本色化教會的培養需要倚靠屬靈生命的建立……基督徒的組織和管理意識、本色化的領導階層……**89**

　　趙紫宸闡釋韋卓民所定義的本色化教會，指出活的本色教會的元素乃是藉著耶穌基督、在上帝裏建立了穩固生活的教會，她並作為世界教會中的完整分子。一個民族要有自己的本色教會，需要把其固有的文化融會在基督教中闡釋基督的理論、崇拜禮儀、生活習性、建築藝術當中，既可得以保有這民族本身的文化，又要保存歷代以來教會的傳統。她能讓生活各個層面接受耶穌基督的影響，各信徒盡心盡力服務教會，更願意將自己的生命獻上給其所屬的民族。至於廣傳福音的熱誠以及具有開拓天國事業的勇氣和行動，也是本色教會的責任。對一個民族而言，上述

---

89 International Missionary Council, *The Relations between the Younger and Older Churches: Report of the Jerusalem Meeting of the International Missionary Council, March 24th-April 8th, 1928*, Volume III, 208-209.

的元素在其處境中得以達至，這民族便能夠產生其本色教會。[90]

在 1928 年的耶路撒冷會議的主要議題中，其中備受矚目的包括了基督徒傳教的方向，故會議探討了「後起教會與先進教會的關係」，其中也涉及基督教對其他宗教價值觀的態度。[91] 對於西方傳教士的傳教方針，當時代在基督教界別中出現了兩種迥然不同的極端觀點，法庫爾（J. N. Farquhar）於 1910 年代已支持和發展他的成全理論（fulfilment theory），建議尋求使其他宗教改宗基督教信仰，而這種思想在耶路撒冷會議中也被熱烈討論；[92] 與法庫爾截然相反的觀點是克雷瑪，他在耶路撒冷會議上發言時指出「基督教信息的中心點應被聚焦」，一旦離開了從耶路撒冷而出的傳統信仰內容，甚至以為可在其他宗教中尋求精神的價值，這將會是傳教的災難。[93] 因此，他極力主張在基督教與其他宗教之間

---

90 趙紫宸：《萬方朝聖錄》，359。

91 International Missionary Council, *The Christian Life and Message in Relation to Non-Christian Systems of Thought and Life: Report of the Jerusalem Meeting of the International Missionary Council, March 24th-April 8th, 1928*, Volume I (London: International Missionary Council, 1928), 349-368.

92 法庫爾是其中一位主要闡述和宣揚成全理論的倡導者，他認為基督教是成全其他宗教而非破壞其他宗教，其理據是基督來到世上是成全及完成世界上所有高等的宗教，而其他宗教也會在基督裏達到其真正的顛峰，他提出「基督為其他宗教實現了最高的抱負和目標」。見 J. N. Farquhar, *The Crown of Hinduism* (London: Oxford University Press, 1913), 295, 350, 457; International Missionary Council, *The Christian Life and Message in Relation to Non-Christian Systems of Thought and Life: Report of the Jerusalem Meeting of the International Missionary Council, March 24th-April 8th, 1928*, Volume I, 5-6, 136-137。

93 International Missionary Council, *The Christian Life and Message in Relation to Non-Christian Systems of Thought and Life: Report of the Jerusalem Meeting of the International Missionary Council, March 24th-April 8th, 1928*, Volume I, 348-349.

劃分明確的分隔，其後在 1930 年代，克雷瑪進一步發展不連續性
（discontinuity）的論點。[94] 在 1928 年的耶路撒冷會議上，韋卓民確
實與法庫爾有著相似的方向，強調基督教的任務是成全儒家而非
廢掉儒家，而基督教通過賦予中國道德在普遍基礎上更廣泛的基
礎、賦予儒家道德一個新靈魂以取代非人格化和泛神論性質的上
帝、賦予美好生活的明確目標以實現最高的人性，這樣便可使儒
家的中國受益。趙紫宸贊同韋氏的意見，並探索基督教在中國如
何在儒家文化下達到最大的實現，基督教在中國的戰場不是非基
督教宗教的領域，而是在世俗主義的領域，故此基督教具有一個
使命，就是去把儒家文化中最好的元素實現出來。法庫爾從比較
宗教的觀點尋找基督教與其他宗教之間的聯繫，韋卓民和趙紫宸

---

94 對於成全的概念，克雷瑪提出了挑戰和異議，他強調基督教與任何其他宗教之間存在
不連續性，而彼此此也毫無接觸點。對他來說，「自然」（nature）、「理性」和「歷史」不
會帶來「在耶穌基督裏顯現的恩典和真理的境界」。另一方面，「在基督裏的特別啟
示與所有人類宗教的抱負和想像相矛盾」。基督教與其他宗教不同，因為基督教是在
「基督裏啟示而來的持續和直接的影響與判斷下」。在克雷默看來，基督教與其他宗
教交匯的結果是「轉變了教會的使命或使徒的責任」。然而，韋卓民認為「上帝在猶
太教和基督教以外的宗教和哲學中，也顯示祂自己 …… 我們在偉大的非基督教宗教
中，發現了基督教上帝的提示，並在某些地方找到與基督教的真理相協調的表達，在
那裏我們甚至找到一個信仰的前言。」至於趙紫宸，他也反對克雷瑪在 1938 年坦巴
林（Tambaram）會議上的論點，趙氏確信上帝會通過非基督教的宗教顯露自己。見
Hendrik Kraemer, *The Christian Message in a Non-Christian World* (New York; London: Harp-
er & Brothers, 1938), 131, 122, 145, 398; "Continuity or Discontinuity", in *The Authority of the
Faith*, Madras Series (New York: International Missionary Council, 1939), 2-3; Wei, *The Spirit of
Chinese Culture*, 8; T. C. Chao, "Revelation", in *The Authority of the Faith*, Madras Series (New
York: International Missionary Council, 1939), 24-62。

則站在文化的角度去研究基督教與中國儒家的關係。[95]

2. 趙紫宸早期以自由派神學的人格基督論會通中國文化

　　被稱頌為「南韋北趙」中的趙紫宸，他與韋卓民有相近的背景 —— 既是曾在美國接受自由派神學熏陶的中國神學家，也同為聖公會一員。雙方有一貫自由派的立場，但趙紫宸早期的神學觀點被視為與美國唯心主義哲學家霍金的神學一脈相承。[96]

　　人們的文化是生活中長期的經驗、思想和教養累積及結合而成，「它是各種觀念、態度和養成的習慣之總合；並且持續活躍於他們的自然、社會、靈性的環境中。文化代表了人們社會的自我意識。」[97] 因此，基督教需要進入文化之中而不能獨立於文化之外，它只有在特定的文化環境中才能體現出來。趙紫宸認為基督教若要在中國建立起來，必須經過兩個步驟：第一，純化簡化西方的基督教；第二，將基督教中國化。[98] 首先，從西方傳來的基督教需要經過純化簡化，因為基督教通過西方教會和差會傳來中國，但其精義卻幾近淹沒在林林總總的教會禮儀、傳統和習俗形

95 International Missionary Council, *The Christian Life and Message in Relation to Non-Christian Systems of Thought and Life: Report of the Jerusalem Meeting of the International Missionary Council, March 24th-April 8th, 1928*, Volume I, 358-359.

96 古愛華著，鄧肇明譯：《趙紫宸的神學思想》，110。

97 T. C. Chao, "Our Cultural Heritage", in Wang Xiao-Chao ed., *The Collected English Writings of Tsu Chen Chao*, Volume 5 (Beijing: China Religious Culture Publisher, 2009), 232.

98 林榮洪：《曲高和寡：趙紫宸的生平及神學》（香港：中國神學研究院，1994），101-104。

式之中，唯有去掉基督教中帶著西方元素的形式，真正的基督教才能呈現出來，亦因此中國才能夠建立起一個真正的基督教。當中國人看清基督教的真相後，自會適切地回應箇中不同的元素，或接收、或摒棄、或改善、或創造，這樣才能得到基督教的真面目。[99] 按照趙氏的看法，真面目的基督教就是以基督作為最基本的元素。基督有兩個定義，一是拿撒勒人耶穌的稱呼，只限於耶穌一人；另一個定義是耶穌的人格精神，耶穌內裏充滿著博愛、虔信、犧牲、純潔等各種德行，這人格精神顯露於以耶穌精神為生命中心的人；因此，肉體的基督雖然會歸於盡，但精神的基督卻「日久而彌彰」。[100] 趙氏正是選擇了基督的人格精神作為中國文化的切入點，然後由人格引進中國的天人觀念作修正，再把倫理引進耶穌完全的人格作模範。

（1）以基督的人格精神與中國的天人觀念相提並論

對趙紫宸而言，人和上帝的本質是相同的，[101] 人神同性使人與上帝直接心靈相通，[102] 其分別只在於量上。[103] 他認為人和上

99　趙紫宸：〈中國人的教會意識〉，《真理與生命》第一卷，第十期（1926）：278-279。

100　趙紫宸：〈基督教在中國的前途〉，《真理與生命》第一卷，第十二期（1926）：338。

101　趙紫宸：《基督教哲學》（上海：中華基督教文社，1925），126-127。

102　趙紫宸：〈聖經在近世文化中的地位〉，《生命》第一卷，第六冊（1921）：17。

103　趙氏指出：「人神是一樣的，不過量有差別」。引自趙紫宸：《基督教哲學》（上海：中華基督教文社，1925），126-127；又說：「上帝住人之內……，故人有具體而微的神性」，引自趙紫宸：〈聖經在近世文化中的地位〉，《生命》第一卷，第六冊（1921）：17。

帝同性，是從中國人的自然觀出發，因為在中國儒家的傳統中，人性成為人與大地互通的道德力量，[104] 以此能明白創造大地的上帝，[105] 建立人生的目標。上帝獨特的人格乃是基於祂的本質，[106] 其人格深刻地呈現於祂創造的活動。趙氏指出上帝從以往直到現在仍不斷地創造和行動，因此人也有同樣的責任繼續此不斷的創造和行動，而上帝亦可藉人的行動得榮耀。[107] 趙紫宸甚至提出這是一種在創造中的進化，通過此進化的過程，使人從禽獸演進為人格而趨向最高的標準 —— 上帝。[108]

至於趙紫宸的神學思想，亦以耶穌的人性作為中心點。耶穌是一個完全的人：耶穌之所以吸引他、引起他的興趣，主要在於耶穌是一個徹頭徹尾的人，卻不是基於耶穌作為上帝或上帝兒子的身分。趙氏樂於聽到耶穌宣稱自己是人子，並非因著人子一詞有甚麼特別的含意，而是這對他來說是一個保證，使他得著確據以肯定耶穌擁有人性、肯定耶穌所作的教導都是真實的。趙氏對此更特別強調自己不是拒絕相信耶穌是神，而是相信「真神人不

---

104 「人是自然的一分子，自然是人的本性：自然與人渾然同體，不過人能盡力實現其道罷了。」引自趙紫宸：〈基督教與中國文化〉，《真理與生命》第二卷，第九期（1927）：253。

105 「宇宙動盪的意義，於是乎只可求諸我心；我心的湧起，於是乎見其與宇宙有同澄。我真知我之為我，我便真知宇宙的湧力為一大我。」引自趙紫宸：《基督教哲學》，163。

106 同上書，135。

107 趙氏引用約翰福音第 5 章第 17 節的經文來說明。同上書，164、256。

108 趙紫宸：〈基督教與中國文化〉，255。

是兩性，乃是一種性罷了」。**109**

趙氏的神學採用了許多西方的術語，當他以中國的思想來詮釋基督教基本概念時，這些術語便傾向於用來強調道德的行動。**110** 對於在基督內如何面對人的罪的問題，趙氏指出罪是束縛人的力量，不過原則上人類卻是有自救的可能，因聖賢豪傑（雖然只是少數的人）有一種自救而救世的能力。**111** 趙氏相信即使人要面對不可能的事，但只要靠著努力，便可達到目標，這與孔子的觀點相仿：知其不可而為之，努力做人，也就雖不中亦不遠矣。事實上，趙紫宸認為本來不可能的事得以實現，原因是上帝會親近人、與人同工，所以終有一天，許多人皆會得到自救之道。然

---

109 「趙氏有關基督的思考中，中心點便是耶穌人性。他認為耶穌是一個完完全全的人：『耶穌之所以吸引我，不是他是上帝或上帝的兒子；倒不如說，他支配了我的注意力和興趣，乃是因為他是一個徹頭徹尾的人⋯⋯ 我一聽到耶穌宣稱自己是人子，我就不管這個名詞是否還有別的意義，我是高興的，因為在這裏我獲得了保證，有理由相信他所教導的是真的，因為他有人性。』他附上了說明：『我並未嘗不信他是神，不過我相信真神人不是兩性，乃是一種性罷了。』」古愛華著，鄧肇明譯：《趙紫宸的神學思想》，154。

110 同上書，148。

111 「罪是束縛人的力量；不過儘管在他的文章中，使人偶爾聯想起基督教某些個別傳統說法，但罪畢竟遠遠不是那種使人對之束手無策的力量。儘管他不只一次提到人的罪惡滔天，他看來頂多只是一種令人婉惜的弱點罷了。在他的文章裏面，找不到對原罪的解釋。在原則上，人有自救的可能。對於少數的人來說，這條路是敞開的：『人類中（有）聖賢豪傑，能自救而救世的』。不過趙氏認為，像孔子那樣，永遠知其不可而為之，「『努力做人』，也就雖不中亦不遠矣。甚至相信終有一天，自救之道是會有很多人獲得的。人只要努力去實現不可能的事，就會達到目標。因為『上帝是與人同工的，是親近人的。』」趙紫宸：《基督教哲學》，268；《耶穌的人生哲學：一名登山寶訓新解》（上海：中華基督教文社，1926），34。

而，趙紫宸明白到他這種人觀與聖經背道而馳，於是他如此說：

人覺悟自己與同類與上帝有同一生命 —— 這覺悟是耶穌的教訓，即我人所謂基督教。人覺悟自己人格裏有力量足以自啟、自創、自制、自治，而為一切行為的轉移 —— 這覺悟是耶穌的教訓，與中國古聖賢的教訓，若合符節，與保羅見解頗有出入。不過耶穌的教訓，非保羅全部的教訓，足以為現時代的基督教。現代的人，特別是現代的中國人，非有耶穌對於人深切的信仰心，不可以有為。[112]

趙氏在此指出的自救之道，與後期的思想截然不同，但此「自救之道」卻充分表達其「自建人格」的神學觀點。至於此神學觀點，我們可從當時他草擬的信經、對信經的註釋作深入的瞭解：[113] 第一條論上帝，是人道德的標準；第二條論聖子，是自建

---

[112] 趙紫宸：《基督教哲學》，264；趙紫宸：《耶穌的人生哲學：一名登山寶訓新解》，153。

[113] 當時趙紫宸草擬的信經如下：「一、我信創造、管理、維持萬有的主宰（創世記一章），是人聖善（賽六3，彼前一16）、慈愛（約壹四8）的天父，又是人道德的標準（太五48）。二、我信耶穌因著聖潔的生（約十七19）、犧牲的愛（路廿三33、34），即是自建的人格（來二9、10、17，五8）為上帝獨一完全的兒子（約三16），與上帝同體，同榮、同壽（約一1、14），足以表彰上帝的品德（約十四9），人類的可能（來二10、11）而為人的師傅（路十一1）、朋友（約十五14、15）、兄長（來二11）、救主（徒四12，約壹四14）。三、我信聖靈，即上帝基督的靈（羅八9），尋求吾人（路十五章全），要吾人因他的愛脫離罪惡（太一9、21）與他和睦（羅五1、5），交通（約壹一3），同工（林前三9）而得心靈的擴大，道德的發展（彼後一4-7）以致有力量榮耀主服事人（約十七4，太二十28）。四、我信

的人格；第三條論聖靈，是得到心靈的擴大和道德發展；第四條論基督教新人觀，是同心志的基督徒；第五條論教會，是基督生活精神實現的工具；第六條論天國觀，是「真理日久而愈彰⋯⋯世界日久而愈文明」。[114]

從趙氏對整個信經的註釋中，可見趙氏的神學為一個「自建的人格」；對於歷史的陳述，他認為是知識的範圍而不以記錄。在第三條論到聖靈時，趙氏指出其內容變換了，傳統所說的「靈」非實存物，而現在它的作用是以道德行為為準。古愛華（Winfried Glüer）指出趙氏在其早期的著作中完全沒有提到這個「靈」，即或說起也只是指基督愛的「精神」，他把靈轉換成為精神。[115] 在第五條論教會中，趙氏認為教會也是由同一精神面貌的基督徒組成，而此精神面貌亦即第一條中所述的上帝的本質 —— 聖善和慈愛。[116] 趙紫宸指出他的神學立場：「我已從神秘生活中出來轉入純粹的倫理生活；從普遍的空論裏出來轉入了科學環境；從籠統的玄想裏出來轉入了真切的、實際的經驗與準切研究；從老

凡與基督同心志、同生死、同榮辱、同勤勞的人（腓三 10-16），都是基督徒；基督永生，基督徒亦有永生（約壹五 12）。五、我信基督徒由精神的交誼，成合一的教會（弗二 19、四 12、13），假有形的組織如公會等，為實現基督生活精神的工具。六、我信天國順著上帝的旨意，逐漸實現（可四 26、28），即是新人群優良社會（林前五 17，啟廿一 1、二，太六 10）的實現，故真理日久而愈彰，教會（非公會）日久而愈興，人類日久而愈和合，世界日久而愈文明。」引自趙紫宸：〈對於信經的我見〉，《生命》第一卷二期（1920）：8。

114 引自趙紫宸：〈對於信經的我見〉，8。

115 古愛華著，鄧肇明譯：《趙紫宸的神學思想》，78。

116 同上書，77。

成的狀態裏出來轉入了少壯的狀態；從個人的宗教出來轉入社會的宗教；從他世界出來轉入了現在的世界；從絕對論裏出來轉入了實驗主義；從修行動作裏出來轉入了圓滿的人間的有生趣的境界。」[117] 所以，古愛華分析趙氏的立場是建基於自由派神學，但又不屬於任何單獨的學派，因為他把不同的思路綜合，而配合了當時在知識分子中一面倒高舉自然科學與啟蒙精神的情況，並把可用的哲學用語放在他的神學中，以此回應當時的現代思潮。[118] 當然這種方式比較稚嫩，但也可算是趙紫宸神學的開端，其後隨著他生命的經驗日漸豐富，才修正這稚嫩的建構。

（2）從人同宇宙和自然的關係使中國文化與人格神學融合

趙紫宸認為中國文化一直以來得以長久承傳，固有其優越之處，但他卻批判中國傳統的宇宙觀並沒有清澈地詮釋出一位人格神來。[119] 自然和天為宇宙的秩序，也以此成為了倫理的指導原則，而宋儒之將「天」理性化為「寂息的理」，使他更為不滿。[120] 因為趙氏認為西方基督教對人格神的認識帶給他無限的啟迪：上帝的現實這種經驗，他認為不能不對中國的人觀產生影響，使人得以擺脫一個至終還是看不透的世界，這種世界帶來了一種自然的宿命，這種宿命卻使人失去了個性。他現在要面對上帝，是他

---

117 趙紫宸：〈我的宗教經驗〉，載於燕京研究院編：《趙紫宸文集（第三卷）》（北京：商務印書館，2007），146。

118 古愛華著，鄧肇明譯：《趙紫宸的神學思想》，82-88。

119 趙紫宸：〈基督教與中國文化〉，254。

120 同上文，255。

稱之為父的；面對上帝的人格，他認識到自己也是一個個人，同時又是眾兄弟當中的一員；這使他感到前所未有的釋放。他提出儒家自我實現的理想起初也是以個人為主的，[121] 所以他是按基督教的上帝觀和人觀去修正中國傳統宇宙觀，以西方基督教的世界觀使當時的中國帶來變化，亦以此滿足當時中國的需要。

（3）從儒家的倫理與基督教倫理協作

在中國的倫理中，趙氏無疑看到宗教上的表達，其高峰是兒女對父母盡孝。然而，這種孝心也是只有在耶穌裏面才獲得最大的成全。中國的倫理要在祂裏面得著能力而告增強，因此而變得可付諸實行。因為現在行善的動機是內發的，不僅僅是要履行道德誡命，他也把耶穌的受苦放入儒家的範疇中。受苦的態度，本來是和積極奮發向前的理想不相符的，但趙氏卻將之轉化為儒家的美德。耶穌的受苦，正如他整個生命一樣，是要對父母盡孝。[122] 他認識到上帝是愛眾人的父。藉著祂的愛，上帝要改變世人，使他們在父的懷抱裏彼此成為弟兄。耶穌就是以自己的教訓和生命，用理智的、善解人意的方法，顯露上帝的這個好意。所以耶穌必須受死，並以捨生為上帝的愛樹立一個極大的記號。[123] 祂的孝心既被接受，祂所受的苦也因此變為積極的行為。

「仁者人也」是中國這種人本主義最簡短、也是最為人所知的

---

[121] 同上。

[122] 有關「孝」，見趙紫宸：《基督教哲學》，225。

[123] 趙紫宸：《耶穌的人生哲學：一名登山寶訓新解》，242。

說法，趙氏亦曾多次引用。[124] 人之為人，就在儒家這個中心思想「仁」中表達出來。它是和中國的人觀相呼應的，也必然和宇宙的秩序相協調。仁的實現必須要在社會的範疇中才有可能，因為中國倫理的一切美德，全部總結在「仁」這個概念中，如孝、忠、恕以及義禮智信廉讓勇恥等皆是。[125] 這適用於所有人與人的關係中，所以是政治生活有序的先決條件。趙氏把中國對人性的這種看法加在建立人格的要求上，並以建立人格為跟隨基督的內容：「耶穌倫理學的要綱，只有一點，就是尊重人格。將這一點推移到人與人的關係上，則人對同胞當尊敬，當和睦；男女之間當有忠貞；……當愛國，愛同類，愛仇敵；當希聖，希賢，希上帝。」[126] 這種倫理要在日常的生活中實施，所以在趙氏看來，是與孔子的倫理完全一致的。趙氏按《大學》那種古典的說法，在此反映出儒家倫理那個基本的原理：「創造天國，既是人類創造人格。人類創造人格，是人類創造社會，創造文化。沒有人格，則萬事全不得有；沒有善良強毅的人格，則社會不得調劑，國家不得獨立，文化不得開展，人生不得飛揚騰達，自立於天地之間。」[127]《大學》起自「知至而後意誠」，直至「自天子以至庶人，壹是皆以修身為本」這一片段，連同整個《大學》的正文，是對「仁」的直接

124　同上書，96；另見趙紫宸：〈基督教與中國文化〉，255；《孟子七篇‧盡心下》；《中庸》，第二十章。

125　趙紫宸：〈基督教與中國文化〉，255。

126　趙紫宸：《耶穌的人生哲學：一名登山寶訓新解》，95。

127　同上書，34。

詮釋。[128] 趙氏認為，跟隨耶穌基督完善的人格，就是人類和諧共處的基礎。基於這個神學的前提，他就能把基督教和中國傳統的倫理學全面綜合起來。

對於中國文化的重視並以此來詮釋基督教，一直以來在趙紫宸的神學發展中不曾停頓下來。雖然趙紫宸在後來的年月轉變了神學取向，但他從來沒有放棄過在其本色神學中表現中國文化。關於趙氏的神學思想發展，不同的學者皆提及從他的著作中可見在不同時期中他的思想出現了轉變，[129] 但是趙紫宸以中國人的視

---

128 同上書，34-35。

129 關於趙氏的神學，古愛華在 1979 年出版的論文 *Christliche Theologie in China: T. C. Chao: 1918-1956* 中，嘗試把趙紫宸的神學劃分為不同時期：第一個時期是 1918 至 1922 年，他的神學是塑造於西方哲學的影響下；第二個時期是 1927 至 1941 年，趙氏的哲學出現突破而背離了人格主義，他轉向重視宗教經驗和倫理體現，強調靈性上的感悟、夢境和歸回教會；第三個時期是 1948 至 1956 年，趙氏的神學連繫於中國的革命。此外，許開明在他的博士論文中，集中討論了趙紫宸的基督論與中國社會之間的關係，並將趙氏的神學分為四個時期：1915 至 1922 年是第一個時期，以人性為重的基督論；1922 至 1927 年是第二個時期，以人格（道德）為中心的基督論；1927 至 1937 年是第三個時期，以靈性和倫理為中心的基督論；1937 至 1949 年是第四個時期，以天啟和道成肉身為中心的基督論。司馬懿（Chloë Starr）在 2016 年出版的著作 *Chinese Theology: Text and Context* 中，提到趙紫宸本色神學不同時期的分界線，主要是自由主義和新自由主義，這分界是參考邢福增對趙氏神學不同發展時期的劃分，而邢氏則應用了古愛華和林榮洪的分界。即使最近在 2017 年陳永濤發表的博士論文 *The Chinese Christology of T.C. Chao* 中，陳氏也將趙紫宸的神學分為早期（1917 至 1936 年）和後期（1936 至 1950 年），陳氏贊同古愛華的見解，認為趙紫宸早期的階段受到西方哲學如美國的自由派神學、人格主義、社會福音、新正統神學、循道宗及聖公宗傳統的影響，接受「內發的啟示」(revelation from within)，以今天的說法就是「由下而上」的進路。至於趙紫宸後期的神學，陳氏與古愛華的觀點相近，指出趙紫宸看所有啟示及救恩是完全出於上帝的主動，強調「下垂的啟示」(revelation from above)，這是一種「由上而下」的進路。見古愛華著，鄧肇明譯：

野和對中國文化的珍視來詮釋基督教，探求在其中如何在中國建立本色化神學，這重點卻是在他不同時期的思想中也始終貫徹的。

《趙紫宸的神學思想》，191、219、269-296；林榮洪：《曲高和寡：趙紫宸的生平及神學》，213-215；Hui Hoi-Ming, "A Study of T. C. Chao's Christology in the Social Context of China, 1920 to 1949," (Ph. D. diss., University of Birmingham, 2008)；Chloë Starr, *Chinese Theology: Text and Context* (Yale University Press, 2016), 98；邢福增：《尋索基督教的獨特性：趙紫宸神學論集》（香港：建道神學院，2003），36-121；Chen Yong-Tao, *The Chinese Christology of T.C. Chao* (Leiden: Brill, 2017), 57-70, 91, 202.

第五章

神學理論的深化：
符合傳統教義兼具中國化的神學理論

本章曾發表於 2014 年 4 月 24 日美國福樂神學院之「中國神學」講座，題目為：〈和諧神學〉（ "Hexie Theology (Harmony Theology)" ）；另外，部分內容收錄於《世界基督教期刊》（Journal of World Christianity）2017 年第 7 期，第 2 卷。此章之第三節「中國神學的體現：趙紫宸的中國化聖詩」，發表於福建師範大學社會歷史學院（社會發展學院）舉辦之「史學名家講壇」，2016 年 1 月 6 日，題目為：〈中國化音樂的建造：中國聖詩之父趙紫宸〉，部分內容亦收錄於鄭揚文主編之《中國化的基督教》（Sinicizing Christianity）(Leiden; Boston: Brill, 2017)，題目為：〈中國化的聖詩：中國聖詩之父趙紫宸〉（ "Sinicisation of Sacred Music: A Study of T. C. Chao" ）。

韋卓民說：「在中國，現在是一個新的時代，中國文化慢慢在消逝，為了保存中國文化，我們要把它奉獻與基督教。」[1] 韋氏表達出讓中國文化與西方的基督教文化對碰後，中國文化既能得以保存，也能奉獻成為一種在融合後具有中國文化特色的基督教，這一種互動溝通的進路，確實把這種對西方基督教文化而言的中國文化（「對等文化」）帶進一個新的出路。[2]

一、在中國水深火熱的戰爭處境下，韋卓民建構其理論與神學：神學合流

1937 年日本侵華，發生蘆溝橋事變，韋卓民當時身在國外，對中國的局勢深感憂慮，故在英、美宣傳抗戰，進行所謂「國民外交」的工作，以非正式的使節身分爭取國際間對中國的援助和支持，痛陳日本帝國主義擴張不但影響中國，也危害國際利益。[3] 翌年中國已進入全面抗日戰爭的時期，韋卓民正身處歐洲，並參加荷蘭舉行的世界基督教協進會的籌備會，為唯一參與的中國人及發起人之一，於夏天會議結束後便返國。[4] 此時，由於日軍進逼

---

1 韋卓民：〈讓基督教會在中國土地生根〉，載於馬敏編：《韋卓民基督教文集》（香港：漢語基督教文化研究所，2000），133。該文是韋卓民在 1945 年亨利魯斯（Henry W. Luce）世界基督教客座講座就職講詞中，以〈讓基督教會在中國土地生根〉為題的演講。

2 見頁 145 第四章註 61。

3 見於韋卓民個人檔案，收藏於武漢華中師範大學檔案館。

4 參華中大學韋卓民書信檔案案卷 1938-LS12-05-004「1938 年 1 月韋卓民在桂林期間與

武漢，華中大學於同年七月被迫遷到桂林，[5] 數個月後又因戰事蔓延，再次被迫遷往雲南昆明及大理。抗戰期間，韋卓民堅決支持國民黨與共產黨團結，共同抵禦日本。[6]「假若全國不已經臻於政治團結，中國抗戰，是不可能的。」[7] 韋氏又從政治的團結延伸至社會及文化上的團結，「許多人討論到分裂的中國的時候，經常忘記了中國人在文化上、社會上，常是一元的 …… 他們獲得了政治團結，以表現他們的文化一元，他們也就支持這種團結。」[8]

1. 重新創造民族裏的團結合一

作為華中大學的校長，韋氏的〈抗戰初期中國的若干問題〉一文可見他的教育方針並不只關顧學校的範疇，[9] 而是一種以生命為中心的教育：並沒有把教育與政治分割，更是一種強調愛國的生命教育。韋氏沒有把教育與政治分割，相反他鼓吹的是一種愛國的教育。其後，此文於 1938 年 6 月的美國《耶魯評論》(*Yale Review*) 中發表，命名為〈關於中國的問題〉("Questions about

---

有關人員的書信往來（英文）」；李良明等編著：《韋卓民年譜》（武漢：華中師範大學出版社，2010），80。

5 參華中大學韋卓民書信檔案案卷 1938-LS12-05-003「1938 年 1 月韋卓民在桂林期間與有關人員的書信往來（英文）」。

6 李良明等著：《韋卓民》（珠海：珠海出版社，2008），111。

7 韋卓民：〈抗戰初期中國的若干問題〉，載於雷法章等編：《韋卓民博士教育文化宗教論文集》（台北：華中大學韋卓民紀念館，1980），70。

8 同上文，70-71。

9 同上文，63-76。

China"），談及中國人民在當下抗日初期的若干反思。經過十個月的抗戰，他認為戰爭不是使侵略者逐漸衰敗，就是兩敗俱傷；但此艱難歲月卻顯示出中國人能從事長期抗戰，首都雖已陷落，但也能重新組織兵力再次投入戰場。整個戰爭中最令敵人驚訝的，就是中國人的政治團結。[10] 韋氏從：(1) 以往、(2) 現在的進程、(3) 在將來，活現出他對以往中國文化的瞭解：「許多人討論到分裂的中國的時候，經常忘記了中國人在文化上、社會上，常是一元的。…… 中國人就是中國人，全國各地都是這樣看待他。地從不分南北，也從不分東西 …… 」，[11] 韋氏從反思中國以往的歷史，進而把這種團結合一在抗日時期的中國重新創造。[12]

　　為了突顯民族性裏的「團結」元素，韋氏從中國歷史著手，並藉著當時的處境，以戰爭、政治把它活現出來。從韋卓民留學美國修讀神學及後來在英國的博士進修，他對這時期的哲學思維的熟悉，[13] 皆展現在這種對時間的知識論的表現上，就如他說及民

---

10 同上文，63-64。

11 同上文，70。

12 同上文，67-68。

13 韋卓民後期著名於教導康德（Immanuel Kant）、黑格爾（G.W.F. Hegel）等西方哲學家的思想。正如海德格爾指出隨西方二千年時間中建立的一種自身的綜合，這就是黑格爾的思想建立，當然海德格爾也提出了對黑格爾辯證法（歷史是其中之一環節）的絕對性的批判，但這並無貶低黑格爾提出對人在時間及經驗中一種自身相關聯的思想運動的貢獻。而韋氏在知識論、時間、經驗上充分對西方哲學的瞭解，這種方向不難讓學者明白在 1949 年後黑格爾哲學何以會在中國受歡迎，因馬克思是中國領袖的導師，而黑格爾則是這導師在哲學上的老師。正如賀麟的學生、北京大學哲學系、宗教學系張祥龍教授指出因此之故，新中國的西方哲學有兩種顯學，其一是辯證法，另一

族以往的過去其實並不是一種過去，而是一種文化的累積及對外來文化的融合，[14] 所以這個民族的文化的將來也是在今天的處境逐漸成形。這是一種當代對時間的認識論的轉向，如果以今天詮釋學的語言，就是對於自我認同以及塑形與再塑形。[15] 所以，這正解決了當時中國人所面對的一種不能避免的民族消亡的歷史及無可逆轉的命運，相反地，在抗戰中他能找到這種團結的元素，成為以後的一種再塑形。這種思維不單展現在他因著日本侵華所面對的危機而對東西或南北的中國人重新團結，成為一種文化差異中

是唯物主義。Alphonse De Waelhens, "Identité et différence: Heidegger et Hegel", *Revue Internationale de Philosophie* 14, no. 52/2 (1960): 221-237。1960 年代初期毛澤東退居二線，政治形勢較寬鬆，1961 年中國科學院哲學研究所鼓勵青年學者翻譯其他西方哲學家文章，此文為《現代外國資產階級哲學資料》叢書中之一篇文章。另見張祥龍：〈張祥龍序：從辯證法到生存解釋學〉，載於柯小剛：《海德格爾與黑格爾時間思想比較研究》(上海：同濟大學出版社，2004)，1-2。

14 見 Francis C.M. Wei, "A Study of the Chinese Moral Tradition and Its Social Values," (Ph.D. Diss., University of London, 1929。

15 Paul Ricoeur, "Metaphor and the Central Problem of Hermeneutics", in Paul Ricoeur, *Hermeneutics and the Human Sciences*, edited by John B. Thompson (Cambridge: Cambridge University Press, 2016), 127-143; "The Narrative Function", in Paul Ricoeur, *Hermeneutics and the Human Sciences*, edited by John B. Thompson (Cambridge: Cambridge University Press, 2016), 236-258; *Time and Narrative*, Vol. 1 (Chicago & London: University of Chicago Press, 1984), 3; "Life: A Story in Search of a Narrator", in Marinus C. Doeser & J. N. Kraay ed., *Facts and Values* (Dordrecht: Martinus Nijhoff, 1986), 123; "On Interpretation", *From Text to Action* (London: Athlone, 1991), 2. 在利科（Paul Ricoeur）看來，歷史只是一種有限的作用，是對以往的重構，但卻不能真正的進入歷史中。然而，歷史也因此對後世發生著塑形化和再塑形化。另可見於 Paul Ricoeur, *Time and Narrative*, Vol. 1 (Chicago & London: University of Chicago Press, 1984), 91-225; "History and Hermeneutics", *The Journal of Philosophy* 73 (1976): 683-695。

的合流（綜合），也發展至神學範疇，成為不同神學的合流。事實上，中國的抗戰勝利是基於當時的民族團結，今天我們反思那段歷史中民族團結的意義是毫無爭議的，這正是韋氏沒有停留在「現在」，更把「現在」的向度延伸指向「將來」：指出除了在抗戰中能團結一致外，中國在抗戰之後會否再次進入分裂的局面卻是當時更需思考的事情。**16**

韋氏以抗戰中的反省來把「將來」建構出來，這須從不同層次作思考：

（1）抗戰後，須留意廣西的集團勢力能否繼續合一。

（2）應如何調整對不同黨派的態度，須考慮他們會否繼續真正持守承諾，令以往北伐後又再發生戰爭的歷史不會再發生。

（3）為避免再陷入內戰，韋氏提出應以政治方法來處理以往中國內部的歧見。

（4）要避免專制的政策及防止軍人的耀武揚威。

因此，韋氏的教育是真確的把以往、現在與將來融合（參表5.1），彰顯出批評以往、活現現在而建立將來的非凡思想，他把「團結」成為中國人的生命教育，從以往、現今的反省中建立對將來的基石。

---

16 韋氏指出：「所以，一個團結的國家，對外國侵略者，顯現了一個聯合戰線。自然有敵國外患，可以加強團結，但它不能創造團結。當不再有共同敵人需要抵抗的時候，有人問這種團結，可否維持於抗戰以後，抑或中國又將陷入軍閥割據的局面？」韋卓民：〈抗戰初期中國的若干問題〉，70。

表 5.1

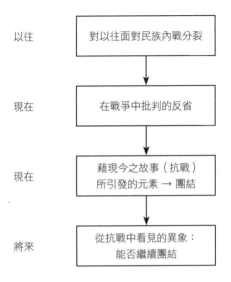

以往　　　對以往面對民族內戰分裂

現在　　　在戰爭中批判的反省

現在　　　藉現今之故事（抗戰）
　　　　　所引發的元素 → 團結

將來　　　從抗戰中看見的異象：
　　　　　能否繼續團結

2. 從團結合一的重新創造推進至各宗派的神學合流

　　韋氏的另一文章〈中日戰爭對中國的文化影響〉以第一次世界大戰後，各國為著保衛家園而掉進了不能制止的軍事擴張及成為軍事軸心的混亂之中所發生的史跡，作為借鑒並對以後作出前瞻。[17] 韋卓民指出，人們從睡眠中驚醒，用盡各種方法，無論是好是壞，把工業化和軍事化的精神灌輸到人民的心靈中，把恐懼與憤恨作驅策，使他們甘心情願地付上生命，更加使他們以為一個

---

17 同上文，98。

國家不能容許自行決定它的命運，必須要參加一個集團或一個軸心國度。但是在第一次大戰後，這美夢很快就破滅，於 1931 年開始，國際聯盟在中國徹底失敗，這根本是一場惡夢，全世界對中國漠不關心，看著在中國每天發生的暴行束手無策，所以韋氏提出中國的四億同胞應武裝起來保衛自己，但是當保衛過後，這一次戰爭也帶來了一個新的文化的影響，這影響就是不容易從戰爭仇恨、暴力的枷鎖中釋放出來。所以，從中國的經驗，韋氏看到國人必須奮力圖強，摒棄曾經寄望國際的援助及維護的想法，不假以外求，獨自的抗戰到底！韋氏所強調的並不單是這獨力奮抗的精神，而是前瞻到當我們的國家在抗戰成功後能否把戰爭、武裝、仇恨除掉，但可悲的卻是這種作戰的思想已牢牢的成為了中國的新文化。**18**

　　韋氏指出，中國須考慮以下的三個因素以使戰後復興而進入建設的階段：

　　第一，要看中國在戰後是一個甚麼情況；是由某些暴力來支配我們的命運抑是和日本結束戰爭時，還能維持若干公理與正義。第二，歐洲的新形勢，當然會再影響到我們未來的態度。現在的歐戰，會不會暫時停戰，而等到二三十年後，再找機會拼個你死我活？或是這次戰爭，將西方文明帶到永久和平的康莊大道，代替了整個毀滅？第三，我們必須確定還有那些因素目前在

---

18 同上文，98-99。

影響中國人的思想和態度。[19]

在「對中國人的思想和態度」中，他認為最值得注意的乃「人口自海岸和河流淪陷區向西部省份的遷徙」，[20] 而此遷徙「將遺留下來永久的影響，人口流動對於整個國家也會發生若干作用。他們在居留過比較閉塞的後方，傳播新的觀念與技術。」所以，在這形勢下，韋氏開始解釋基督教對中國的新文化在某一程度上所起的作用，沿海與內陸的基督徒是他的第一分析目標：

在移民之中，有不少是基督徒。從 1900 年到 1937 年之間，基督教會在全國，都有成長進展。在沿海和長江地區的省份，特別是在日軍佔領下的大都市，進步更大，也附有更有效的教育工作。其結果，是那些地方的基督徒，一般說來，教育程度較差，地方派系的色彩較為明顯，在觀念和實務上，也比較保守。他們不太會想像由基督教差會傳教階段，轉移到獨立自養階段，可能涉及的若干問題。他們缺乏教會領導人才，經濟力量和社會聲望也較為薄弱。[21]

他提出不是把優秀進步的基督徒集中在同一個地方，而是要

---

19 同上文，99。

20 同上。

21 同上文，103。

把他們分散開來，並使他們到達後方，那就能使他們有機會服事大後方的社區，並不斷擴充聚集人數，使後方也成為基督徒的社區，就能成為一個新的局面，在原來教會影響不大的地方能促進基督徒間的相互合作，並開展新的活動和培養領導人才。[22]

　　韋氏表明，這不單只是在中國新的地方能彰顯基督的精神，而是一個重要的時機，使以往各自為政的教會經歷互相明瞭及合一。韋氏所指的兩種不同的神學、不同的想法、不同的做法正表露著他在實際生活中所面對的挑戰，正如他提出同一宗派在上海或漢口的教友就有不同的看法，而昆明的不同教會的會友對於聽道時也有不同喜好，他們的牧師在處理教務方面亦有不同的做法等等，所以他認為唯一的解決方法，就是藉著當時因戰爭而引致大規模人口移動，能促進不同宗派地域的逐漸合流，使當中的差別能逐漸緩和，[23] 所以韋卓民提出了一種在神學上、牧養上的合流方法，他這種對神學的「知識」的看法是由於他所面對的「處境」而產生的，透過處境對不同的神學的相互影響，便能創建更新的神學合流。韋氏繼續把「現在」向「將來」的向度伸展：「但是在戰爭結束後，當這些流動人口，回到東部時，會不會有足夠的教友，留在西部而保存這種混合的優點呢？」[24]

　　從表 5.2 可看到韋氏在知識論的轉向：韋氏認為以往中國人

---

22 同上文，103。

23 同上文，103-104。

24 同上文，104。

表 5.2

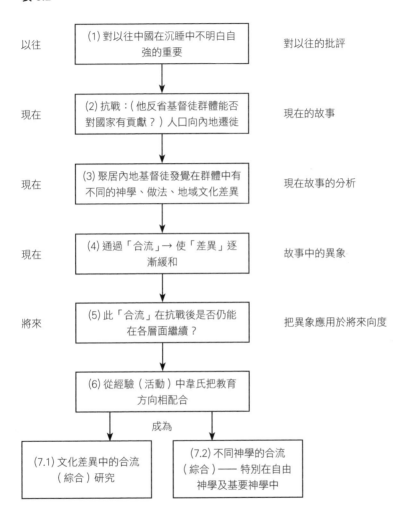

| 以往 | (1) 對以往中國在沉睡中不明白自強的重要 | 對以往的批評 |

| 現在 | (2) 抗戰：（他反省基督徒群體能否對國家有貢獻？）人口向內地遷徙 | 現在的故事 |

| 現在 | (3) 聚居內地基督徒發覺在群體中有不同的神學、做法、地域文化差異 | 現在故事的分析 |

| 現在 | (4) 通過「合流」→ 使「差異」逐漸緩和 | 故事中的異象 |

| 將來 | (5) 此「合流」在抗戰後是否仍能在各層面繼續？ | 把異象應用於將來向度 |

(6) 從經驗（活動）中韋氏把教育方向相配合

成為

(7.1) 文化差異中的合流（綜合）研究

(7.2) 不同神學的合流（綜合）—— 特別在自由神學及基要神學中

民對「自強」缺乏認識（1），他藉現在的戰事（2）（抗戰的現況）分析人口向內地的遷移而引起在（3）基督徒群體中不同的神學、做法及不同地域文化差異所引致的問題，在此情況下認識到（4）合流（融合）的重要，在分析及影響他對圖像（5）「自強」的觀念，建立於綜合不同地域的文化（7.1）、神學（7.2）而致令國家自強不息。韋氏在抗戰時期的文章：〈抗戰初期中國的若干問題〉及〈中日戰爭對中國文化影響〉，皆表示韋氏是隨著時代的變遷，主張合流以縮減差異，從而也更新及豐富了他對神學合流的可行性（詳見表 5.2）。韋卓民在這個神學合流裏，他的神學是始於生活與真實的經驗。近代的中國人被喚醒，始於當時的一個工業強國——日本，它吸收了西方的文明而進侵中國。在無數的生靈塗炭下，中國基督徒就在抗戰中發展自己的神學思想。[25]

---

25 如我們以吳耀宗為例，抗日戰爭時，正看到他在中國近代政治神學的發展思想。於抗日戰爭未爆發前的 1935 年，他在《華年》發表的文章呼籲中國的青年應成為一個戰士，以真理作偉大的力量，戰勝黑暗；無論是個人還是運動，皆需要長期的發展，他也號召需要組織民眾成為一種改革運動〔參吳耀宗：〈做一個戰士〉，《華年》第 4 卷，第 3 期（1935）：9-11〕。1938 年他出版了《大時代的宗教信仰》，指出基督徒應負起十架，經過精神的鍛煉，把從抗戰以來那些坐擁軍權、不戰而逃的將領，以及營私舞弊的公務員、壓迫民眾的地方當局和土豪劣紳一一戰勝；他呼召的發展，成為一種以國家高於一切、民族高於一切的原則來戰勝，使當時以個人主義為首的「腐惡現象」得以清除。〔吳耀宗：《大時代的宗教信仰》（上海：青年協會書局，1938），38-42〕。本書因篇幅所限，對於民粹及民族主義的政治神學將於另一本著作《和諧神學：研究中國神學的不同向度與特色》再深入討論。

二、神學合流是一種解決自由派與基要派衝突的神學 —— 從上而下、又從下而上的系統

1. 20 世紀的中國基督教：自由派與基要派的衝突

18 世紀歐洲啟蒙運動的出現，西方社會講求以經驗及理性思考來發展知識系統，脫離宗教的影響。在這種崇尚自由的氛圍下，自由派神學在歐美教會興起，強調研究聖經應本於科學精神、站於批判角度，重新審視歷代教會的傳統教義；並以信仰來回應及適應當代的文化和時代問題。這種被視為新派的神學，其主張和立場勾勒出他們與堅守傳統信仰的保守派之間的衝突，帶來自由派與基要派主要圍繞在聖經的無誤及權威、基督的神性與代贖之超自然元素、宗教與科學等範疇上的神學爭論。[26]

隨著西方不同教會差會的傳教士來華，他們同時也引進了當時西方教會自由派與基要派的爭議。在 20 世紀 30 年代中，「平信徒海外宣教事業調查」突顯了中國的基要派與現代派之間的矛盾及差異。評估委員會的主席為哈佛大學哲學教授霍金，[27] 這一報告不單使基要派與自由派在政治參與、以至社會服務上的角色之分

---

[26] George M. Marsden, *Fundamentalism and American Culture* (New York: Oxford University Press, 2006), 102-103.

[27] 霍金為 20 世紀初期自由派神學的代表人物之一。David Bosch, *Transforming Mission: Paradigm Shifts in Theology of Mission* (Maryknoll: Orbis Books, 1991), 491; William R. Hutchison, *Errand to the World: American Protestant Thought and Foreign Missions* (Chicago; London: University of Chicago Press, 1987), 161; Amanda Porterfield, *The Transformation of American Religion* (New York: Oxford University Press, 2001), 54.

歧變得尖銳化，而更重要的核心問題在於其神學立場。當時於江蘇省清江浦美南長老會作醫療傳教士的鍾仁浦（Nelson Bell）明言：「如果撒但有甚麼作品的話，該報告正是那樣的作品。」[28] 而他正是現今著名佈道家葛培理（Billy Graham）的岳父。嚴格而言，這正代表了基要派反對現代主義的神學思路。對於自由派主張「『主耶穌基督是唯一的拯救之道』這聖經論點現在已經過時了」，[29] 基要派作出了明確的批評和對抗。

（1）自由派領軍人霍金之人格唯心論

自由派神學以人作為中心，相信上帝在自然及歷史上的內蘊性、以及人性化的基督，強調人的內在價值及其自我實現。[30] 上帝在自然及歷史上工作，打破了自然與超自然、人與神之間的鴻溝。如此自然與超自然、神性與人性皆是同質而互為連結，[31] 從人良善的本性可以找到神性的本質。聖經、教會或傳統不再是權威的來源，因真理乃通過人的理性對各種經驗的詮釋所產生，故理性被視為真理的準則，而人格便是思想與經驗的前設。人格互相

---

28 Nelson Bell to His Mother, 28 January 1933, Nelson Bell Papers, BGC, Wheaton College，轉引自姚西伊：《為真道爭辯：在華基督教新教傳教士基要主義運動（1920-1937）》（香港：宣道出版社，2008），247。

29 "A Statement and a Criticism", *The Bible for China* no.9-10, 10，轉引自姚西伊：《為真道爭辯：在華基督教新教傳教士基要主義運動（1920-1937）》，251。

30 見 Kenneth Cauthen, *The Impact of American Religious Liberalism* (Washington, D.C.: University Press of America, 1983); David Fergusson ed., *The Blackwell Companion to Nineteenth-Century Theology* (Chichester, U.K.; Malden, Mass.: Wiley-Blackwell, 2010)。

31 Horace Bushnell, *Nature and the Supernature, As Together Constituting the One System of God* (New York: Scribner, 1858), 36-38.

溝通、共同參與的世界，就是真實的世界，並著重將人的宗教經驗結合於道德的責任。[32] 自由派神學從人本主義的立場解釋聖經，否定聖經是上帝的默示，提出要以聖經批判學的角度研究聖經，對於基督在降生、神跡、復活與再來等教義上的超自然元素提出質疑，[33] 並且高舉耶穌的人性過於其神性，認為救恩出自祂的言行，所以祂的道德生活和宗教意識成為了人類的模範。[34]

　　若從霍金的基督論中研究他的主張，這使我們更能明白當時在神學上的爭議為何如此極端。麥奎利（John Macquarrie）指出，霍金的哲學是人格唯心論（personal idealism），受到黑格爾（Hegel）的影響。[35] 霍金指出，「世界的一元論之所以為一元論，是因為它能解釋它的多元論；我們之所以屬於上帝，是因為這樣

---

32 Borden P. Bowne, *Personalism* (New York: Houghton Mifflin, 1908), 268-278, 295-296.

33 Shirley Jackson Case, *The Historicity of Jesus: A Criticism of the Contention That Jesus Never Lived, a Statement of the Evidence for His Existence, an Estimate of His Relation to Christianity* (Chicago: University of Chicago Press, 1912), 4-7; Roger E. Olson, *The Journey of Modern Theology: From Reconstruction to Deconstruction* (Downers Grove, Illinois: IVP Academic, 2013), 128-130; William N. Clarke, *An Outline of Christian Theology* (New York: Scribner 1909), 1-4; Albrecht Ritschl, *The Christian Doctrine of Justification and Reconciliation: The Positive Development of the Doctrine* (Edinburgh: T & T Clark, 1902), 397-398.

34 Douglas J. Hall, *Professing the Faith: Christian Theology in a North American Context* (Minneapolis: Fortress Press, 1993), 457.

35 絕對唯心論強調一位包含萬有的靈，而人格唯心論則通過人的精神生活展現出精神的特性，趨向於把上帝或至高的靈作為有人格的表述，這是一種新黑格爾主義（Neo-Hegelianism）。John Macquarrie, *Twentieth-Century Religious Thought* (London: SCM Press, 1988), 49-50.

子我們能變成更獨立。」[36] 自我的人格並不是上帝的化身，因為沒有甚麼東西較人格更高超。麥奎利引用霍金之《哲學之派別》（*Types of Philosophy*）一書中指出，人格的深度和闊度足以包容我們在真實中找到的各層面，所以霍金的哲學必須假定宇宙早已存在著有待我們發掘的意義。[37] 霍金此種唯心論的哲學亦具有其獨特的基督論，這可從他另一名著《人性及其改造》（*Human Natural and Its Remaking*）中可見一斑。霍金指出基督的受苦成為一場戲劇，為的是喚醒人類的生命，這要被看為上帝生命的戲劇，由祂創造及重造人。此一像戲劇、文學的方式在每一個人身上，是使他們看見及指向人類的終極意義。所以霍金的基督論處理方法乃是由基督受苦的戲劇喚醒人的內心，以解決救恩變成完全外加、非本質的危險。[38] 這種哲學的思維正是當時瑞典神學家奧連（Gustaf Aulén）指出的自由派人本主義的神學，在此種系統裏，基督被認為作為一個引發點，使人加強對上帝的意識，因為祂是一個宗教理想的具體、模範人（pattern man）。此種系統並沒有強調所謂撤除上帝和人中間的贖罪（這亦是基要派所一直反對的立場），而支配這種觀點是一種一元論。[39] 所以人本主義所指出的基

---

36 William E. Hocking, *The Meaning of God in Human Experience* (New Haven: Yale University Press, 1912), 181，引自 Macquarrie, *Twentieth-Century Religious Thought*, 48。

37 Macquarrie, *Twentieth-Century Religious Thought*, 48.

38 William E. Hocking, *Human Natural and Its Remaking* (New Haven: Yale University Press, 1918), 423-424.

39 拙作：《奧連對三種救贖觀之研究》(*Aulen's Study of the Three Types of the Idea of Atonement*) (Toronto: R.D.N. VMF [Canada]，2007), 13。

督，是強調他作為一個模範的人而失去了真實基督與贖罪所作成的工作，基督的死只是激發了人類的愛心而使人產生了倫理的影響，這種救贖觀明顯與經典贖罪觀相違背，[40] 難怪當時基要派與自由派的紛爭是如此的激烈。

霍金的哲學被視為具有折衷性，但他認為唯心論不只是一門哲學如此簡單，更是一切哲學的精華，他相信一切不同的哲學體系皆認同宇宙背後早已存在著意義，正因宇宙存在了這意義，由此反映出實在（reality）必然有其屬靈特性（spiritual character）。[41] 霍金認為此特性乃是自我（Self）的特性，沒有任何事物比自我更崇高及更具深度。[42] 他反對把上帝視為一位有限的上帝，因上帝不能低於絕對者（the Absolute）；對於絕對者與上帝的關連，他把上帝視為一位有人格化的神：「在我們慣常對上帝的概念中，那一位（the One）及絕對者被提升至人格及道德素質的層次。這些後述的性格無論是在現今的意義或是在歷史之中，實在也較整體性及絕對性更為明顯，它們可能被認為是神性中具有最寶貴人性的屬

---

40 奧連在此所指出的經典贖罪觀，是涉及初期教父以及在改教歷史中佔重要地位的馬丁路德的救贖論，帶著清晰的二元觀點。此種二元並非指無限與有限，而是指聖經裏出現的觀念，乃是上帝與抗拒祂旨意的創造物之間所存在的對立、上帝的愛與反抗祂的被造者的意志之間的對立，故此種對立並非絕對的二元論，因為聖經看惡是不能永存的。拙作：《奧連對三種救贖觀之研究》(Aulen's Study of the Three Types of the Idea of Atonement), 7。

41 Macquarrie, *Twentieth-Century Religious Thought*, 48.

42 William Ernest Hocking, *Types of Philosophy* (New York: C. Scribner's Sons, 1929), 441.

性。」**43**

　　霍金的世界觀是典型唯心主義的哲學結構，人格是深入且廣泛地被認識於實在（reality）之中，他否定有任何其他的特質能超越於人格（personality）。有限的人得以被稱在上帝之內，乃因他們依靠上帝及被上帝所創造，而人類也稱為整個宇宙的不完全形像。自然是不同的自我（selves）相互交通的地方，他們必然在自然中與神聖的心意（divine mind）相交及被補足。霍金對宗教的看法同樣是唯心主義的產物。他把宗教視為可「預計的實現」，意指宗教是現在對某些目標獨特體驗的實現，而這些目標一般只會在自然的過程中不斷進步才會達至。在宗教裏，人們彷彿在實現、知識及不朽的存在中活著。**44**

　　「因我們沉溺於自己的苦難，以使『我們的心頑梗』，即與實在隔絕。這困難是很難解決的，除非我們看見在自身經歷的真實網羅中，自私的攻擊落入他當中⋯⋯。基督教對我們所活著的世界最重要的事實作出了宣告，就是有一位神活躍於歷史裏並在其中受苦。」**45** 霍金相信「基督必須受苦」（he must suffer），因這具有一種使人能從自私和自我中回轉的作用，藉著人看見纏裹著自身的自私及由此而來的攻擊落入基督當中，而祂卻以自己的身體承擔了我們的罪。**46** 理解霍金的基督論時，需要注意他所說的承擔

---

43 Hocking, *The Meaning of God in Human Experience*, 207.

44 Ibid., 31-32.

45 Hocking, *Human Natural and Its Remaking*, 423.

46 Ibid.

我們罪的基督，這話並非是一種代贖的觀念，[47] 乃是一個不折不扣的人格唯心論的方向。

霍金把基督的受苦視為一場戲劇，目的是要呼喚人類生命的醒覺，「這要被看為上帝的生命、祂的創造、以及人類重造的戲劇。」[48] 這一種猶如戲劇、文學的方式在每一個人的身上發生，藉此讓他們自身看見並指向人類的終極意義。所以，要解決救恩變成完全外加、非本質的危機，霍金的處理方法乃是以基督受苦的戲劇來喚醒人類的內心，正如他提出救恩一般也與人類的道德獨立（moral independence）所相違背。[49] 以人的超越性覆蓋一切，這正是人格唯心論中所衍生的問題。霍金相信能有一唯一的宗教，但現今的卻是缺乏能力，故他提出應在不同宗教的經驗中學習，從不同的傳統中尋索綜合之途。霍金深受黑格爾的影響，故其哲學被視為人格唯心論（Personal idealism）的一員。絕對的唯心主義主張萬物唯靈論，而人格唯心論則提出由人的屬靈生命展現出靈的本質（nature of Spirit），傾向於把上帝或至高的靈（supreme Spirit）作有人格的表述，這種新黑格爾主義（Neo-Hegelianism）被認為是美國高舉民主個人的產物。[50]

霍金不以福音信息的元素或傳統為重點，而是從文化或文化中的不同語言來表述其神學觀點，強調個人的宗教經驗或個人如

---

47 Ibid., 408-409.

48 Ibid., 423-424.

49 Ibid., 418.

50 Macquarrie, *Twentieth-Century Religious Thought*, 45.

何經歷他的自我。一個人若從自我出發，他便歸回主體之中。這是從個人作起始點，至個人在文化中、在國家中、在某一代中衍生出來的經驗。對於啟示，它的神學前設不在於聖經、也不在於傳統的教義，卻是完全從人的經驗出發，發展成為在文化中能夠看見上帝的啟示，在人的超越中能夠看到上帝，故霍金的神學屬於典型的自由派神學。

（2）基要派對於傳統基督教教義之恪守

為了竭力維護基督教正統性的承傳，保守派人士堅守傳統信仰和教義，對自由派神學高舉的旗幟提出反對。他們篤信基督教的超自然元素，強調聖經無誤性及權威性，堅決拒絕在文化中各種不同的主流價值觀和信念的轉變。[51] 面對自由派神學及現代主義的挑戰，20 世紀初期保守派人士表明他們連成一線，主要目標是要致力保存教會歷代的信仰，高舉聖經作為上帝的話語，它帶著權威，且是神聖的默示。[52] 1910 至 1915 年間，保守派人士出版了一系列共 12 冊小冊子，書名為《基要信條》（*The Fundamentals*），意即要作為真理的見證，抨擊自由派神學的思想，捍衛傳統基督教教義，而基要派的名稱也由此出現。[53] 當時的

---

51 馬斯丹（George M. Marsden）著，宋繼傑譯：《解構基要主義與福音主義》（香港：天道，2004），3。

52 Editorial, "The Bible League of North America", *The Bible Champion* XVI (August 1913): 35-36.

53 Marsden, *Fundamentalism and American Culture*, 118; Olson, *The Journey of Modern Theology: From Reconstruction to Deconstruction*, 215.

基要派人士堅信聖經是信仰和道德的最高準則，它是在上帝的默示下寫成，承載了上帝的話語，故支持聖經無誤的觀點；他們又對於聖經批判學的價值提出質疑，將之視為會破壞聖經整全性；並且對於聖經的超自然內容予以肯定，相信神跡和先知預言的真確性。基要派人士堅信耶穌基督具有神人二性，祂是上帝的兒子，道成肉身來到世界，為童女所生，具有神聖的身分，祂被釘死來為世人代贖他們的罪，並且死後復活，完成使人與神和好的工作；而祂道成肉身，成為真實的人，也具有其人性的本質。世人因犯罪而與上帝隔絕，福音是唯一拯救的方法，當人在基督裏因信稱義，與上帝和好，才可得救；這並非人自己可做到的作為，而是上帝的恩典。他們並且接受創造論，對當時進化論的主張加以排拒。[54]

20 世紀初期北美的基要主義運動，深受 19 世紀西方教會的聖潔運動和開西大會所影響，[55] 對成聖的追求和對基督的完全順服，推動了保守派人士在華的傳教和復興工作。在基要主義運動的熏陶下，年輕的保守派傳教士來華傳教時，不但將其持守的基要主義神學思想引進中國，也一併帶著對抗自由派神學的行動來到中國。[56] 這些年輕一輩的西方傳教士在基要主義運動的鼓動下，進行中國的傳道工作；與此同時，另一些年輕的西方傳教士

---

54 林榮洪：《中華神學五十年：1900-1949》（香港：中國神學研究院，1998），109-110。

55 Marsden, *Fundamentalism and American Culture*, 93-101.

56 姚西伊：《為真道爭辯：在華基督新教傳教士基要主義運動（1920-1937）》，17、48。

因在本國時受學於只教導現代主義的大學與神學院，接受了現代主義的洗滌後，當他們被西方差會派遣來華傳教時，便同樣把他們本身的思想理念、奉行現代主義的主張帶到中國；即使在同一宗派的差會，保守派人士與自由派人士在信仰教義、傳教方向、政策等的矛盾也越見尖銳。隨著來華的新傳教士人數上升，保守派傳教士在 1920 年代中期深感這種矛盾帶來的對立已在中國這片土地上形成，然而他們相信為了教會的著想，這種衝突必須嚴正面對：「在傳教工作的各個層面上，一種公然而堅決地致力引進現代派思想教導的情況已經顯而易見，譴責舊有的教導為『中世紀』的產物，而且最終要控制宗派或聯合的高等教育機構。因此，我們感到不得不起來自衛，捍衛我們帶到中國、並以此來建立中國教會的信仰。⋯⋯ 這是可悲的，但是在這種情況下卻無可避免。⋯⋯ 那些擁有悠久基督教承傳的人，就像大部分傳教士一樣，他們的心深深地堅守著現代思想所拆解的舊有敬畏和信念，但沒有這種承傳的年輕中國人在追求新理論的邏輯時絆了一跤，堅決地拋棄所有舊的事物，甚至包括拋棄超自然的事情。」[57]

在 19 世紀末期至剛踏入 20 世紀時，西方傳教士之間在基督教神學思想上的差異和對抗相對來說不算嚴重，彼此尚可維繫著一種互讓互諒的精神，對大部分的基督教信仰內容依然互相認

---

57 " 'Puzzled' (A Letter from a Missionary Father to His Son)", *The Chinese Recorder* 55, Issue 8 (August 1924): 539-540.

同。[58] 到了清末民初，傳教士對於基督教神學思想和信仰內容的隔閡便越發增加。他們不但在傳教工作的目標出現分歧，在基督教的終極性上，傳教士因長期居住中國，對中國的傳統宗教和文化有更深的認識，領略其中的道理和精義，故認為上帝在中國的傳統典籍也會啟示真理和教訓。一些傳教士提出中國儒家與基督教的會通，其中有傳教士甚至相信佛教具有基督教的本質。至於對末世論的看法，基要派與自由派人士亦出現嚴重分歧。前者一般抱有前千禧年論點，相信基督將會在福音傳遍天下各地時復臨人間，展開千禧年國度；自由派人士則認為末世論應以人為本，天國的實現就是建立人間的理想社會，而前千禧年觀點只是來自猶太教的啟示文學，在二千年的教會歷史裏已經否定了其可信性。其他範疇如涉及聖經的權威、基督的本質和身分，基要派和自由派人士的觀點也大相逕庭。[59] 1920 年，由一群保守派傳教士組成的中華聖經聯會（The Bible Union of China），使兩派的神學立場更趨明顯對立，他們強調該組織的成立為要竭力爭辯從前聖徒的真道，其信仰宣言中表明：「耶穌基督是主和救主的神聖；祂由童女所生，為罪犧牲，救贖世人；祂從死裏復活；《舊約聖經》和《新約聖經》中的神蹟；聖靈的位格和工作；個人的重生及其作為基督徒投身社會服務的先決條件。我們重新確定，我們相信全部

---

58 賴德烈（Kenneth Latourette）著，雷立柏譯：《基督教在華傳教史》（香港：道風書社，2009），560。

59 林榮洪：《中華神學五十年：1900-1949》，116-118。

《聖經》都是上帝默示的話，並且是基督徒信仰、行為最終的權威根據。」[60]

中國教會中的基要派人士普遍認為，基督教的使命純粹屬於福音性的性質，教會不是為了承擔文化上的責任而建立，其角色和任務在於拯救人的靈魂。每一個民族的文化之內皆充斥著世人的罪惡，這也是中國傳統文化存在的問題，所以福音不可能與文化認同或結合。中國基督教佈道家、基督徒會堂創辦人王明道表明教會與世界的對立關係，因世界無一不被敗壞，它已在黑暗掌權者的控制之下，如此敗壞和充滿罪惡的世界是沒有挽救的希望。[61] 王明道將末世觀結合於其教會觀，認為上帝不會聚焦在人類已被罪惡敗壞的文化中，他的盼望乃指向教會，因教會是基督用祂的寶血所買贖的，通過神的恩典而除去瑕疵和污穢，與基督聯合，所以教會是基督的新婦。正因如此，王氏對於重整傳統文化的議題不表關心，只有人類的救贖歷史對他才具意義。[62]

同被視為教會基要派的倪柝聲，則從另一個範疇提出類同的立場。倪氏指出自人類的先祖犯罪後，邪惡就進入了世界，由撒但管轄，所以世界的體系與神敵對，而屬世的事物牽涉「世界的物質、饋贈、財富、利益、宴樂等等，雖是虛空、短暫的，卻激起我們的慾望，並引誘我們離開神，所以是攔阻我們向著基督的

---

60 *The Bulletin of the Bible Union of China*, Statement of November 25, 1920，引自林榮洪：《中華神學五十年：1900-1949》，118。

61 王明道：《耶穌是誰》（香港：弘道，1962），3。

62 林榮洪：《中華神學五十年：1900-1949》，220。

障礙」，[63] 故神對世界也不會作出妥協。涉及人類文化的活動包括政治、教育、文學、科學、藝術、法律、商業、音樂等等，都是構成世界（kosmos）的事物，不過這些事物卻被撒但利用，而構成世界的每件事皆與神的旨意相違。[64]「撒但在利用物質的世界，世界的人，世界上的事物，至終將一切歸一在敵基督的國裏。」[65] 因此，倪柝聲只重視傳道和使人靈魂得救這些屬福音性的任務，反之輕看社會改良、文化重整等文化上的責任，視之為最終「落到屬世的標準，去追求屬世的目的」、成為「世界上的事」，[66] 而這也是當時許多教會中基要派人士的看法。

20 世紀初期中國教會所關心的神學本色化，其實也關乎到釋經的過程。但當時的中國教會尚欠缺一套成熟的釋經學。倪柝聲持守的靈意釋經和人性觀，使他有時不免過於高舉主觀的領會多於聖經客觀的真理；王明道則忽略別人的體會故而否定聖經註釋書籍的價值，他往往偏重於聖經字面上的意義、以及倚靠聖靈的光照去瞭解聖經。[67] 1910 年代後期至 1920 年代，留學美國的中國基督教人士如劉廷芳、趙紫宸等陸續畢業回國，他們因在美國受到自由派神學思潮的影響，便將當時西方流行的神學思想也帶進

---

63 倪柝聲：〈不要愛世界〉，第一篇，〈世界系統的背後〉，載於福音書房編輯部編：《倪柝聲文集》，第 19 冊（台北：福音書房，1991）。

64 倪柝聲：〈不要愛世界〉，第一篇，〈世界系統的背後〉、第二篇，〈遠離神的趨勢〉，載於福音書房編輯部：《倪柝聲文集》，第 19 冊。

65 倪柝聲：〈不要愛世界〉，第一篇，〈世界系統的背後〉。

66 倪柝聲：〈不要愛世界〉，第二篇，〈遠離神的趨勢〉。

67 林榮洪：《中華神學五十年：1900-1949》，232。

中國教會。擔任北京大學及燕京大學教授的劉廷芳，提出採用歷史批判學的方法去研究聖經，以科學性和歷史性的新視野來糾正傳統教義。[68] 趙紫宸歸國後，也承認自己的宗教經驗「美國化」、「理性化」，屬於一種新派的思想。[69] 聖經在推崇科學和理性的風氣下，需要以批判學和考訂學來重估其價值，[70] 於是內容中涉及超自然的成分如神跡、童女生子、復活等事，便被高舉科學的中國基督徒所質疑、甚至摒棄。[71] 這些自由派神學觀點往往遭到教會基要派人士的非議，視之為偏離正統的思想。[72] 從基要派的立場看自由派，就好像長老會傳教士白秀生（Hugh White）所說，唯有走上分離的路，才能夠拯救自己的信仰。[73]

2. 韋卓民的文化神學：把自由派與基要派融合的神學合流，強調文化相融時又能承傳傳統教義

韋卓民在 1910 年代後期前往美國深造時，已曾為自由派神學

---

68 Timothy T. F. Lew, "China's Renaissance – The Christian Opportunity", *Chinese Recorder* 52 (May 1921): 303, 319-320.

69 趙紫宸：〈我的宗教經驗〉，載於燕京研究院編：《趙紫宸文集（第三卷）》（北京：商務印書館，2007），143-144。

70 趙紫宸：〈聖經在近世文化中的地位〉，載於燕京研究院編：《趙紫宸文集（第三卷）》，57。

71 林榮洪：《中華神學五十年：1900-1949》，141。

72 趙紫宸：〈我的宗教經驗〉，143。

73 Hugh White, "We Must Separate to Save Our Faith", White Papers, PHS, Montreat, NC, 5，轉引自姚西伊：《為真道爭辯：在華基督教新教傳教士基要主義運動（1920-1937）》，210。

領軍人霍金的學生，[74] 他的學術背景及成就非常配合當時自由派的體系，但韋氏的神學卻並非在霍金的流派中，反倒他的神學能把自由派的學術與基要派對傳統信仰的承傳互相整合。

（1）能欣賞自由派的人格唯心論，但卻堅守基要派基督事件的救贖觀念

耶穌基督是畢生以上帝的意志為自己的意志，因為他的意志原來是父的意志，他畢生以懇切親愛、心悅誠服的態度，去實行天父的意志，而一言一行、至死不變地實行出來，確是完全人的模範。但是模範只是模範，怎能使我們陷入罪惡深淵裏無力自振的人們從罪惡的勢力解放出來？模範無論怎樣完全，果能增加我們抵抗惡勢力的力量嗎？當然一個崇高偉大的模範，是給我們無限的興奮，叫我們向著標準盡力奔跑，但是人們的經驗普遍是「道則高矣美矣，如若登天然，殆不可及也！」[75]

韋氏是直接的回應人格唯心論的看法。他的老師霍金以人格表達絕對（Absolute）的特質，而藉此人格的理想能表達出與造物相通；趙紫宸初期的神學體系亦以人性神學為主，忽略歷史中基督的作為，但韋氏的一句「道則高矣美矣，如若登天然，殆不可

---

74 吳梓明、梁元生編：《中國教會大學文獻目錄第三輯》（香港：香港中文大學崇基學院宗教與中國社會研究中心，1997），168；馬敏、周洪宇等編：《跨越中西文化的巨人：韋卓民學術思想國際研討會論文集》（武漢：華中師範大學出版社，1995），251-252。

75 韋卓民：《基督教的基本信仰》（香港：基督教輔僑出版社，1965），27。

及也！」表明人性固然重要，但卻是可望而不可即！故韋氏引孟子與福音的論說相交互動而提出歷史中的耶穌在救贖中唯一的地位，由此可見韋氏的救贖論觀點是與自由神學、人格唯心論所為人詬病的角度大相逕庭！

孟子答公都子的話：「中道而立，能者從之」，正如釋迦佛在入寂之先對失望而哭泣的阿難說：「法就是世尊，你須得自己努力，求入涅槃。」救主怎樣說？他說：「凡勞苦擔重擔的人，可以到我這裏來，我就使你們得安息。」（馬太福音十一章28節）救主耶穌不只是我們的模範，以道德的力量叫我們興奮，於是我們靠自身的力量模仿而失望。他是我們的救主，能使我們得著力量而勝利。「叫一切信祂的，不致滅亡，反得永生。」（約翰福音三章16節）救主贖罪的功能，不是我們有罪的人心裏主觀的一件事，而是天地間客觀的一件事。人因為違反上帝的意志為我們所預定的計劃，陷入罪惡的網羅，變本加厲，愈和上帝遠離，無法打破人神間的障礙，是客觀的事實。人恃著自己的聰明智慧，構造許多違反上帝計劃的，以求自振而終歸失敗，形成一種絕望的局面，也是不可諱言的客觀事實。在人類陷入深淵完全失望的時候，竟有上帝的道成為具體的人生，絕對服從上帝的意志，在人生中明白表現上帝的計劃，證明上帝為人預定的計劃可以實現，使人的失望變希望，證明因著信靠上帝，人不是軟弱而是剛強，也是客觀的事實。就是說，罪惡的力量，上帝已經在人生命裏徹底摧破，是一件驚人的事實。還有一點，那就是上帝的權力，在

救主耶穌的生命裏，已經加入了人類生命裏頭，成了人類歷史中一種客觀存在的力量，也是空前絕後的客觀事實。**76**

當他肯定了歷史的耶穌的作為時，他必定面對基督論的神人二性問題：

人有人的性，上帝有上帝的性，人性與神性是兩種不同的性，怎樣混合在同一的人格裏面？這問題的解答，是看我們以「性」這一個觀念作何解，假使拿「性」看作為一種實體，當然神性與人性不可並存。若是我們認為上帝之為上帝，因為他有一定的意志，在事實上可以表現出來，今有人焉，完全以上帝的意志為他的意志，他的意志雖是他一個人的意志，而實在就是上帝的意志，豈非上帝的意志和這個人自己的意志在這人的生命裏是二而一、一而二嗎？耶穌在客西馬尼園裏祈禱說：「父啊，你若願意，就把這杯撤去，然而不要成就我的意思，只要成就你的意思。」那時候人的意志和上帝的意志顯然是兩個，在將合而未合之際。此後耶穌人的意志與上帝的意志已經合而為一，如同在耶穌生命裏，他的人的意志動作時，自起頭到終了，總是和上帝的意志合而為一，總是二而一、一而二，在十字架上，我們看見耶穌的意志完全是上帝的意志，神人合一就徹底表現了。**77**

---

76 同上書，27-28。

77 同上書，25-26。

他把「實體」的性質看為意志的看法，這又徹頭徹尾是人格唯心論的特質了，這甚至有英國形而上學者麥克塔加（John McTaggart）的影子。[78] 如何在人格唯心論的體系卻又能擺脫唯心論所引致的問題，這裏沒有處理。如果人能完全感通上帝的意志，那又是否需要歷史的耶穌在十架上的作為呢？如這樣人的超越性就已可覆蓋一切，也不需要十架的救贖了！但歷史上耶穌的救贖工作既被韋卓民肯定，那麼他便只有把人感通上帝意志的能力限制於某一範圍而取其中間路線了。因為那完全能感通的能力被他稱為「道則高矣，殆不可及也！」當詳細瞭解韋氏的聖靈觀時，便能察驗此能力不能從人的一方發出，而唯有藉聖靈的能力。這亦展現出人雖在創造中被賦與其超越性，但因犯罪的緣故，只有通過耶穌基督十架的救贖、聖靈的工作，才能使人秉行那充滿意義及豐盛的人生。故韋氏的神學對於人性的超越、基督拯救、罪得救贖的論據使自由派與基要派得以整合；而對聖靈的重視也使他的神學與靈恩派能貫連。

---

78 麥克塔加於 1890 年代開始為英國劍橋大學三一學院的著名學者，對於上帝、自由及不朽的概念作出了研究。麥奎利評論他的神學時指出麥氏重視上帝、自由及不朽的概念，自我不只是它的身體的活動，甚至如果身體被視為自我的伴隨物，它可能是在一個身體被破壞時，自我傳遞到另一個身體。更甚的是，我們不能爭論從物質的短暫性到自我的短暫性，因其構成是完全不同的。在這些可從一個物體傳遞到另一個的可能性之爭論中，所暗示的進一步在麥克塔加闡述不朽的思想中發展。Macquarrie, *Twenti-eth-Century Religious Thought*, 51-52.

（2）韋氏的聖靈觀

罪惡的力量，上帝已經在人生命裏徹底摧破，是一件驚人的事實。還有一點，那就是上帝的權力，在救主耶穌的生命裏，已經加入了人類生命裏頭，成了人類歷史中一種客觀存在的力量，也是空前絕後的客觀事實。最應注意的，這個已經進入了人類生命中上帝的力量，不是已過了歷史的陳跡，而是現在實有的力量，只要人類願意虛心接受，都可以使用……聖靈的能力，可以隨時隨地用種種出人意料之外的方式，啟發我們、引導我們、約束我們，使我們歸依基督，增進我們的信仰……感覺到聖靈以種種出人意料的方式，運行在奉主的名而生活的人們中間。[79]

韋氏在黑格爾的影響下，聖靈在信徒彰顯是清楚表達的，我們還需瞭解他有關歷史的基督、人的超越及靈如何的參與的概念。

韋卓民的神學體系在他強調文化綜合的角度上，是帶著他老師霍金的影子，尤其是折衷主義，在他綜合的文化觀中，加上他在自由神學訓練上的造詣，很容易把他歸入純以創造為中心的神學分析；但當我們仔細的檢視其對基督教信仰的理解及對信經的持守時，[80] 所看見的圖像卻是截然不同的！這是一種「綜合的模

---

79 韋卓民：《基督教的基本信仰》，28-32。

80 韋卓民：《基督教的基本信仰》；《使徒信經十講》（香港：基督教輔僑出版社，1955）。

型」（The Synthetic Model）。[81] 綜合（Synthetic）在處境神學中既能保存在福音信息中真確及傳統教義的繼承，同時亦能在文化的向度上得著超越；所以韋氏的神學是嘗試把焦點放在啟示與創造的中間位置，強調中國文化的特質，以中國文化來豐富基督教傳統，更提出要以認識及批評的態度來綜合不同的文化，以去除各文化的黑暗面，故此他並沒有否定在文化的表達中人類的罪性或過分渲染其超越性，而啟示／傳統於此時亦帶著重要的地位，傳統的基督論、歷史中的耶穌也得以保存在此系統之中。

---

81 貝萬斯（Stephen B. Bevans）以施尼爾（Donald Senior）及司徒麥勒（Carroll Stuhlmueller）以舊約各不同傳統之合成（包括文化、神學等）作為此綜合之論據。貝萬斯指出此模型是「既」／「又」(both／and) 的模式，既能處理文化變遷，又能保有傳統的資訊。此模型的優點是：(1) 傳統教義及文化神學之相融合：這模型的特色是一方面嘗試保存福音資訊，另一方面又要保存傳統教義陳述傳統的重要性，但同時亦要承認文化在神學，甚至神學討論議程中，已扮演著其所能扮演的重要角色。此外，這綜合模型會著重反省及思考的行動，以免在發展一門神學時，會忽略社會及文化變遷的複雜性。(2) 綜合不同文化、神學，讓其繼續發展；綜合模型在清晰表達信仰的方法及內容上廣納其他文化及神學表達的資源。這樣，一個綜合的模式就在一人的文化觀點及其他人的觀點中得以發展起來。(3) 秉承黑格爾的辯證系統。綜合模型奧妙之處在於它嘗試了黑格爾的思辯原則，不單只是妥協於將不同的東西放在一起，而是以有創意的方法，經辯證後發展成一套各人皆能接納的觀點。這模型或可稱為「皆能接納的觀點」。這模型或可稱為綜合「辯證模型」。貝萬斯對此模型的總結是：綜合模型基本假設了男與女所處身的人類文化是集成的性質，而這模型的追隨者認為在每一個文化或環境中皆有其獨特的元素和一些與其他文化或環境中共通的元素；然而人類學模型的追隨者在理論上或會承認這點，但他們較著重於某個文化或情境獨特之處。總括來說，因一個人的身分是出於包含兩者的對話，所以綜合模型所看重及強調的不單是個人或情境的獨特性而是兩者的互補性。Stephen B. Bevans, *Models of Contextual Theology* (New York: Orbis Books, 2000), 82-83.

（3）韋氏使傳統教義與文化相融

（a）他如何運用神學上的方法論使傳統與文化相融

韋卓民運用了傳統的理論 —— 道基督論：

「道成肉身」的道理，是基督教的基本信仰。離開這道理，就
沒有甚麼基督教。這道理說：上帝的道，從太初就有，同上帝同
在，就是上帝那道，成了有血有肉，有情有意，完全像我們一樣
的一個人，然而這個人，他生命裏，又完全表明上帝的本性。[82]

正如蒂利希對基督論的分類，一種是嗣子的基督論，上帝以
聖父（或是道或靈）的方式以獨生（begetting）、靈感（inspiring）
及收嗣（adopting）拿撒勒人耶穌為兒子；另一種為神聖存有（divine
being）轉化成為人（become man in an act of transformation）。[83] 明
顯的韋氏此處是用了基督的神性由三一上帝中的第二位格去理
解，他深明道基督論可能出現的問題：

那就是說上帝從天上下了凡嗎？道成人身，是像我們中國傳
奇小說所說的，我佛如來大雄寶殿前，那隻大鵬鳥，因一時幹了一
件不應該幹的事，打落人間，成為世人，好去懺悔贖罪，然後再回

---

82 韋卓民：《基督教的基本信仰》，19。

83 Paul Tillich, *A History of Christian Thought: From Its Judaic and Hellenistic Origins to Existentialism* (New York: Simon and Schuster, 1968), 80.

來天上一樣嗎？這種傳奇的神話，流傳在中國通俗小說裏面的有很多。別國如古代希臘東方的印度，在宗教的神話，也有不少例子。我們不要以這些神仙下凡的故事，來比擬基督教的道成人身。[84]

他的看法正如蒂利希（Paul Tillich）於 1957 年發表《系統神學》（*Systematic Theolôgy*）第二冊中的記載：

「神成了人」這並不是自相矛盾、而是不合常理的陳述。……因此較好是說為一個成為人的神聖的存有和引用「神的兒子」或「屬靈人」或「出於天的人」（Man from Above）等名字，因它們是聖經慣常的用語。用以上任何的一個尊稱並非無意義，但有危險性。原因有兩個：第一，除了上帝之外，神聖的存有帶有多神論的含意；第二，道成肉身從神話處詮釋過來，神聖的存有變質成為了自然物體或人的存有。這樣的道成肉身遠遠離開了基督教的特性，反之，它成為了異教的特性，在它其中，沒有神可以超越祂所站立的有限的基底。因此，在多神論中，神話內的想像並不難把神聖存有（divine being）轉化為自然事物（natural objects）及人類（human beings）。在基督教中，無限制的使用『道成肉身』這詞會製造異教或至少有迷信的含意。[85]

---

84 韋卓民：《基督教的基本信仰》，19。

85 Paul Tillich, *Systematic Theology*, Vol. Two (Chicago: The University of Chicago Press, 1957), 94-95.

筆者並不能證明韋氏發表於 1949 年的言論乃先於蒂利希 1957 年的系統神學第二冊，是因為仔細查考蒂利希於 1949 年在其發表的論文〈道成肉身論的再詮釋〉（"A Reinterpretation of the Doctrine of Incarnation"）中已有相類似的言論，[86] 筆者引用賴品超的研究：

在 1949 年出版的一篇文章中蒂利希表示，他愈發懷疑很多人是以一種神話和迷信的方式去使用道成肉身這概念，對這些人來說，道成肉身是指有一個神聖的存有經歷一種變異（transmutation）或變質（metamorphosis）而成為一個人，這是一種能在所有異教中找到的多神論的神話（polytheistic myth）。……蒂利希的論點是，若用轉化的字眼，道成肉身的概念是預設著有一個存有轉化成一個人。但由於上帝是那存有（the Being），而非眾多存有物中的一員，故此，字面地理解道成肉身和以轉化的角度去詮釋，都是錯誤的，甚至是偶像崇拜。蒂利希並非要摒除或否定『道成肉身』這重要的觀念，他所作的是嘗試避免對道這象徵作字面主義式的扭曲的危險，並要排除對那些異教含義和超自然主義的對教義的詮釋。[87]

---

86 Paul Tillich, "A Reinterpretation of the Doctrine of Incarnation", *Church Quarterly Review* CXLVII, no. 294 (1949): 134.

87 賴品超：《開放與委身》（香港：基督教中國宗教文化研究所，2000），197-198。

韋卓民不諱言他不會放棄道成肉身的道基督論：

　　剛才說的「道成人生」，是用「生命」的「生」字，不是用「身
體」的「身」字。不錯的，在《約翰二書》裏面明白的說「道成
肉身」。《約翰二書》並說「世上有許多迷惑人的出來，他們不認
耶穌基督是成了肉身來的；這就是迷惑人、敵基督的」（約貳7）。
予何人斯，敢不從同《聖經》話語？ **88**

　　但他卻強調對道成肉身的詮釋應有更深的瞭解：

　　但是《第四福音》和《約翰福音》寫成的時代，正是提倡肉
身為邪惡的學說盛行之時。救主降生成人，有人的身體，那身體
是血肉的身體，並非虛幻的身體。猶太人是相信血肉的身體不是
污濁，正如我們中國人不輕視身體一樣，所以很自然的相信道成
了肉身，以符歷史的事實。但是在今日的中國，沒有這種的需
要，我們似乎可以強調上帝的道，不只在肉身上顯明出來，而且
在整個的人生顯明出來。血肉的身體有他的生死，人生又何嘗不
有它的始終？道成人生，不是一件佔著時空間某一點的事，而是
繼續在一長段時空間的事。**89**

---

88 韋卓民：《基督教的基本信仰》，20。
89 同上書，20-21。

韋氏一方面運用道基督論，而另一方面也採納了聖靈基督論：

> 聖靈和聖子耶穌有甚麼關係？有時我們也稱聖靈為耶穌的靈。這種說法，根本上雖沒有錯，但我們要知道感動耶穌的也是聖靈。福音書豈不是說：耶穌在約旦河受了約翰的洗之後，聖靈降在他的身上，並且引他到曠野去嗎？我們稱聖靈為耶穌的靈，因為我們受了聖靈的結果，我們就充滿了耶穌的生命，並且成為耶穌身體的肢體，去做耶穌的工作。凡是團體和個人得著靈感而工作，那種工作必定合乎歷史的耶穌所啟示的上帝的意志，那才可算為聖靈的工作，不然的話，就不可稱為聖靈的工作。原來聖靈的工作，是使「基督在我們裏面」。[90]

當我們仔細分析韋氏所用的聖靈基督論時，甚至此聖靈的工作或許是互補其道基督論，更甚至可以覆蓋道基督論；但當韋氏引用其聖靈基督論時，有關聖靈的能力傳遞也沒有忽視！甚至聖靈之臨在是先於接受聖道！

然而「基督在我們裏面」和「我們受了聖靈」兩句話，是一樣的意思嗎？不是的。我們本身的力量，不能接受基督，使他住在我們的生命裏，必定要上帝的聖靈先感化我們，我們才能接受耶穌基督。使我們接受基督的是聖靈。所以先要有上帝的聖靈感

---

90 韋卓民：《使徒信經十講》，30-31。

化了我們，我們才能接受基督；接受了基督，才能有基督在我們裏面，使我們成為新人。我們新的生命，不是我們聽道之後，因自己努力去承認耶穌而得來的。[91]

　　這裏表達的，甚至是指在歷史工作的聖靈就是在耶穌基督身上的聖靈，這可能引致聖靈基督論取替道基督論，如這樣繼續道的思想，我們一定會發一個疑問：為何一定是委身耶穌？耶穌是否一個偶然的媒介？但是韋氏卻又認真的說明道成人生不是偶然的事件：

　　再次，我們要注意，道成人生，不是一件偶然的事，而是由於上帝的本性，從起頭就在上帝創造天地萬物和人的計劃當中。我們要相信這一點，才明瞭《尼西亞信經》「在萬世以先，為父所生，從上帝出來的上帝，…… 生不受造，與父一性」的意義。道成人生雖是上帝自有始以前計劃的一部分，然而「在十字架遇害，埋葬」不是由於上帝原來的計劃，而是由於人的罪惡。在人所造成罪惡的世界裏面，由上帝的道而成為人的基督，不得不受苦害，在罪惡的世界裏，不從罪惡的人手裏受害的，不能成其為救主！[92]

　　因為上帝要將自己的本性，向人表明，所以才有天地萬物和

---

91 同上書，31。

92 韋卓民：《基督教的基本信仰》，21。

人的創造。天地萬物和人的創造，原是上帝本性的自然流露，並不是偶然的事。而上帝本性向人的表現，最好莫過於表現在人的生命裏面，所以道成人身，是上帝向人啟示其本性過程中，必有而又必定是最後一件事。上帝計劃中，如何要人去做人，須得要上帝自己在人生裏明白啟示，所以「道成人生」。[93]

　　韋氏沒有解釋其道基督論與聖靈基督論的關係，但他採納了聖靈基督論來補足道基督論，卻正正替他的文化神學提供了一個很重要的進路。在西方教會中因信經中「和子」（filiogue）的概念使聖靈附屬於耶穌之下，使我們不能在聖靈裏察看上帝的普遍性的臨在，令致西方的神學極具排他性，除耶穌基督外便忽略了其他的啟示來源，而韋氏所作的正正是除去「和子」的問題，秉承東方教會的信經，並因此打開從不同文化而觀察上帝普遍性的啟示。[94] 至於如何能避免聖靈基督論取替其道基督論，卻可在近世中

---

93 同上書，20。

94 東正教神學家羅斯基（Vladimir Lossky）所述西方神學的困局：「西方神學模式在架構上有嚴重危機。基督中心論與上帝中心論同時皆有削弱聖靈的工作的傾向，而西方教會所接受的『和子』(filioque）一詞正好反映出這種趨勢。」羅斯基認為，「和子」的觀念正是要聖靈附屬於耶穌之下，以至危害到三一的教義。這使西方教會單單集中於「上帝」身上，而不在父、子和聖靈。並且把聖靈降格為由耶穌所賜予教會的一種能力而已，而不是在聖靈裏察看到上帝自身的一種宇宙性、普遍性的轉化性的臨在。這使西方神學在以下兩者中艱苦地左搖右擺：一是對耶穌的排他（exclusive）的專注，另一是對變成為聖靈的代替品的人類之主體性的纏結（obsession）。然而，韋氏的立場卻避免了此危機。見 V. Lossky, *The Mystical Theology of the Eastern Church* (Crestwood, N.Y.: St. Vladimir's Seminary Press, 1976)。

以三一論的方式解決，[95] 正如拉納的處理即能保有道基督論及聖靈基督論。[96] 韋氏所指的尼西亞信經乃是在 325 年之最初版本，而韋氏所持守的乃 325 年時代的尼西亞信經「遠在教會未分裂以前」（參韋氏《使徒信經十講》之二），他指出其後「文字略有修改」，他所言及的「文字略有修改」，是指在 589 年後（第三次托萊多大主教會議 The Third Council of Toledo 之後）西方教會加上「和子」之觀念，並於尼西亞信經中 "the Holy Ghost... who proceedeth from the Father" 之後加上 "and the Son"。筆者須指出，韋卓民的神學是揚棄「和子」的觀念（589 年後之尼西亞信經）而保留東方之神學立場，而他所持守的乃 325 年的尼西亞信經。「〈尼西亞

---

95 有關涉及三一論的討論，拉納（Karl Rahner）的基本原則是：經世三一（economic Trinity）即內在三一（immanent Trinity），他根據希臘神學，聖父是上帝，既是為首的（fontalis），亦是神性之源，而聖子與聖靈由此而出。神聖位格的合一不在於一種普遍的本質（如奧古斯丁和多馬所述），乃是在聖父的位格當中，亦在一種神聖位格的互滲互存。以聖父為首把聖子與聖靈而出的主題，用於救贖歷史本身。這個把東方和西方的遺產編織在一起的方法實在是十分優秀。上帝的自我溝通是表達於聖道和聖靈，顯然地，這一點與屬靈的兩種活動 —— 知道（knowing）與愛（loving）—— 是息息相關的。拉納將神聖自我溝通的兩重性（two-foldness）應用於救贖歷史中，而此神學反思是內在性三位一體教義，起始點是在歷史中我們所經歷的救贖和知識。在這救贖的安排內，我們經歷到當中的差異性與合一性，但這兩種不同的性質，均能夠反映出上帝的實際狀況。即是父、子、聖靈既不只是人的說法，它們與上帝的實際狀況是互相呼應。三位一體所顯現的上帝即顯現的上帝，而這能強調上帝的自我溝通表達於聖道和聖靈，也就是同樣重視聖道基督論及聖靈基督論的原因了。

96 有學者以貝萬斯的「創造中心取向」的方向指出：「因此，這種創造神學是一種持續的創造神學，即肯定上帝是不住在創造之中，與人保持著連繫性。韋氏的宗教與文化神學不單是這種持續創造的神學，它也結合了三位一體的神學觀念來建構。」引自陳廣培：〈韋卓民的宗教與文化神學述論〉，《中宣文集》創刊號，（2001 年 2 月）：49。

信經〉確是起源於紀元三二五年尼西亞的教會大議會，以後文字
略有修改，但大致相同 …… 這兩種信經，都是遠在教會未分裂
以前，整個大公教會所承認的。〈尼西亞信經〉是教會正式議會通
過，而〈使徒信經〉是由習慣所形成的。〈尼西亞信經〉是教會全
體對於正宗教義之一種宣言，而〈使徒信經〉是個人在受洗時的
一種信仰的表示。」[97] 韋氏提出教會以使徒信經和尼西亞信經強調
的「信三位一體的上帝為其中心」是正宗的信仰教義。當我們小
心細察《使徒信經十講》所表達的信息，卻是韋氏堅持使徒信經
的持守 —— 表達他對傳統之持守。

（4）協調綜合中、西文化的神學思想

要持有同情的觀察及耐心的研究，就能發現中國的許多特徵
與西方特徵，即使基本上不同，也是可以協調的。在我們對韋卓
民的研究中，可仔細分析其中關於中國文化與西方文化（基督教
為主）的一些分歧與共通之點。

（a）道成肉身與天人合一

基督教的愛在道成肉身中顯出其真諦，而儒家之仁亦在感通
天地而引發，故萬先法與馬敏皆對韋氏所提出之道成肉身與天人
合一、耶穌之愛與儒家之仁有仔細的描述。[98] 萬先法與馬敏對韋氏

---

97 韋卓民：《使徒信經十講》，2。

98 萬先法提出他循基督的最大誡命 —— 愛來思想，再衍生出饒恕、赦罪、愛敵人，及
第三點基督教中的孝敬父母與儒家之仁、孔子的「己所不欲，勿施於人」、「孝弟也
者，其為仁之本與心」作比較。參萬先法：〈以溝通中西文化來紀念韋校長卓民 ——
參加新埔工業專科學校卓民樓奉獻典禮上講詞〉，轉引自《臺灣聖公會通訊》，第24

的研究皆提出，韋氏於《中國文化之精神》一書中把「仁」譯成 "the virtue of perfect humanity"，藉此表達出韋氏把儒家著重於倫理性的教導能在其英譯中與基督之愛的道理相融。從他們研究的起始點出發，我們不難明白儒學所言「人之仁心，是無所不運，而與天地萬物為一體。人在平心靜氣，莫有私慾時，不都能對於一切人類一切生物都有情嗎？」[99] ……「人只有嚮往此理想之心（仁心），我即可指出，人之此心即是一既照顧到我自己之生命心靈要求，而且要照顧到一切人之生命心靈要求，與整個自然世界之存在，而加以涵蓋持載的心。亦即為一成己成物，而贊天地之化育的心。人之順此心而生之情意行為，無論其所抱理想之具體內容如何，皆是期在成己成物、贊天地之化育之情意行為。人有此心與順此心而發之情意行為，人之心才可稱為真正充量昭露顯發其生生存存之理或性的心，而成為絕對至善之心。此即人之最高的道德心。」[100] 儒家所言之最高的道德心是指能感通天地，明白造化的心意，並對一切受造之物存愛心情意。正如韋氏所言耶穌的意志亦即天父之心意，其愛亦如上帝的愛：「若是我們認為上帝之為上帝，因為他有一定的意志，在萬事上可以表達出來，今有人焉，完全以上帝的意志為他的意志，他的意志雖是他一個人

期 1 卷（1978 年 1 月）。馬敏於《韋卓民基督教文集》之序言中相同提出「饒恕、赦免、愛仇敵」等論點，提出「仁者愛心」是非常接近基督教教義中的愛。馬敏編：《韋卓民基督教文集》（香港：漢語基督教文化研究所，2000），序言 xxii-xxiii。

99 唐君毅：《心物與人生》（台北：學生書局，1989），177。

100 同上書，186-189。

的意志，而實在就是上帝的意志，豈非上帝的意志和這個人自己的意志在這人的生命裏二而一，一而二嗎？……道成肉身是一個完完全全人的意志，在一生言行意念中，將上帝的意志徹底地表現出來。」**101** 可見韋氏所指之儒家之仁與耶穌之愛實有其互相融貫之處。

（b）中國之上帝觀與基督教（西方）之上帝觀

韋氏在〈古代中國人之宗教信仰及其對中國民族性之影響〉一文中展現出中國人之上帝觀念及西方對此觀念之誤解：

(i) 當時西方學者之誤解

菲博（Dr. Faber）以為中國「天」字，完全不允許具有一種人格神之含義的說法，是沒有好多根據的。中國人沒有用清晰的思想，予以識別。他們既不學於一種確切而斷然的觀念，也沒有對那些用以表示各種意義的名辭，予以特殊化。所以當『天』字，用在經典中具有許多不同意義的時候，對於一位這樣幸運地擁有希臘人心靈的西方學者，那也是西方的共同傳統，在他初次接觸中國文獻，要他來下結論說古中國人對上帝的觀念，是不具有人格神，而只是泛神的或自然神的。那是不用驚訝的。**102**

---

101 韋卓民：《基督教的基本信仰》，25-26。

102 Francis C.M. Wei, "Religious Beliefs of the Ancient Chinese and Their Influence on the National Character of the Chinese People", *The Chinese Recorder* 42 (June 1911): 323; 中譯見於韋卓民：〈古代中國人之宗教信仰及其對中國民族性之影響〉，載於雷法章等編：《韋卓民博士教育文化宗教論文集》（台北：韋卓民博士紀念圖書館，1980），6-7。

然則古中國這種上帝的性質如何？是不是一種人格神有如耶和華（Jehovah）或者祂僅被視為與自然相等，有如一個泛神論者看祂的神性呢？對這個問題的回答，要在古經典中。在我們討論之前，我們必須審慎地把在古中國文獻中所使用「天」字的各種意義予以區別，俾以獲致古代中國人對於上帝的一種確切而清楚的觀念。首先，「天」表識著散佈地球上可以看得見的蒼蒼者天，譬如中庸上有一段：「今夫天斯昭昭之多，及其無窮也，日月星辰繫焉，萬物覆焉」（第二十六章）其次，用以表示自然本身。易經上說「天生萬物，聖人則之」。（繫辭上）第三，用以表示命運，有如孔子所宣稱「天喪予」。（先進）最後，用著超越存有之代表，如孔子之友人所說：「天將以夫子為木鐸」。（八佾）聖人自己也用這一語辭表示同樣的意思。當他忍不住地對他一個愛好虛榮門弟子說「吾誰欺，欺天乎」。（子罕）**103**

　　我們必須擺脫文字字面的桎梏。文字常常誤引人。我們要嘗試，在每個例證上，要去獲得那些字所欲表達的真正意念，而不是造成那些字的本身。把這點牢記於心，我們然後才能毫無偏見地進而追詢甚麼是應歸於古代中國人之對上帝，他們崇拜之並事之若宇宙之主。**104**

---

103 Wei, "Religious Beliefs of the Ancient Chinese and Their Influence on the National Character of the Chinese People", 323; 中譯見韋卓民：〈古代中國人之宗教信仰及其對中國民族性之影響〉，6。

104 Wei, "Religious Beliefs of the Ancient Chinese and Their Influence on the National Character of the Chinese People", 323-324; 中譯見韋卓民：〈古代中國人之宗教信仰及其對中國

(ii) 中國人「上帝」之觀念與西方相似皆是具人格化的

　　使得學習中國經典的人第一個印象，就是古代中國人把上帝看成一位完全不可見的存在。在經典裏，上帝很少有人形的跡象。這是一個很好的說明，在古代中國文獻裏，較之其他民族的宗教典籍，人神同形論（anthropomorphism）很少，希伯來人也不例外。幻想經常是人神同形論的根源。中國經典中缺少人神同形論，部分地可歸因於古代中國人較少想像力。這種想像力之缺乏，也是中國藝術遲緩發展的原因。但這也不過是一部分解釋而已。要是不承認中國人有一個信仰上帝的高貴觀念，那是不公道的，這個觀念，於初民中，是不常見的。……上帝被視為莊嚴光耀。在詩經大雅皇矣篇裏，上帝被描述其偉大與顯赫。『皇矣上帝，臨下有赫』。同書，周頌臣工之什，又有數行：『明昭上帝，迄用康年』。抑且，在現代科學家之間，也常有一種思想 —— 都說上帝是機械律的主人，祂做完祂的工作，而且用許多力量，把必要的彈簧配置於機械之中，使工作妥適地運轉，然後上帝遠離於這世界，再不關懷世人 —— 這類說法，在古代中國人找不出一樣。照古中國人想法，上帝是『臨下有赫』的。『上帝臨汝，無貳爾心』。這又是在詩經裏兩句最顯著的詞句。（大雅，大明篇）……，可以顯知上帝是不可見的，莊嚴的，榮耀的，和無所不能的。但有些人並不滿意，以為中國對上帝是泛神的觀念。

　　民族性之影響〉，7。

我們怎樣把泛神論中之神與上帝加以區別？抑上帝是否人格神或僅僅是一種非人格的盲目力量？簡言之，從『上帝』這個名詞之稱呼，就顯明可對其問題之回答，上帝一辭，對中國人來說，便是至高的存有。『帝』（te）很顯明地含有人格意義。所以這並不需要展開辯論，來說明中國一神論，是十分擺脫任何泛神論的痕跡。[105]

(iii)「上帝」之觀念蘊含普世之意念

關於中國人的上帝觀念，尚有一點，頗堪一提。中國人之上帝，不是一族或一部落之上帝。古中國人視上帝為其統治者，但祂的統治領域，遠由中國達於四裔。祂不屬一個地域之主，乃人類共主。祂懲罰苗族，有如懲罰夏代帝王一樣。大禹征苗之時，誓師時便謂「濟濟有眾，咸聽朕命。蠢茲有苗，昏迷不恭，侮慢自賢，反道敗德，君子在野，小人在位，民棄不保，天降之咎。」（大禹謨）這就是古代中國人在經典裏所提供的上帝觀念。[106]

---

105 Wei, "Religious Beliefs of the Ancient Chinese and Their Influence on the National Character of the Chinese People", 324-325; 中譯見韋卓民：〈古代中國人之宗教信仰及其對中國民族性之影響〉，7-8。

106 Wei, "Religious Beliefs of the Ancient Chinese and Their Influence on the National Character of the Chinese People", 328, 403; 中譯見韋卓民：〈古代中國人之宗教信仰及其對中國民族性之影響〉，11。

（c）永生與來生及靈魂不滅

韋氏對中國人的來生及靈魂不滅有很仔細的闡釋：

就須對來生觀念本身以密切地省察。關於來生觀念，中國古
代文獻，比較地沉默，缺乏記載，僅僅只有少數地方似乎接觸到
這點。在詩經中，文王的神靈，被描述列在帝左右。所以大雅首
篇文王之什就詠到：「文王在上，於昭於天。周雖舊邦，其命維
新。有周不顯，帝命不時，文王陟降，在帝左右。」

再者，在書經裏，我們也有一章，似乎命令有些殷代賢哲之
君，可進入天國。「天既遐終大邦殷之命，茲殷多先哲王在天。」
（周書，召誥）不過這些記載，僅談到一些賢哲之君在死後，擬想
可進入天國，在帝左右，以作為他們在地上德性生活的報償。[107]

古代中國人沒有死後復活與末日審判的觀念。但肉身毀滅
後，靈魂繼續存在是相信的，不管是善魂或惡魂。它存在於奧秘
處，稱之為鬼。在禮記中，孔子關於鬼，對他的門弟子（譯者
按，指宰我）說：「眾生必死，死必歸土，此之謂鬼。骨肉斃於
下，陰為野土，其氣發揚於上為昭明。」（祭義）「鬼有所歸，乃
不為厲。以其無歸，或為人害。」禮記上又記載古之人供祭泰
厲、公厲、族厲，以其死去無後。（譯者按，祭法）孔穎達疏「泰

---

107 Wei, "Religious Beliefs of the Ancient Chinese and Their Influence on the National Character
of the Chinese People", 408; 中譯見韋卓民：〈古代中國人之宗教信仰及其對中國民族
性之影響〉，16-17。

屬者，謂古帝王無後者也……公屬者謂古諸侯無後者，諸侯稱公，其鬼為屬故曰公屬。……族屬者謂古大夫無後者鬼也。族，眾也。大夫眾多，其鬼無後者眾，故言族屬。」故原作者英譯為 "the discontented ghosts of kings, princes, and ministers" 極合古義。因此屬鬼不會安息，當他們沒有後嗣，歲時供祀。**108**

韋氏把來生及靈魂不滅的概念與聖經的思想相融合：

但是第一次歐洲大戰之後，因為許多人都有親朋在戰場上犧牲性命，那些犧牲的，儘是有為青年，一旦死去，他們的生命就完了嗎？是不是還有一個將來？我們回頭來打開一部《聖經》裏的話不是十分清楚，大都是象徵的話，代表作者那個時代的思想。《聖經》裏的觀念，彼此時有出入，叫我們不能得著準確的瞭解。但是在新約《聖經》裏，有一點是很確定的，那就是死了的人將來要復活。聖保羅在《帖撒羅尼迦前書》四章說：「我們若信耶穌死而復活了，那已經在耶穌裏睡了的人，上帝也必將他與耶穌一同帶來……有上帝的號吹響，那在基督裏死了的人必先復活。」在《哥林多前書》他又說：「但基督已經死裏復活，成為睡了的人初熟的果子。死既是因一個而來，死人復活也是因

108 Wei, "Religious Beliefs of the Ancient Chinese and Their Influence on the National Character of the Chinese People", 408-409; 中譯見韋卓民：〈古代中國人之宗教信仰及其對中國民族性之影響〉，17-18。

一人而來。在亞當裏，眾人都死了，照樣在基督裏，眾人也都要復活。……若死人不復活，我們就吃吃喝喝罷，因為明天要死了。」[109]

　　韋氏把中國「賢哲之君在死後，擬想可進入天國」及「肉身毀後，靈魂繼續存在」與新約中之復活相配合，以使中國傳統之思想與聖經思想作共融之嘗試！

　　不但如此，韋氏更從西方的精神研究及哲學角度說明我們不能否定靈魂不滅：

　　人死了以後，還是生命不斷，這是科學不能用事實證明的一件事。歐美對於這件事也研究過多少時候。精神研究（Psychical Research）是很普遍的一種運動，但是一直到今日，它的結果還是不滿人意，不說是一般近於無聊的舉動比較膚淺，涉及迷信，就是那些把它作為很莊重的研究而工作的人還是不得要領。哲學對於這個問題，因為沒有事實的根據，惟有保持一種存疑的態度。十八世紀德國最偉大的哲學家康德在他的《純粹理智評判》（Kritik der reinen Vernunft）那部傑作裏，證明靈魂不滅這一問題是人的理智不能置否的。但是他在另一部偉大名著《實用理智評判》（Kritik der Praktischen Vernunft）裏說，人只要談到人生的實踐必須認定三種基本原則，其中的一種就是靈魂不死。這種理論一直到現在還

<hr>

109　韋卓民：《使徒信經十講》，39-40。

沒有哲學家能夠把它推翻。所以人死後生命繼續存在這一點，雖是事實所不能確實證明的，但是哲學和宗教卻一樣地予以默認。我們至少可以說，科學和哲學都無法去否認。[110]

（d）中國之孝與基督之孝愛

韋氏把孝在祭祖上表現出來，他把祭祖清楚的訂定，第一層面是基於對靈魂不滅之發展而成，第二層面是中國有識之士的孝敬先祖，及第三層面則是韋氏當時的現象：

（i）對鬼神之信仰

……很自然地說明為甚麼祖先崇拜之實行，或者是由於肉體死後、靈魂的來生觀念而來。簡言之，靈魂是被信為是在鬼之狀態下繼續存在，而且具有較高的官能，以致能夠意識到子孫的行動。不僅如此，它的安靜，全賴於生者的歲時供祭。在這種信仰之下，一種純粹的職責感，已足夠導致古人供祭死者，作為一種對已去世的成員的家庭責任。因而我們可以說祖先崇拜的發源，在於對鬼的信仰，這種信仰，通常盛行於初民之間，至今尤為迷信所支持。[111]

---

110 同上書，40-41。

111 Wei, "Religious Beliefs of the Ancient Chinese and Their Influence on the National Character of the Chinese People", 409; 中譯見韋卓民：〈古代中國人之宗教信仰及其對中國民族性之影響〉，18。

(ii) 飽學之士的孝愛

　　……受教育的人和飽學之士的祖先崇拜，確具有一種十分不同的情懷。禮記一書，一般認為漢代所出，在解釋祭祀祖先的意義和目的方向，鬼的因素，很少有地位。這不需要太瑣細來研討該書，就可深信祖先崇拜，代表著兩大情況，（一）作為生者懷念逝者的手段。（二）作為父母去世後，兒女孝心之表達。[112]

(iii) 現今之情況

　　但在這世界上，無法免除腐敗。今日中國人的祖先崇拜，已不是在經典中所代表的祖先崇拜。純篤的孝思，誠摯的恭敬，再不多見於祭祀行為之中。沒有甚麼，只有冗長而乏味的禮節。由於道教佛教的散佈，已穿上可驚的迷信外衣，其真實意義，只有少數人所能知道。祖先崇拜，已不再是古典的，因為它已為道、佛所俘獲。[113]

　　所以韋氏把中國之祭祖中表達的孝愛，在現今世代中視為與

---

112 同上。

113 Wei, "Religious Beliefs of the Ancient Chinese and Their Influence on the National Character of the Chinese People", 412; 中譯見韋卓民：〈古代中國人之宗教信仰及其對中國民族性之影響〉，21。

中國傳統的孝道全然變質，而披上「迷信的外衣」，與基督教的孝敬父母不同，但在飽學之士中的孝愛對雙親的懷念卻又有共通之處。

（5）以中國文化詮釋並綜合不同宗派神學系統之倡議

在韋卓民第一次留學時，就已拜美國哈佛大學霍金教授門下，學習當時西方的文化神學理論；後來他負笈英國，拜讀於霍布豪斯教授及斯特理特教授的門下，這些都是當時西方最知名的哲學家及神學家。韋卓民對西方哲學的深入瞭解，使他得以在新中國建立後在華中大學專職教授康德及黑格爾的哲學。正如海德格爾指出，黑格爾的思想建立就是承接了西方二千年時間所建立的一種自身的綜合，其中涉及人在時間及經驗中的一種自身相關連的思想運動的貢獻。[114] 韋卓民一方面承接了西方對於知識論、時間、經驗上對西方哲學的充分瞭解，去除了一種對時間線性的表面體會，深入瞭解到在文化累積中的關聯性，以及在綜合過程中不同時段的經驗在相互關係下累積而成為最終的實踐，所以這並不是一種舊式的認識論——由理論至實踐，而是一種具有相互關係影響的認識論。另一方面，他著重對中國文化的探索。筆者曾對韋卓民的博士論文作出研究，[115] 在韋氏的博士論文中，展現

114　見頁 174 第五章註 13。

115　筆者與韋卓民的曾外孫趙子柳（Lev Navarre Chao）於 2017 年 4 月 3 日在香港的訪談中，曾向他介紹於 12 年前到英國倫敦大學尋找韋卓民的博士論文。當時學者只知道韋氏的論文名稱為〈孔門倫理〉。筆者幾經搜尋後，終於在倫敦大學的內部資料中找尋到論文的原始資料，其名稱應是〈中國道德傳統及其社會價值的探討〉

出中國文化內裏所發展的自我認同，乃由對中國不同時段的歷史中所發生的不同經驗，包含了歷史的不同事蹟、儒家、道家、佛家等的不同傳統相互作對話，有機的整合出對文化的凝聚 ── 昨天所發生的事情並不是一種過去，而是對今天和將來的影響。在不同的交互影響中，隨著反省以使文化不斷向著超越的方向，這可能是一種主體與他者的接觸、主體與強勢他者的接觸，甚至是主體與主體的接觸。這是一種真正的揭露自己、明白自己、聆聽他人的過程。韋卓民對於文化的凝聚，是以中國本身的國學為研究對象，但這卻又與西方的哲學家有交匯的地方，故此在他的研究中正展現著一種中西文化的融合，這就是他所說的一種新的出路 ── 一種中國文化並不要求在維持，而是在於深深地扎根於過去，從中國文化中那些「好的東西」，去「發展」成為一種「通過中國文明的闡釋」。[116] 韋卓民對於他的神學建構就是基於以上的脈絡，一種對時間的知識論轉向，強調在不同時段的經驗能使民族像有機體般作文化的累積。所以在日本侵華的經歷中，體現了民族的團結合一，而這團結又推進至各宗派的神學合流。這種合流能通過對於不同系統的深入瞭解而作出綜合，在反省與批判中去除了膚淺的、又保有具深度的，這將成為一種扎根於中國

（ "A Study of the Chinese Moral Tradition and Its Social Values" ），筆者並以此文章作研究。有幸趙子柳數年前以韋卓民後人的名義，邀請倫敦大學把論文複印，收錄於2016 年出版的《韋卓民全集》中，故讀者今天可於該卷全集中看到這篇文章。

[116] Francis Wei, "The Preservation of Chinese Culture and Morality in the Face of Changing Conditions," *Educational Review* 16, no. 4 (1924): 395-404.

以往的傳統，而發展成為一種新的貢獻，也是一種通過中國文化的詮釋綜合了以往不同宗派的神學系統的倡議。

三、趙紫宸的教義神學能與韋卓民的文化理論並行，建立具中國特色的演繹

1930 年代中國受日本侵略期間，趙紫宸作為北京燕京大學宗教學院院長，在日軍佔領燕大後，他與大學的師生被監禁六個多月。這次個人的獄中經驗對他具深遠影響，他在獄中深入反思如救贖論等神學問題後，揚棄他以往對基督論的見解，亦修定其他神學上的看法。[117] 趙紫宸於 1930 年代後，出現了思想的突破，揚棄西方的人格主義和自由主義。[118] 有感於西方哲學思想限制了上帝在邏輯的框架之中，[119] 趙氏表明要擺脫西方哲學思想及神學系統的架構，建立一套屬於中國的神學系統。[120]

---

117 古愛華著，鄧肇明譯：《趙紫宸的神學思想》（香港：基督教文藝出版社，1998），190-191。

118 同上書，187-189。

119 趙紫宸：《基督教進解》（上海：青年協會書局，1947），128-132。

120 同上書，9。趙氏指出，其目的是「脫出西人傳述之窠臼，樹立漢家獨立之旌旗」。

1. 趙紫宸後期轉向為在中國文化下體現傳統基督教信仰的教義神學：與韋卓民之神學不謀而合

（1）神學思想的轉向

趙紫宸在 30 年代中主要關注基督教和社會的問題，但二戰結束後，趙氏對基督教主要的觀念卻出現了另一番體認。吳利明認為趙紫宸神學思想之徹底轉變，關鍵正是在於其被囚禁的經驗；[121] 但古愛華則提出，趙氏思想上的轉變隱約可見於 20 年代後期，不能將之視為完全始於獄中的經歷，因趙氏被日本人囚禁之前，已顯示出他的靈性生活得以深化，思想上亦出現基本的轉變。[122] 面對中國的政局不穩及國家危機，趙紫宸發現他以往對倫理的理解並不能疏解當前局勢的具體挑戰，基督教在中國的實際處境中未能發揮期望中的果效，但同時這卻進一步深化了他的神學見解。他認為基督教的倫理需要體現於真實的生活，使人的靈性氣質得以改變，[123] 帶來生活上的改革。[124] 然而，隨著國家政局日益嚴峻，世俗主義對社會的影響反倒越發加深，趙紫宸在這些社會形勢之下失去了先前樂觀的想法。[125] 趙氏重視基督教信仰在

---

121 吳利明：《基督教與中國社會變遷》（香港：基督教文藝出版社，1981），50-52。

122 古愛華著，鄧肇明譯：《趙紫宸的神學思想》，191。

123 同上書，203。

124 趙氏表明「在方法上信十字架的道路，即是上層中的人物進入下層中的人間，求生活改革的道路。」趙紫宸：〈學運信仰與使命的我解〉，《真理與生命》第九卷，第 8 期（1936）：458、465。

125 趙紫宸認為「以世界的現勢與中國的民族性而論，在近幾百年中，基督教也許不能為人類為中國唯一的信仰 …… 從今以後，基督教在中國只能為一小部分人的宗教。」

中國的體現和推行儒家的理念，抗拒世俗主義和近代中國的人本主義，[126] 他認為基督教需要回應當前大多數中國人的問題，才能被中國所接納；[127] 不過實際上他領略到其社會倫理主張沒有果效，而他對教會失責的批判則不斷增加，指出教會的形式和組織不能適切於中國人的處境。[128] 1930 年代中期，趙紫宸對於基督教在中國的表現感到消極，致使他強烈批評中國教會及教會領袖，但同時開始了他對於基督教在中國的前路產生新的見解，重新釐定基督徒在當中的角色，促成趙氏神學思想的重大轉變。[129]

（2）與歷代基督教教義吻合的神學：上帝論－基督論

趙氏指出在歷史進程中，有一個獨一、掌管一切、超乎人的主宰，[130] 上帝是這位化育萬有的大主宰，[131] 祂是全然的超越者，與人之間存在一個鴻溝，[132] 這與趙氏早期提出的人格論大相逕

趙紫宸：〈中國民族與基督教〉，《真理與生命》第九卷，第 5-6 期（1935）：285。

126 古愛華著，鄧肇明譯：《趙紫宸的神學思想》，207。

127 吳利明：《基督教與中國社會變遷》，36。

128 趙氏尤其失望於教會無法帶領青年人走上正途，以致他們追求個人事業或投身共產主義的運動，對基督教卻不感興趣及委身，甚至有許多年青人因中國的教會未能面對當代國家的需求而離開教會。古愛華著，鄧肇明譯：《趙紫宸的神學思想》，208；吳利明《基督教與中國社會變遷》，36。

129 古愛華著，鄧肇明譯：《趙紫宸的神學思想》，208。

130 趙紫宸：《基督教進解》，4-5。

131 同上書，108。

132 林榮洪：《曲高和寡：趙紫宸的生平及神學》（香港：中國神學研究院，1994），249。

庭。¹³³ 依趙氏之見，上帝擁有兩個屬性：超越的屬性和道德的屬性，¹³⁴ 這兩種屬性並沒有相衝突之處。上帝之超越屬性透過宇宙萬物彰顯出來，道德的屬性則要透過人去顯示出來。¹³⁵

(a) 上帝論：從超越性看上帝的啟示

人要認識這位超越的主宰，只能倚靠上帝親自所給予人的啟示。¹³⁶ 基督教的啟示，正是上帝自己發出的話語；¹³⁷ 趙紫宸將上帝的啟示分為普通的啟示和特殊的啟示，前者是指上帝透過自然、歷史、先知等基督和聖經之外的途徑去啟示自己，¹³⁸ 後者是指限於基督在聖經和教會中的啟示，即限於聖經上所記載的和遺傳的教義。¹³⁹ 這時，趙紫宸認為憑人的經驗和內蘊已不能體會和掌握到真正的生命，唯有由上帝的超越而確定的實在才能達

---

133 趙紫宸：《基督教哲學》，燕京研究院編：《趙紫宸文集（第一卷）》（北京：商務印書館，2004），126-135、164、256。趙氏提出人與上帝同性，兩者的本質是相同的；上帝的本質成就了祂獨特的人格，而祂的人格就呈現於創造的活動中。上帝的創造活動不斷在進行中，故人也需繼續此不斷的創造，而藉著人的行動亦可使上帝得榮耀。

134 趙紫宸：《基督教進解》，108。

135 趙紫宸：《神學四講》（上海：青年協會書局，1948），17-18。

136 同上書，1-2。因為人不能自動認識上帝，乃要先「由上帝之先自動以動我，然後我方才知道」。趙紫宸：《基督教進解》，29。這亦是邢福增所提出的「獨特性」：上帝是超越的上帝，祂的道成肉身是藉著耶穌基督去啟示，而不用依靠在哲學、倫理和意識形態上。邢福增：《尋索基督教的獨特性 —— 趙紫宸神學論集》（香港：建道神學院，2003），32。

137 趙紫宸：《神學四講》，3。

138 鄧紹光：〈趙紫宸後期神學思想中的啟示觀（1938-48）〉，《華人神學期刊》第 1 期，第 4 卷（1991）：63-75。

139 趙紫宸：《基督教進解》，106。

至，[140] 可見趙氏已揚棄了他早期的思想。[141] 雖然趙氏仍然認同人對上帝的真正認識「在乎親知」、在乎上帝（知者）與人（被知者）的感通，但主動的啟示卻是在上帝一方（知者）。[142] 基於這樣的啟示觀，趙紫宸並不接受證實上帝存在的理論，[143] 因為「上帝不可證，只可信」，[144] 既然連人尋求上帝之心，也是出於上帝首先呼召人，人才有尋求的意欲，這就是上帝存在的憑證，而「耶穌基督就是上帝存在的確證」、「基督與基督教是上帝唯一的見證」。[145] 自由派神學持有由下而上的立場，創造的人通過文化和經驗尋找上帝。不過，現在的趙氏所堅持的是由上而下的啟示，[146] 這必須通過上帝自己的啟示，而上帝的啟示必然是通過耶穌基督。[147]

---

140 古愛華著，鄧肇明譯：《趙紫宸的神學思想》，188。

141 趙氏的早期思想是認為在人神同性的基礎下，人透過其內心的「至誠」可與上帝直接心靈相通。趙紫宸：〈聖經在近世文化中的地位〉，《生命》第一卷六冊（1921）：17。

142 趙紫宸：《基督教進解》，28-29。

143 林榮洪：《曲高和寡：趙紫宸的生平及神學》，248。

144 趙紫宸：《基督教進解》，108。

145 同上。

146 趙紫宸受到巴特（Karl Barth）的思想影響，他論及巴特的著作有《巴德的宗教思想》。林榮洪亦指出趙氏的思想有不少地方得力於巴特，其中以他對啟示的詮釋尤甚。林榮洪：《曲高和寡：趙紫宸的生平及神學》，222。另一學者吳利明同樣推測趙氏受到巴特的影響。吳利明：《基督教與中國社會變遷》，51。

147 「聖經上所載的耶穌基督的啟示以及教會所保所遺傳的教理作疏解。」趙紫宸：《基督教進解》，116。

(b) 基督論

有關於趙紫宸救贖論的瞭解，進入 21 世紀後，林鴻信所提出的〈同一的救法〉一文中，[148] 指出趙紫宸所提出的同一救法，在於成旨與同一，分別在他的《基督教進解》與《神學四講》提出其論據，顯示在趙紫宸的救贖論中，特別指出在西方神學家所提出的代替論上的不足之處，這種成旨及同一的方向，成為 21 世紀研究趙紫宸神學的一個趨勢。[149] 筆者指出這種代替論的代表人物包括 11 世紀的神學家安瑟倫（Anselm），是一種當時英國式強調法律的詮釋系統。而在啟蒙運動後的神學家，多指出一種罪或功德的轉移的弱點，[150] 而安瑟倫的代替觀念（Substitution），也是德國神學家巴特（Karl Barth）所強調的。正如上文所提出，趙紫宸一直反對巴特的學生克雷瑪的不連續性。而這種代替論容易引致一種誤解，以為人在救恩的參與不需要努力；這也是由安瑟倫及改教運動的一些領袖所提出的。其實傳統的信經如使徒信經及尼西亞信經，並沒有代替的概念，西方這種代替的神學觀念，正正導致了行為與相信的分割。前文所述趙紫宸早期在自由派神學中，亦深明這種西方神學的弱點，當他的神學觀由自由派轉向

---

148 林鴻信是莫特曼的學生，而莫特曼的神學是一種由上而下、由下而上的方向，故筆者認為林氏提出這個方向是十分合理的，而筆者也認為近代中國神學家趙紫宸和韋卓民亦同樣有此由上而下、由下而上的方向。

149 Chen Yong-Tao, *The Chinese Christology of T. C. Chao* (Leiden: Brill, 2017), 257.

150 Alister E. McGrath, *Christian Theology* (Cambridge, Mass: Blackwell, 1997), 352.

回歸教會，這是一種既重視教會的承傳[151]而又重視三位一體的信仰，特別在強調中國文化的神學家所不能忽略的聖靈在不同文化中的工作。這一種是強調在教會傳統中由上而下的啟示、也同樣強調由下而上（由人的一方努力）的神學，這種神學體系，在上一章中曾提及與韋卓民的神學不謀而合，就是一種既強調三一論中的聖靈工作，也強調傳統信仰，就是使徒信經及尼西亞信經在教會承傳中所強調的正統。

趙氏論到認識基督時，先以人的墮落和救恩出發。上帝創造世界後，人因墮落犯罪而與上帝隔絕，所以上帝要親自來到世上，話成肉身，向人作出啟示，完成再造的工程，趙氏稱此為成身論。[152] 話要先存和永在，才可成就話成肉身，故話的先存乃是成身論的先決條件，趙氏指出聖經、普世性的神話以及中國的哲學思想皆有對此作出引證。[153] 他承認「耶穌是真人，又是真神」，[154] 此觀點乃回到初期教會的傳統信經中，接納人神兩性在耶穌基督裏面合而為一，[155] 由此否定了他早期認為耶穌只是完全的人的想法，[156] 耶穌不再是他以往所想的自救而救世的人。[157] 趙

---

151 筆者所指出的傳統教義，乃是使徒信經及 325 年之尼西亞信經。

152 趙紫宸：《神學四講》，20。

153 同上書，21-22。

154 趙紫宸：《基督教進解》，110。

155 趙紫宸：《神學四講》，27-29。

156 古愛華著，鄧肇明譯：《趙紫宸的神學思想》，154。

157 「人類有耶穌，有耶穌那樣圓滿，巍峨的人格，也便是人類能自救的明證……耶穌的救法，一點一橫都是教人自己發心，努力直前，在上帝愛的生命裏作自救的事

氏的基督論沿用了古教會於腓立比書的用語，但其基督論卻是一個強調人為出發點的方向，像他的早期神學強調人的努力奮鬥，而耶穌也是經過學習和奮鬥才變為完人，此證明他和上帝的親密關係，古愛華認為這是把基督論的要素放入一個新的模式。[158] 筆者認同古氏的見解，而更要提出的是另外一個更重要的看法，趙氏不單把自由派的基督論中人努力達至基督精神的元素與基督救贖的事件連為一，當然是後者代贖為重，前者為輕，但這卻能配合傳統中國以道德為重的文化要素。故以下筆者論及其救贖論是救贖與成聖結合，帶出其道德論而配合中國文化的道德之情，亦建立了中國式的神學。

（3）中國式的神學 —— 一種強調救贖論與成聖論不可分割的神學體系

筆者早於 2013 年在神學院教授中國式神學的課堂上，已經提出在趙紫宸所建構的中國神學中，強調一種救贖論與成聖論不可分割的關係；有關這一研究，筆者亦曾於 2014 年在美國福樂神學院及英國曼徹斯特大學發表。[159] 對於上帝的救恩和救恩的成就，趙紫宸作出了詳細討論，他認為「人有罪惡」，「不能自救」或「自

功。」趙紫宸：《基督教哲學》，載於燕京研究院編：《趙紫宸文集（第一卷）》（北京：商務印書館，2004），140。

158 古愛華著，鄧肇明譯：《趙紫宸的神學思想》，235-236。

159 筆者發表的文章為："*Hexie* Theology (Harmony Theology)"，美國福樂神學院「中國神學」講座，2014 年 4 月 24 日；"New Development of Chinese Theology: *Hexie* Theology (Harmony Theology)"，英國曼徹斯特大學「中國基督教的全球地域化」(Glocalization of Chinese Christianity) 國際會議，2014 年 5 月 15 至 16 日。

超於死亡」，[160] 故他反對將人的自救成為救贖的先決條件，[161] 可見他放棄了早期自由神學的立場。趙氏提出了耶穌的死對於成就救贖的意義，並稱之為「成旨論」。[162] 依趙氏之見，耶穌藉著聖靈的能力住在人間並作救贖工作，使救恩成就；[163] 耶穌基督的「代替」其實是「為我們」成就的意思，他代替我們去作我們無法做到的事，包括代替我們找到和作成制勝罪惡的法則、代替我們打破死亡，故耶穌基督的死成為了我們得救贖的法則，而我們所要作的道德責任則是努力奮進去成聖。[164] 宗教與道德因著聖靈的內住而得以結合，而信徒在救恩的進程中，人格得以提升以達至更完美和更統一的境界。[165]

筆者同意古愛華所說「趙氏對耶穌的死和救恩的獲得作道德化的解釋有以致之」，[166] 他能夠將耶穌的死與救恩相融合。然而古氏認為，在神學上趙氏的問題是將成聖、稱義分得不夠清

160 趙紫宸：《神學四講》，45。

161 古愛華著，鄧肇明譯：《趙紫宸的神學思想》，237。

162 趙紫宸：《基督教進解》，133-135。成旨論包括以下五個重點：（1）耶穌的死完全地彰顯了上帝的愛的極致；（2）耶穌的死具有德化萬民的能力，使萬人歸信上帝；（3）耶穌的死戰勝和制伏了世界的罪惡勢力；（4）耶穌戰勝了死亡，人格因此不至於因罪而死；（5）耶穌的死見證了他與上帝同等的實在性，亦見證了他是世人「超罪入聖、出死入生」的道路。

163 古愛華著，鄧肇明譯：《趙紫宸的神學思想》，238。

164 趙紫宸：《神學四講》，49-50。

165 林榮洪：《曲高和寡：趙紫宸的生平及神學》，261-262。

166 古愛華著，鄧肇明譯：《趙紫宸的神學思想》，239。

晰，**167** 但筆者認為這反而是趙氏神學的獨特之處，就是他提出稱義時卻避免與成聖分割，此一長處使人在得著稱義的救贖地位時，亦能強調人在生活中需要經驗聖靈給予成聖的過程。這是在中國值得提出之處，就如 1930 年代的國民政府許多官員都以稱義的地位表達其基督徒的立場而與西方交往，但從他們的道德及財政上的貪污，卻肯定未能順服聖靈，在成聖的道路上走得不遠，這亦是基督教在當時中國未能發揮作用的原因；故這一點是我欣賞趙氏作為中國神學家所提出適切的神學理論。趙氏把自由神學中人的努力與古教義配合，代贖為先，努力為後；亦把稱義與成聖相提並論，目的是能帶出一個與傳統中國文化道德核心相配合的價值系統。獨特的是基督的代贖，配合的是在人一方的努力，由此進路可以瞭解趙氏的道德論。

趙紫宸認為中國出現的問題其實是一個道德問題，**168** 要解開中國道德崩潰的問題，使道德的行為發生，只有扎根於超越的上帝，**169** 因為上帝是人類倫理道德的基礎。**170** 趙氏看救恩為基督教倫理的前設，「救法要在人的行為上生效率，人與人群必須有道德的生活與行為」，**171** 人獲得救恩後，才能向耶穌的為人學習。**172** 因

---

167 同上。

168 趙紫宸：《基督教的倫理》（上海：青年協會，1948），2。

169 古愛華著，鄧肇明譯：《趙紫宸的神學思想》，261。

170 「上帝自己，上帝之愛，高出人上，才是人類倫理的基礎。」趙紫宸：《基督教進解》，160。

171 趙紫宸：《神學四講》，58。

172 林榮洪：《曲高和寡：趙紫宸的生平及神學》，273。

此，耶穌基督的啟示是基督教道德倫理的根源，通過耶穌基督，上帝向人啟示了善範、誡命、標準、權能和歸宿，[173] 而聖靈則會在基督徒倫理生活中，給人「有辨別的知識、選擇的指示、與夫實行的力量」。[174] 至於教會作為基督的身體，她的角色就是要使基督教的道德實現於世界之中。[175]

筆者指出此中國式的神學能補足西方神學，如拉納（Karl Rahner）早期已指出西方神學忽視一整全的三一論，[176] 因此使聖靈論、成聖論成為次要。正如 1989 年英國基督教協進會的報告中，也指出一種忽視完整三一神學而出現的問題，[177] 故此「一種具特色的中國基督教神學」是把稱義與成聖並重，又與初期教會的啟示及基督論相配合，這正是由韋卓民提出之文化理論，以多種文化下的方法去瞭解多維度面向的實在，也令趙紫宸把救贖論與成聖論相提並論，從而帶出一種具特色的中國神學體系。趙紫宸的神學因以往強調自由派的立場而被看為「不信派」，但當檢視趙氏後期的神學時，卻可看到一種既能持守基督真實救贖行動

173　趙紫宸：《神學四講》，60-61。

174　同上書，62。

175　「教會是基督的身體，信徒是基督的肢體，整個的聖會是一個繼續耶穌基督的，逐漸成形的話成肉身。她的聖工是使超越的基督教的道德，貫注在現實世界之內。」同上書，76。

176　Karl Rahner, *The Trinity* (New York: Crossroad, 1997), 16-17.

177　卡拉（Costa Carras）、托蘭斯（James Torrance）：〈被遺忘的三位一體〉（"The Forgotten Trinity"），載於漢語基督教文化研究所編：《現代語境中的三一論》（香港：漢語基督教文化研究所，1999），141。

的重要性，又能從學術、文化的探討建立一種救贖論與成聖論並重的文化神學。這種具有倫理特色的中國式神學體系，在地域化下的中國能使中國人民具有其道德感及能力，而對西方把救贖與道德分割的局面提供方向。若把趙紫宸看為「不信派」，顯然會容易忽視他的神學，使我們失去了那能通往瞭解多維度面向的實在的出路，也失去了我們能貢獻全球地域化的機遇。

研究趙紫宸的學者經常面對一個困難，當他們看到趙紫宸在最後一封給古愛華的書信中說：「我不曾是一個真正的神學家，我未能擔起應該屬於我的擔子。」因著政治的困難，加上文革帶來長期的困難，趙氏已多年沒有參加基督徒的聚會，這對於研究趙紫宸的學者來說，也帶著一絲的心灰意冷。對於趙紫宸的研究，古愛華當時認為趙氏一方面強調實踐，但另一方面卻又贊成退回到靈性上的內省（introspection），這對古愛華而言卻是不能瞭解的，而古氏就把原因歸咎於當時的環境變得非常惡劣。[178] 筆者在2014 年 4 月 26 日北京大學的講座後，應邀到燕京神學院以「趙紫宸的教義神學」為題主領學術講座，隨後獲全國基督教協會副會長邀請探訪趙紫宸的兒子趙景心教授。筆者藉著這次探訪，訪問他對於父親趙紫宸的往事。當筆者問趙景心有關他的父親在後期是否已放棄了信仰，也不再到教會聚會，這其實是許多研究趙紫宸神學的學者所重視的問題。趙景心談到自己熟悉古愛華，並指出以下的對話是他首次有勇氣表達出來的。他說父親在晚年耳朵

---

178 古愛華著，鄧肇明譯：《趙紫宸的神學思想》，305。

不好，所以每次父親見古愛華時，都是由他在耳邊傳話。趙景心提及在父親晚年時，他對父親說：「父親，您不是不再到教會、也不是放棄了信仰嗎？為甚麼您每天晚上還和母親一起讀聖經及祈禱呢？」趙紫宸回答說：「您是小孩子，不會明白這些事情！」趙景心當時已 50 來歲，他明白原來在當時政治困難的時候，中國的基督徒所面對的困難和壓力是外人難以理解的。這使筆者明白到在趙紫宸的思想中，為何他一方面強調社會的參與，但在某程度上他卻退回到個人靈性上的內省。今天中國的政治環境已比前寬鬆，基督教重新在中國的土壤上成長，而中國文化也再次回歸，我們需要在全球化中再瞭解地域化的特色。趙景心現在已經 96 歲，但思維仍非常清晰，他明白到今天可以將這個以往不能告知別人的秘密向我道出，這對於研究趙紫宸神學的學者來說，是何等的一種鼓舞。這對研究趙紫宸神學的人並不是一個句號，趙紫宸正經歷神學學者的限制，他的經驗已慢慢的帶我們離開文化、神學建構，向著真實的經歷進發，而這也是開展對於宗教經驗的向度了。

2. 中國神學的體現：趙紫宸的中國化聖詩 [179]

趙紫宸建構的中國本色化神學，不單是一套具有理論性和系

---

[179] 本章節獲邀刊載於由國際著名出版社 Brill Publishers 所出版、並由牛津大學及曼徹斯特大學的學者合著之著作 *Sinicizing Christianity* (Leiden; Boston: Brill, 2017），另部分內容曾於 2014 年 4 月 26 日由北京大學高等人文研究院舉辦的「燕京大學與現代中國的博雅教育傳統」國際學術研討會中發表。

統性的教義，享有中國聖詩之父之稱的趙紫宸，他所建構的中國神學能以聖詩作為一種載具（vehicle），將此種中國式的神學及其背後的理論展現出來，[180] 因他體會到：「我所信的基督教雖從西方傳來，由英美人講授，也還因為我自己的需要，自己的解釋，不必全賴西方的思想。老實說，西方人還等待著我東方的闡解，作新穎透闢的貢獻 …… 要幫助教會，使教會自立、自養、自傳、自理，成為中國本色化的、不靠外人的教會。」[181] 趙紫宸對中國化聖詩的重視，正是因他「一貫主張中國教會必須有自己的神學，中國教會要由中國信徒自己來主持」。[182]

（1）一種以中國神學為靈魂、以中國音樂為外表的中國聖樂

趙氏發展的是一種具中國特色的神學的中國化聖詩，已由外衣發展至內心，這不是一種像香蕉一樣黃皮白心的果實，而是一種外在形式由中國曲調、中國詞彙所表達、而內裏更是一種具中國神學作靈魂的聖樂。趙紫宸採用韋卓民的文化神學，表達出一種通過中國民族而能夠豐富普世基督教的文化觀。[183] 這體會與蒂

180　趙氏的音樂逐漸由中國化聖詩發展至中國化的聖樂作品、神曲。見燕京研究院編：《趙紫宸聖樂專集》（北京：商務印書館，2013），201-325。

181　趙紫宸：《繫獄記》，11、67，引自王神蔭編：《讚美詩（新編）史話》（上海：中國基督教協會，1993），63。

182　王神蔭編：《讚美詩（新編）史話》（上海：中國基督教協會，1993），63。

183　有關於趙紫宸如何欣賞韋卓民在文化神學上的理論的過程，可見於趙紫宸：《萬方朝聖錄》，載於燕京研究院編：《趙紫宸文集（第三卷）》（北京：商務印書館，2007），332-380。筆者撰文闡述趙紫宸運用韋卓民之文化神學而再發展中國本色化之神學理論，詳見拙作："The Development of Indigenous Theology in China: The Cases of Francis Wei and T.C. Chao Revisited", *Asian Christian Review* 8, no.1 (2016) (forthcoming)；

利希的神學方法相吻合。[184] 基於這種神學方法的運用，趙氏發展出一套以中國人性情來豐富基督教的中國神學。

趙紫宸強調稱義與成聖並重的意義，當人得救贖而被稱為義時，同時需要著重在生活中經驗聖靈的引導以至於邁向成聖的過程。這樣就突顯中國人的掙扎奮進精神，就像基督掙扎奮進完成救恩一樣，展現出在中國神學中人性裏積極奮鬥的一面。[185] 不單如此，趙紫宸發展他的中國神學，還在於他明白儒家在中國整個文化發展史中的重要。他的神學強調一種救贖與成聖並重的神學系統，這可避免了西方一些只偏重於恩典而缺乏人的回應的神學體系。趙氏指出，人接受神的救恩後，需要在聖靈的能力裏響應，使其生命進入成聖過程。這就發展出一種救恩與成聖並重的神學了。[186]

中國式聖詩的例子展現於趙紫宸《民眾聖歌集》中，其中在〈晚禱歌〉裏，清晰地展現了趙氏這一點的神學：基督是一個

〈具特色的中國基督教神學 —— 韋卓民的文化神學與趙紫宸的教義神學〉，《華東神苑》1（2014）：7-16；〈韋卓民的文化理論〉，《華東神苑》6（2011）：22-28；〈韋卓民之對等文化〉，載於陶飛亞、劉義編：《宗教‧教育‧社會：吳梓明教授榮休紀念文集》（上海：東方出版中心，2009），140-155。

184 Dennis Tak-wing Ng, "The Development of Indigenous Theology in China: The Cases of Francis Wei and T.C. Chao Revisited", *Asian Christian Review* 8, no. 1 (2016) (forthcoming).

185 Ibid.

186 Ibid. 另可見於 "New Development of Chinese Theology: *Hexie* Theology (Harmony Theology)" 發表於 2014 年 5 月 16 日英國曼徹斯特大學舉辦之「中國基督教的全球地域化」國際研討會。

全人、也是一個全神，[187] 基督在人性裏是奮力掙扎地完成祂的使命，[188] 這在一切基督的跟隨者中亦將如是，正如耶穌説「學生不能高過先生」（馬太福音十章 24 節），所以在趙紫宸的神學裏是完全展現了基督人性的一部分。

在 1870 年依萊敦（John Ellerton）著名的晚歌 "The Day Thou Gavest, Lord, Is Ended" 中，[189] 歌詞是：

主賜此日，轉瞬已經過，遵主威令，黑夜又臨，

我們早起，向主獻晨歌，今將安息，再奏頌聲。

加上蕭勒斐（Clement Cotterill Scholefield）在 1874 年的曲調 "St. Clement"，完全展現了西方典型的晚禱歌，強調的是一種祥和、平安、感謝。但是，趙紫宸的晚歌卻截然不同，這首採用了「紫竹調」曲調[190] 的〈晚禱歌〉，歌詞説：

人生忙碌不開交，一天到晚要操勞，

187　趙紫宸：《基督教進解》，110。

188　「人類有耶穌，有耶穌那樣圓滿，巍峨的性格，也便是人類能自救的明證⋯⋯ 耶穌的救法，一點一橫都是教人自己發心，努力直前，在上帝愛的生命裏作自救的事功。」趙紫宸：《基督教哲學》，140；《神學四講》，49-51。

189　普天頌讚編輯委員會編：《普天頌讚（修正本）》（香港：基督教文藝出版社，1982），第 491 首；《讚美詩（新編）》編輯委員會編：《讚美詩（新編）》（中英文雙語本）（上海：中國基督教三自愛國運動委員會、中國基督教協會，1999），155。

190　紫竹調原是一首傳統中國兒童的歌曲。

有時要打算，有時要心焦，心上愁雲難打消。

　　不明白趙紫宸的中國式神學，是不能欣賞他這種在人心中掙扎求存的心境；這正表達出在趙氏的基督論中，基督在完全的人性裏的那種掙扎求存、完全使命的人性，[191] 正像中國人在歷史中的掙扎求存、奮力對抗國家被瓜分、內心煎熬的情懷，而這一種就是在人性中努力尋求美善（perfection）的特性。[192] 當然，如上所述，趙氏的基督論強調基督完全的人性，亦表達出基督完全的神性，每一個基督跟隨者也需倚仗在基督完全神性下的恩典。所以，對於人性的掙扎求存、達至美善的人觀，趙氏不是只偏重人一方的努力，卻是把神的恩典作為整個神學的另一邊重點 —— 就是救恩了。這是一種很平衡的神學體現，既不忽視人性的努力，也不忽視神的恩典。他以下一句「父知道恩比愁雲更加高」，且更是一再重複著這一句，以表達和強調我們需要後者 —— 基督的恩典來完成這一種人性的努力。

　　此種中國式聖詩的例子在《民眾聖歌集》中有很多，我再以另外一首詩歌〈棕節歌〉來闡釋趙紫宸神學中的基督論，確是表達了中國人的性情。如果於棕枝主日選擇進堂詩，最常用的可能是劉廷芳、楊蔭瀏在 1933 年合譯提阿多夫（St. Theodulph of Orleans）

191　趙紫宸：《基督教哲學》，140。
192　趙紫宸：《神學四講》，49-51。

的〈無量榮光歌〉（"All Glory, Laud, and Honor"），[193]歌詞是：

無量榮光和讚美，全歸救世之君，當年兒童的歌唇，「和散那」歌聲震。

戴維王家的後裔，以色列人君王，奉父聖名來世界，當受萬眾讚揚。

在此展現出一幅「奉父聖名來世界，當受萬眾讚揚」的圖畫。但趙氏的詩歌〈棕節歌〉[194]卻顯出截然不同的意境，強調一種耶穌「深知道要受難」，卻又選擇完成救恩的心情：

勇敢耶穌騎驢一直進郇城，門徒跟他行，
他深知道要受難，不留停，惟願廣大救法做完成……
勇敢耶穌騎驢一直進郇城，已經下決心，
奮鬥到底救世界，往前行，釘在架上救法做完成。

這種下定決心、勇敢奮進的情懷，正正是中國人所具有的性情，也是一種趙氏基督論中強調基督完全人性那一面的奮鬥、合一的精神，而這是一切跟隨基督者也需具有的奮進精神。當我們唱這首詩歌，使我們想起了聶耳所作的〈義勇軍進行曲〉的歌詞：

---

193 普天頌讚編輯委員會編：《普天頌讚（修正本）》，第 146 首。
194 趙紫宸：《民眾聖歌集》（上海：廣學會，1931），第 42 首。

起來！不願做奴隸的人們！

把我們的血肉，築成我們新的長城！

中華民族到了最危險的時候，每個人被迫著發出最後的吼聲。

起來！起來！起來！我們萬眾一心，冒著敵人的炮火，前進！

冒著敵人的炮火前進！前進！前進！進！ **195**

　　這種奮力對抗歷史洪流的奮進合一精神，確是中國民族在人性中趨向尋找美善的展現，難怪在 1949 年的新中國成立後，採用了它作為國歌。只有明白趙紫宸中國式的基督論，才看出這種在人性中展現的美善，亦是具有深切中國文化承傳的一種人性的努力。 **196**

---

195 Bliss Wiant, *The Music of China* (Hong Kong: Chung Chi College, The Chinese University of Hong Kong, 1965), 57.

196 此人性展現在中國傳統文化的經典中，在儒家經典四書之一的《中庸》提及：「唯天下至誠，為能盡其性；能盡其性，則能盡人之性；能盡人之性，則能盡物之性；能盡物之性，則可以參天地之化育；可以參天地之化育，則可以與天地參矣。」這種中庸的人觀，正體現在趙紫宸的許多中國化聖詩裏。哈佛大學教授、第三代新儒家代表人物杜維明，現為北京大學高等人文研究院院長，他指出這正正是他最喜歡的一段。在中國文化中，最真誠的人才能夠體現人的本性，這也使人能夠發揮他深刻的價值，所以杜氏指出不要把人看小了，人是整個宇宙創造中的一個參與者，他具有嶄新的創造力。事實上，杜教授說的不錯，這種儒家的人性觀與舊約中只有人才具有神的靈、亦只有人是神交付與他管理世界的角色相吻合，所以人應具有他對天地萬物的一種責任心，而這種責任心就驅使中國人對整個世界的和平、對環境生態的付出作上了他的貢獻，這也是神通過這一民族貢獻於世界。這是一種在中國文化展現的人觀，此人觀也與聖經中人的角色相吻合，成為一種中國神學中的人性觀。趙紫宸被稱為中國聖詩之父，不只在於他與范天祥配合了在中國民謠的搜集、佛教的用詞、儒家典禮的音樂等，而他最重要的特色卻是他參透了中國的文化與在

趙紫宸的中國式神學，另一強調的就是救恩與成聖並重，[197] 體現在〈晚禱歌〉的歌詞中：

天父聽我懇切求，天恩正像水長流，

饒赦我罪惡，安慰我憂愁，使我靈魂得自由，

這時候，求你將我妥收留，這時候，求你將我妥收留。

人生多難多苦辛，求主可憐有病人，

安慰孤與寡，救度苦與貧，引導國家得和平，

更加恩，教我們做好國民，更加恩，教我們做好國民。

所以，這裏展現了當我們得著天父的救恩，祂的天恩正像水長流、罪惡得饒赦，心靈也得著安慰，而靈魂也得著自由，趙氏強調這是天父給我們妥善的收留。在恩典中，更強調了我們的響應，是一種成聖的要求：讓我們內心真的憐憫在病榻中的病人，也讓我們懂得關心那些孤兒與寡婦，用了佛教用詞「救度」，以表示我們需幫助痛苦與貧窮的。曾經四分五裂的國家，我們更需

承傳中的教義神學融合，成了一種中國式的神學體現於他的聖詩中。詳見筆者與吳梓明教授合著之〈我們所認識燕京大學的博雅教育〉，北京大學高等人文研究院、燕京大學北京校友會：《燕京大學現代中國的博雅教育傳統國際學術研討會論稿集》，5-7；杜維明：《體知儒學》（杭州：浙江大學出版社，2012），107。

197 Dennis Tak-wing Ng, "The Development of Indigenous Theology in China: The Cases of Francis Wei and T.C. Chao Revisited", *Asian Christian Review* 8, no.1 (2016) (forthcoming); 林榮洪：《曲高和寡：趙紫宸的生平及神學》，261-262；古愛華著，鄧肇明譯：《趙紫宸的神學思想》，239。

要達至和平，求神再加添恩典，使我們能作一個良好的國民 ——
一種救贖與成聖並行的中國式神學。

（2）趙紫宸的本色化聖詩如何鼓動現今之中國化聖詩

　　趙紫宸的中國式神學承傳著歷代教會信仰，卻又能表達地
域化中的中國特色，這完全能從趙氏的聖詩創作中體現出來。
從《團契聖歌集》可看出趙氏翻譯了不同宗派、不同時期的聖樂
作品，其中亦包含了小部分的中國詩歌，而《民眾聖歌集》則突
顯了一種中國式神學及聖樂的特色。趙紫宸就是在燕京大學所主
持每一次的崇拜中，把他翻譯及新作的作品，第一時間給同學頌
唱，[198] 故初時多為油印單頁本。這可看出趙氏在崇拜中使用的詩
歌具有普世向度，亦具有地方特色。這是一種從趙紫宸發展出來
的教義神學的成果，也是具有前瞻性的文化神學。

　　《團契聖歌集》及《民眾聖歌集》分別於 1931 年 1 月及 3 月
出版，正值美以美會進行編定新聖歌集，而中華基督教會於 1931
年秋天發起合作，開始籌備編輯聯合詩本，[199] 最後引發當時六個
宗派的教會熱烈響應，[200] 是中國教會有史以來第一次共同合作的
計劃。在《普天頌讚》的 512 首詩歌中，有 62 首是創作的歌詞，

198　筆者於 2014 年 4 月與趙紫宸長子趙景心教授在其北京住宅中進行訪談。

199　王神蔭：〈中國讚美詩發展概述（下）〉，《基督教叢刊》27（1950）：67。

200　六個宗派是中華基督教會、中華聖公會、美以美會、華北公理會、華東浸禮會、監
　　理會，佔當時中國基督徒人數四分之三。王神蔭：〈中國讚美詩發展概述（下）〉，
　　67；六公會聯合聖歌委員會編：《普天頌讚》（上海：廣學會，1936），序言，3-4；
　　普天頌讚編輯委員會編：《普天頌讚（修正本）》，新版序言。

72 首是中國風味的曲調，[201] 這可看出一種本色化詩歌在普世信仰中的表達，其中有九首是來自趙紫宸和范天祥的《民眾聖歌集》，有一首則選自《團契聖歌集》。當 1949 年新中國成立後，很多華人離開中國遷往台灣、香港及東南亞各地，前身為上海廣學會之香港基督教文藝出版社，於 1969 年開始修訂《普天頌讚》，編輯委員會於翌年成立，[202] 當中我們看到《普天頌讚（修正本）》有 680 首詩歌，而趙紫宸原創及翻譯之詩歌亦達 15 首。[203] 在 1978 年於新加坡出版的《讚美詩》，當中曲調採用了熟悉的「樂平調」及「浣沙溪」，亦收集了蘇佐揚的聖詩與經文短歌。[204]

1983 年，中國基督教聖詩委員會指出，中國化的詩歌由趙紫宸、劉廷芳、楊蔭瀏、賈玉銘等提出，沈子高主教強調必須堅持此種聖詩中國化的方向，[205] 而馬革順教授則在創作詩歌的旋律與和聲（harmony）給予教導。[206] 此種中國化聖詩的方向，帶動了

201　Ernest Yin-liu Yang & Robert F. Fitch, "Divergent Opinions on Chinese Hymnology," *The Chinese Recorder* 65 (May 1934): 293-300；六公會聯合聖歌委員會編：《普天頌讚》，序言，3-4；普天頌讚編輯委員會編：《普天頌讚（修正本）》，新版序言。

202　委員會由中華基督教會香港區會、聖公會港澳教區、中華基督教循道公會、衛理公會、潮語浸信會的代表組成，由黃永熙帶領此編輯委員會，經過七年後於 1977 年出版。普天頌讚編輯委員會編：《普天頌讚（修正本）》，新版序言；普天頌讚新修訂版編輯委員會編：《普天頌讚（新修訂版）》（香港：基督教文藝出版社，2007），序言。

203　參普天頌讚編輯委員會編：《普天頌讚（修正本）》。

204　見 Paul Bao-wha Chang eds., *Hymns of Praise* (Singapore: Christian Nationals' Evangelism Commission, 1978)。

205　《讚美詩（新編）》編輯委員會編：《讚美詩（新編）》，10-11。

206　馬革順為中國基督教華東神學院終身名譽教授。

當時的中國本色化聖詩的創作，包括林聲本的十一首曲調、史奇珪的八首、楊旅復的六首、陳澤民的四首。陳澤民採用古琴曲調「平沙落雁」創作「平沙」於〈神工妙筆歌〉、[207] 以及「梅花三弄」創作「梅花」於〈詩篇一百篇〉中，[208] 而史奇珪則以五聲音階譜寫「聖夜靜」曲調於〈聖夜靜歌〉（《讚美詩（新編）》第 79 首）。[209] 其後在 1986 年出版的《生命聖詩》、1991 年出版之《恩頌聖歌》、1992 年之《華人聖頌》、1994 年之《頌主聖詩》等都大量採用了趙紫宸的詩歌，[210] 而 2009 年台灣的聖詩集《聖詩》[211] 中也選用了趙紫宸的曲調，但就配以台語歌詞。在以上的聖詩集中，也有很多本色化的中國聖詩。

趙紫宸對中國聖樂的影響，不單在於影響了後人創作聖詩的數量，也不單在於中國詞彙（如儒家、佛家的用語）、中國的曲調、五聲音階及七聲音階等的運用，亦不單在於採用了中國的民歌、佛教的詩歌、儒家的禮樂等，而是在於中國詩歌中的神學。如陳澤民以中國古琴曲改編的〈神工妙筆歌〉（"Creator's Artistic

---

207 《讚美詩（新編）》編輯委員會編：《讚美詩（新編）》，第 178 首。

208 同上書，第 380 首。

209 見 Bliss Wiant, *The Music of China* (Hong Kong: Chung Chi College, The Chinese University of Hong Kong, 1965), 154a；《讚美詩（新編）》編輯委員會編：《讚美詩（新編）》（中英文雙語本）（上海：中國基督教三自愛國運動委員會、中國基督教協會，1999）。

210 見何統雄編：《生命聖詩》（香港：宣道，1986）；蔡張敬玲編：《恩頌聖歌》（香港：福音證主協會，1991）；羅炳良編：《華人聖頌》（香港：福音證主協會，1992）；編輯頌主聖詩修訂委員會編：《頌主聖詩》（香港：道聲，1994）。

211 見世界循道衛理宗華人教會聯會聖樂委員會編：《聯合崇拜詩集》（香港：基督教文藝出版社，1997）；駱維道編：《聖詩》（台北：台灣基督長老教會，2009）。

Brush"），**212** 其中不單表達了古琴曲調平沙落雁中美麗的中國圖畫，更重要的是展現出中國特色神學中的人觀。就如上文所說，基督的奮進、掙扎、完成救恩，也展現出中國特色的神學中具有成聖與救恩相並重的要點：

三江五嶽皆主恩，平川沃野無際，歷代辛勞血和汗，裝點更加瑰麗。

願我信眾隨先哲，世世相承勿替，共參神妙造化業，與主同工同契。

〈神工妙筆歌〉中的「歷代辛勞血和汗」正展現出在基督人性裏那種奮進、掙扎、完成恩典，及至每一時代的「信眾隨先哲」也需要「世世相承」，不改變這種努力奮進的人性。此種人性不單是從民族而來，也從基督的人性而來。讓我們一同「共參神妙造化業」，這奮進的元素乃是神美好的創造，通過基督的呼召，使我們貢獻這人性中的美善，與神的心意「同工同契」。

中國特色的神學具有一種把拯救與成聖並重的神學觀，所以當我們接受基督的恩典時，我們也需要在成聖的路上努力建設新世界、使這世界充滿和平、合一、仁愛、公義，呼籲人民同心自立自強，這樣才是我們高擎十架，宣揚基督真理的表現。

---

212 《讚美詩（新編）》編輯委員會編：《讚美詩（新編）》，178。

努力建設新世界，和平、仁愛、公義，

高擎十架證聖道，宣揚基督真理。

緊偕人民同一心，自立自強不息，

矚望來日功成時，驀見新天新地。

近代的中文聖詩集發展豐碩，[213] 其中中國的《讚美詩新編》
無論在發行數量及使用人數方面，皆為當中最有影響力者。環顧
華人聖詩之選用，最受歡迎及有影響力的首推趙紫宸。趙紫宸被
稱為中國聖詩之父，而中國基督教聖詩委員會顧問、原《普天頌
讚》編委沈子高主教於生前囑咐《讚美詩新編》的編輯部，必須
堅持如趙紫宸等學者的聖詩中國化的方向；王神蔭主教於《讚美
詩新編史話》中指出：趙紫宸一貫主張中國教會必須有自己的神
學，以建立中國的教會。[214] 事實上現今中國教會把洗禮與浸禮並
列、聖餐與擘餅並列、持守教會節期者與非持守者皆被尊重，[215]
這些原則已成為了一種中國和諧神學的體現。這種中國式的和諧
神學具有著歷史的進程，發展至今，已開始趨於成熟。筆者強調

---

213 1936 年出版《普天頌讚》後，繼有 1951 年之《頌主聖歌》、1964 年台灣之《聖詩》、
1972 年香港之《聖詩》、1973 年香港的《頌主新歌》、香港編印之《新編普天頌
讚》、1978 年新加坡之《讚美詩》、1983 年中國的《讚美詩新編》，其後 1985 年北
美的《教會聖詩》、1986 年香港之《生命聖詩》、1994 年香港之《頌主聖詩》、1997
年香港的《聯合崇拜詩集》、2001 年香港的《世紀頌讚》、2006 年香港的《普天頌
讚》、2002 年台灣的《世紀新聖詩》、2009 年台灣的《聖詩》等。

214 王神蔭：《讚美詩（新編）史話》，63。

215 《讚美詩（新編）》編輯委員會編：《讚美詩（新編）》，10。

一種中國式的聖詩源於一種本色的神學，此種中國式聖詩的獨特，不只在於採用了中國的民謠、佛教及儒家的用詞，而在於整個聖樂的核心就是一種本色化的中國神學，只有這種中國式的神學能把中國基督教會貢獻於全球的基督教會。像趙紫宸的中國聖詩貢獻於西方基督教，並收錄於《美國聯合衛理公會詩本》(*United Methodist Hymnal*)，也成為西方喜愛的聖詩，代表了亞洲的詩歌能夠立足在美國的聖詩界。[216]

---

[216] 其中范天祥夫婦將趙紫宸的聖詩翻譯成英文，受到西方的歡迎，獲美國聖詩會（Hymn Society of America）讚賞為「本色化中國音樂和聖詩的先鋒」。William J. Reynolds, *A Survey of Christian Hymnody* (New York: Holt, Rinehart and Winston, 1963), 132, 285; 范燕生：《穎調致中華 —— 范天祥傳》（摘錄），刊於《清音雅樂鳴幽谷：音樂在早期崇基校園回顧展》（香港：香港中文大學崇基學院，2011），50。

第六章

繼往開來：南韋北趙的
神學思想的影響

本章曾發表於 2014 年 5 月 16 日英國曼徹斯特大學舉辦之「中國基督教的全球地域化」
國際研討會，題目為：〈簇新的中國神學發展 —— 和諧神學〉（ "New Development of
Chinese Theology: *Hexie* Theology (Harmony Theology)" ）；另外發表於中國社會科學院近
代史研究所、福建師範大學中國基督教研究中心舉辦之「全球化視野下的近代中國與世
界基督教國際研討會暨第三屆多學科視野下的基督教中國化研究學術研討會」，2014 年
11 月 24-25 日，題目為：〈和諧神學：從趙紫宸、倪柝聲個案研究中國基督教神學的建
造〉。

筆者某天整理燕京大學宗教學院院長趙紫宸的個人檔案時，看到一張下款署名由敬奠瀛發出的小小的便條，上面寫著：

親愛的紫宸哥啊：

弟中學未畢業，怎配作宗教學院董事呢？若我不夠在教育部立案作董事的資格時，可不必要我，我只在精神上負上作董事⋯⋯

你所愛的兄弟奠瀛上
六月十三日[1]

其後在儲存有關宗教學院的檔案中，知道後來敬奠瀛已成功登記為院董。[2] 韋卓民以一個與西方具對等地位的中國文化，建立本色教會之理論基礎，其文化神學把自由派與基要派融合，強調文化相融時又能承傳基督教傳統教義；而趙紫宸後期的神學轉向，促使他重視靈修和宗教經驗，這使我們明白到，作為世界基督教協進會的六位主席之一、又是當時曾被司徒雷登解除院長職務的中國最佳大學的中國神學家趙紫宸，他之所以會向敬奠瀛發出這樣邀請的原因。趙紫宸在中國文化下體現傳統基督教教義，與韋卓民的神學不謀而合。所以，「南韋北趙」的基督教思想發展出一種兼具民族精神、正統教義及宗教經驗，又能去除西方霸權式的

---

1 「趙紫宸有關宗教問題的信函」，北京大學檔案館，案卷編號 YJ46023-1。
2 「宗教學院董事會董事名單和履歷表」，北京大學檔案館，案卷編號 YJ50021-1。

神學，涵蓋了中國教會的屬靈派、基要派、自由派與靈恩派，具有一種互相兼容的作用，由此發展出一種中國式的和諧神學。

一、對碰後通過歷史辯證關係發展出的和諧神學

1. 和諧神學的定義

在中國的神學建設中，丁光訓致力於和諧的目標，一方面說明信徒樹立比較和諧的信仰和見證，另一方面也尋求把中國人和諧的元素注入教會和社會。然而，早於 1920 年代後期，韋卓民已經仔細闡釋中國傳統文化中「和諧」的意涵。《中庸》一書為中國儒家的典籍，當中以「誠」這個概念作為《中庸》的基本學說。理雅各在翻譯此經典著述時，把「誠」的概念譯作英文的"sincerity"（真誠），[3] 但按韋氏之見，「誠」應譯作"harmony with nature"（與自然和諧）。韋氏相信和諧是自然之道，而達至和諧就是人之道。人若能達至和諧，他不必費力便能得著道理、不必用心思慮也能明白道理。[4] 韋氏認為這和諧的思想是《中庸》很好的

---

3 見理雅各對《中庸》二十章十八節之翻譯。James Legge, *The Chinese Classics: With A Translation, Critical and Exegetical Notes, Prolegomena, and Copious Indexes*, Vol. I (London: Trubner, 1861), 277.

4 韋卓民之英文翻譯為："Harmony is the way of Nature, to become harmonious is the way of man. He who has attained to harmony hits what is right without affort and apprehends without the effort of thought: - he is the sage"，《中庸》二十章下之原文為「誠之者，人之道也。誠者，不勉而中，不思而得，從容中道，聖人也。」韋氏認為理雅各因沒有理解「誠」的意思，故理氏之翻譯沒有帶出這節的精義。Francis C.M. Wei, "A Study of the Chinese Moral Tradition and Its Social Values," (Ph.D. Diss., University of London, 1929), 102.

一個總結，透過「誠」或「和諧」，一個人內裏的和諧，以及其與外在自然界的和諧，正正展現了儒家的人性。儒家看宇宙是完全地秩序井然，且具規律性和根據定律法規來運作，而這正是天和地的本質，或以現代術語來說是宇宙的本質。當所有事物的本性皆是真實，並且忠實地演繹屬於它的那一部分時，宇宙的秩序井然和規律性才有可能發生。只要一切事物持續地忠於其本性，宇宙將是在和諧之中，在宇宙裏的各個部分將有裨益。各部分以本性共同努力，而共同努力就是整體的奧秘。人類的最高道德目標是一個生命的和諧，而這生命的和諧是與人內裏的自己、與他人及與偉大宇宙中的本性相和諧。[5] 由此引申下去，和諧神學是指向每一個人類對內裏的自己、對他人及對偉大宇宙中的本性忠實地瞭解，將內裏的自己（即中國文化）、他人、其所瞭解的宇宙本性（即創造宇宙的基督本性）真實地和諧建立；所以，這和諧是自己、他人、與宇宙本性的相和。

2. 一種由上而下強調基督的啟示、又由下而上強調從不同的文化處境中瞭解基督的神學體系

韋卓民這種和諧原則就是西方文化中所缺乏的內容，正如趙紫宸指出，當西方的基督教輸入中國時，西方教會及差會分裂成為不同的宗派（denominations）及小教派（small sects），他們只強調那些在其個別系統裏的教義、組織、傳統及態度，結果這些

---

5 Wei, "A Study of the Chinese Moral Tradition and Its Social Values," 124-125.

分裂使中國人只看到一些木柴，卻不能開啟人們的眼睛以看到整個森林。所以，輸入的西方教派反倒使我們看不到教會整體的全貌。在這個時期，因中國出現民族的災禍，帶來了在中國的教會開始有將基督教的合一展現在不同宗派的聯合中，例如在教育、醫療事業等範疇上的協作，這些合一將引領我們更清楚明白教會的重要。[6] 所以，如韋卓民所言，把所有事物真實的本性忠實地演繹出來時，就如當我們忠實地演繹基要派對於聖經、使徒信經和尼西亞信經對信仰的瞭解，而又能和諧地與自由派的文化發展，以致能以中國文化來詮釋信仰，並強調屬靈派的生命向度，這樣並不是一個隨意的混合，而是歷史辯證展現在中國基督教歷史的發展之中。中國人自己內裏的性情，融和於與其他人類夥伴對基督教信仰的瞭解以及偉大宇宙本性中的生命和諧，這種就是中國基督教通過歷史中的辯證關係所發展出來的，不以西方文化為優先、去除了奴隸思維、又能與歷代傳統教義接軌的基督教神學思想。這既是一種由上而下強調基督的啟示、又由下而上強調從不同的文化處境中瞭解基督的一種神學體系。

---

6 T.C. Chao, "The Future of the Church in Social and Economic Thought and Action," *The Chinese Recorder* 69 (July-August 1938): 347.

二、在中國土壤上神學的演進：和諧神學

1. 具中國民族性情的神學

中國民族的性情體現在中國不同的文化哲學中，但因以往歷史的因素而曾限制了其發展。德國神學家古愛華對趙紫宸神學思想的研究，直至現在仍具有影響力。[7] 他指出在 20 世紀 20 年代所發生的文化革命，已顯示出按照儒家的前提來詮釋基督教是不合時宜的。這似乎是趙紫宸對中國神學所作的嘗試遭到了否定，因當時他屈從了中國的實況，中國式神學在實行上不可行，因為中國的思想被當時的新時代所超越；不過這種融貫的觀點卻繼續在趙氏的思想中發揮決定性的作用。[8]

經過了 90 多年之後，當我們再從今天中國的新處境來看，不難會對中國基督教的神學思想有這樣一種預測：隨著中國文化的回歸，也就是中國在全球化中的定位，孔子學院在不同國家中宣講著中國文化的特點，以至中國文化能被欣賞及明瞭而具有期望。北京大學高等人文研究院在 2014 年舉辦的「燕京大學與現代中國的博雅教育傳統」國際學術研討會，也展現了一幅具鼓勵性的圖畫。通過燕京大學 95 週年校慶，對於博雅教育 ——

---

7 筆者在 2013 年 10 月 30 日與古愛華談論趙紫宸的神學思想時，他仍是積極地思想著趙紫宸的處境化，以及他與趙紫宸在晚年的交往。古愛華給了筆者很大的鼓勵，以使我繼續進深對趙氏的思想研究。

8 古愛華著，鄧肇明譯：《趙紫宸的神學思想》（香港：基督教文藝出版社，1998），301。

也就是基督教教育在現代化及全球化的過程中作出貢獻。當然趙紫宸的中國神學思想將隨著中國文化的再回歸，以及他如何建造中國基督教的神學思維，讓我們不難預測到沉寂了 60 年的西方基督教神學與中國文化的對碰，將成為中國神學在全球地域化（glocalization）的一個重要研究。趙紫宸在當時雖然屈從了中國的實況，但卻完成了一個重要的脈絡化過程，就是他把儒家倫理的基本方向溶化在基督徒對世界所負的責任中。[9] 趙氏對中國神學的建造，正如他所言，他的好友韋卓民教授的貢獻是有目共睹的。韋氏的文化神學在 90 年前已具有前瞻性的向度，[10] 難怪中國基督教思想界在 1940 年代開始出現「南韋北趙」的說法，而段琦對筆者研究趙紫宸的方向亦表示認同，她除對趙紫宸的學識和為人深表崇敬外，更認為筆者「選擇他（趙氏）的聖樂作為基督教中國化的切入點真是選得太正確了」。[11] 以韋卓民及趙紫宸的神學作例子，使我們更多瞭解中國本色化的神學發展。

進入 1990 年代，這種兼具西方基督教神學與中國文化元素的中國神學繼續承傳下來，並且進一步加以深化。1992 年金陵神學院陳澤民教授以中國教會的神學傳統來分析中國神學建設的方向：「大多數傳教人員墨守教會傳統的『正統教義』（主要是西方

---

9 同上書，302。

10 Dennis Tak-wing Ng, "The Unique Features of Chinese Christian Theology: Francis C.M. Wei's Theology of Culture and T.C. Chao's Doctrinal Theology"，發表於 2014 年 4 月 23 日美國耶魯大學神學院「中國神學」（Chinese Christianity）講座。

11 段琦與筆者於 2016 年 2 月 12 日在電郵中之談話內容。

最早的教義，內容保守或屬基要主義的，在形式和風格上有奮興派和卡理斯馬的傾向）。」[12] 他提出對於這些傳道教牧來說，現代化和關乎文化適應的處境化都是偏離正統，既危險且容易落入異端的方向。另一些神職人員卻傾向於相反的取向，他們把現代化緊扣西方化，以現代神學等同於西方現代神學。陳氏認為任何單一的看法也會窒礙中國教會的發展，離開孤立而走向融合無疑是發展的出路，故中國教會需要一種既符合基督教教義、同時適切現代中國人思想的神學。[13] 翌年，沈以藩論到基督教信仰與中國文化的關係時，指出了基督教中國化需要的元素。福音對於中國文化具有雙重的意義，第一重意義是與中國傳統文化作溝通，「這溝通不是盲目地復古，是要批判地繼承我國的文化，要保存中國文化中優秀的部分」；[14] 第二重意義是挑戰傳統文化思想中過於高舉人性的力量，「福音是對中國傳統的思想中過於樂觀的挑戰，對超越境界及其價值缺乏追求的挑戰，對於通過道德修養可以超凡入聖，通過冥思苦索可以達到天人合一的挑戰」。[15] 沈氏強調基督教信仰不是只看來世，拯救人的靈魂進入永生，它同樣注重現世，人類當前現實的生活境況亦為其焦點所在。中國神學需強調生命

---

12 陳澤民：〈中國基督教（新教）面對現代化的挑戰〉，1992 年 4 月於北京舉行的「基督教文化與現代化」國際研討會上之發言。

13 同上。

14 沈以藩：〈中國教會的福音事工 1993 年 6 月 19 日在香港主領公開神學講座的講稿〉，《天風》8（2004）：29。

15 同上。

的見證，因為「中國所傳的福音，決不能只限於解救人們脫離生活中的困境，更需要把被人接受於人生邊緣的基督，引到人生的中心」，福音要結合真實的信心與生活上的行為，而這種「信行合一」、重視生命行為見證的信仰能夠在中國更廣被接受。[16]

1995 年，丁光訓進一步表明，中國神學思想建設需要以建立屬靈和屬世相統一的神學思想為方針。[17] 屬靈層面指向生命神學的向度，屬世層面則指向中國文化及愛國主義，由此向著一個比較和諧的信仰和見證進發，而這使中國的神學思想更易為知識分子和國際基督教群體所認同，故丁氏以「努力建設和諧的教會，同人民一道共同建構和諧社會」為中國神學的宗旨。[18] 蘇德慈認為中國神學建設推遲發展，其中的癥結是來華傳教士大多在神學上屬基要派和具較保守傾向，加上二戰後教會閉塞 30 年，在神學上缺乏新的認知，因此他主張中國神學思想的本質既要有屬靈的屬性，也不可缺少學術的屬性，而神學人才的培養是刻不容緩的。[19] 踏入 21 世紀，季劍虹提出應用在神學思想建設上的一些重要原則，表明神學思想建設需要符合聖經教訓，這亦是其主要任務和目的；建設的隊工要具有教會性，除了富學術及文化水平的信徒

16　沈以藩：〈中國教會的福音事工 1993 年 6 月 19 日在香港主領公開神學講座的講稿〉，30。

17　丁光訓：〈在三自愛國運動四十五週年慶祝會上的講話〉，載於《丁光訓文集》（南京：譯林，1998），376。

18　馬宇虹等：〈中國基督教第八次全國代表會議在北京隆重舉行〉，《中國宗教》1（2008）：10。

19　蘇德慈：〈重視神學建設，加快人才培養〉，《天風》4（1999）：18-20。

參與外，教會中的教牧人員及神學院校的師生也需包括在內；而且在合乎聖經教訓及基督教教義的前提下，鼓勵多元化的觀點，並避免神學流派之間的爭議，批判或推崇某個特定的神學流派也是不適宜的；對於歷代神學的研究，在尊重國際間的研究成果時，需要保持客觀中立的態度，以免崇洋媚外。同時，季氏強調群眾性與專業性的相結合模式。教會的基要派著重信徒群眾抓緊聖經的教訓，恪守歷代教會從使徒信經和尼西亞信經總結的基本信仰；自由派神學則倡議吸收中國文化中之優秀成分、重視歷史經驗及以處境化的神學進路來響應當前的現實問題。[20] 及至近年闞保平提及中國文化對中國基督教的重要性，否定西方文化優越的觀念，分析中國的神學未能有效地在中國表達出來，主要原因在於中國基督教的神學思想植根於某些西方文化的觀念上，卻忽視了中國文化的根基，「傳教士把他們在自己的文化和歷史中對於信仰的認識和理解方式作為標準原封不動地帶到了中國，⋯⋯ 最終目的有意無意地是要用西方文明來『拯救野蠻的中國』，而不是把基督教帶入中國作為一種宗教認識的選擇方式之一。」[21]

事實上，2008 年的中國基督教教會規章是秉承了自治、自養、自傳辦好教會的三自原則，並「根據聖經的教導，繼承教會歷史傳統，參照普世教會生活中的基本內容，結合中國教會的實

---

20 季劍虹：〈中國基督教神學思想建設〉，《中國宗教》2（2004）：52-54。

21 闞保平：〈神學思想建設是中國教會的文化任務〉，載於中國基督教三自愛國運動委員會、中國基督教協會編：《傳教運動與中國教會》（北京：宗教文化出版社，2007），255。

際情況制定」以建設神學思想、構建和諧的社會。**22** 其中更值得注意的是它涵蓋了幾種不同體系的神學重點。舉例而言，在該規章中論到耶穌時說：「耶穌基督是上帝（神）的獨生子，由聖靈感孕，道成肉身，是完全的上帝（神），也是完全的人」，承認耶穌的身分既是神又是人，聖子道成肉身來到世上，這顯然全是承傳了歷代基督教的傳統教義，其中卻又強調一種講求和諧的性質：「中國教會堅持聯合禮拜」，意味著不同宗派的聯合。至於「支持神學教育」、主教、牧師及教師需接受正式的神學教育、教會要「按國家的憲法、法律、法規和政策」履行責任、「同時考慮到信徒中不同的靈性經驗和需要」，皆是具有生活化向度、重視學術、屬靈的靈性經驗的同時，又具有愛國的文化元素，如此尋求「在信仰傳統及禮儀上求同存異、彼此尊重、彼此接納、不分門別類、不互相攻擊；須遵循聖經的教導，竭力保守聖靈所賜合而為一的心」。及至最近中國國務院於 2017 年 9 月頒佈了修訂的「宗教事務條例」，也秉承著這一個方向。和諧神學的另一個體現，在於「中國教會根據聖經的教導和教會的不同傳統，主要實行兩種聖禮，即洗禮（包括點水禮和浸禮）和聖餐禮（亦稱擘餅）」，在傳統教會重要的聖禮上，中國的教會能夠達至點水禮與浸禮並行、聖餐與擘餅並行，誠然在實際層面上體現了這一種和諧神學。再

---

22 中國基督教教會規章於 2008 年 1 月 8 日在中國基督教三自愛國運動委員會第七屆常務委員會、中國基督教協會第五屆常務委員會第六次（聯席）會議上通過。見中國基督教網站：http://www.ccctspm.org/quanguolianghui/jiaohuiguizhang.html。

者，在施行聖餐禮的神職人員上，認同「聖禮由主教、牧師（包括個別教會傳統中相當於牧師的長老）、教師（或稱「副牧師」）主持，長老受牧師委託也可以主持聖禮」，全國各地不同的教會現今採用的聖職有：主教、牧師、教師、長老，而來自不同宗派的神職人員俱有同等主持聖禮的任務。中國基督教教會規章強調教會要按照聖經的教導，繼承教會歷史傳統而獨立自主地辦好教會，建構和諧社會，於此中國教會能對現代的中國社會有和諧社會的積極關係，從信徒的好公民身分，延伸至愛國愛教、家庭和睦及服務社會的層面，就發展出一個和諧的關係。

近代中國的教會領袖及神學家疏解中國神學建設的問題，正是從上世紀初期新派神學與基要派水火不容之爭所流傳下來的議題。他們剖析基督教與中國文化及中國神學發展的關係，強調在保存基督教傳統教義的同時，也不能摒除中國文化的元素。顯然這種思維是承傳了韋卓民與趙紫宸的神學思想進路，乃一種綜合式的神學，既承傳了「南韋北趙」對於基督教教義與中國文化元素的相融，而在承傳裏又重視屬靈及生命的向度，與教會基要派的融合提供了接觸點。汪維藩所説的要走在「先輩上下求索過的那條漫漫長路」已見悄然實現，[23] 而現今中國神學的發展可説是「南韋北趙」的延續和發展。

---

23 汪維藩：〈要建立具中國特色的神學〉，載於汪維藩：《十年踽踽 —— 汪維藩文集（一九九七至二零零七）》（香港：基督教中國宗教文化研究社，2009），543。

2. 從中國傳統宗教經驗中經歷基督的信仰

薩內（Lamin Sanneh）指出非洲的基督教因著基督宗教歷史性宣教與本土傳統宗教的會合，使本土的傳統宗教事業得以維持；而通過本土與西方歷史性接觸的刺激，使得上帝的宣教活潑起來，結合了本土宗教事業而獲得了具體的現實。[24] 而薩內提出福音在非洲，他嘗試探索福音在非洲是有其特定的意義，特別涉及非洲的神諭（oracles）及聖經（Scripture）的角色，以致舊有的宗教方式產生一個全新的範圍。[25] 中國的宗教經驗在神學的建造上，也可循這一個方向發展，但其發展的步伐則有待探索，好像

---

[24] Lamin Sanneh, "The Horizontal and the Vertical in Missions: An African Perspective," *Journal of Missionary Research* 7, no. 4 (1983): 170.

[25] 論到非洲本土的基督教更新，就涉及當地宗教力量的核心。在非洲的基督教復興運動中，聖經具有一個關鍵的角色。非洲的靈恩、聖靈的火燃燒的激勵似乎意味著舊時代的終結、新的模式在聖經的權柄上得以確立。然而，這其實不是一個新的現象。宗教與社會創新的傳通通過神諭及造夢的天賦（dream faculty），早已存在於舊有的時代，不過這意識在範疇上出現了少許的轉變。聖經的書面文字現在具有授權及制定的方式，而這是以往的神諭曾經做過的。另一方面，聖經通過抑制改變及強化界限，卻可能擔當了一個完全相反的角色，而這也是傳統宗教所擔任的角色。不過，一個新的元素卻貫注入本土的宗教，就是聖經及至高的存有（Supreme Being）現在進入了普遍敬虔的範圍裏。這關乎在上帝的宣教裏，成了肉身的道（incarnate Word）的具體彰顯（manifestation），基督宗教在這方向上滲透進非洲的靈魂，表明了本土的適應（adaptation）對於非洲宗教的未來前景，較外在媒介所做的工作更為重要。因此，在西方傳教士媒介下的基督宗教的傳播，需要次要於非洲媒介下的本土同化和調適。聖經的翻譯工作承認本土宗教具有救贖的價值，它認為傳統宗教的類別及思想，是啟示及神聖計劃的一個有效的載具。雖然非洲對於悔改的呼召看似有激進性質，但這種延續性的傾向把新的靈恩基督徒聯繫於舊有的時代，而舊有宗教方式可以對宗教生活產生全新及普遍的範圍。Sanneh, "The Horizontal and the Vertical in Missions: An African Perspective," 170.

一些中國的神學家亦將道教預言以及基督來臨相結合，但這一種方式並不多，亦未成為主流。[26] 這樣的神學探索是開始，筆者會指出中國的傳統宗教經驗正像非洲的宗教經驗的向度一樣，是讓中國基督教活潑起來的寶藏，但卻又是一個較為複雜的問題。每當西方基督教與中國傳統宗教相碰時，神跡奇事的事情都經常發生，可惜往往傳教士因殖民主義、種族主義、西方文化優越論等的阻礙，使這樣的對碰被禁止了。[27] 沃爾斯（Andrew Walls）說基督的信仰是無限地可翻譯的，它創造了一個地方讓人有一種賓至如歸的感覺；但它所製造的地方卻不應是一個我們覺得舒服、其他人卻不能在那裏生活的地方。我們在人間沒有固定的城市，而在基督裏面，所有可憐的罪人相遇一起，在發現自己與基督和好當中，也就彼此和好。[28] 所以作為教會傳教的人，貝萬斯（Stephen B. Bevans）提出當今就是要重新痛苦地取回和肯定那些曾被殖民主義、種族主義和西方文化優越論影響而奪走了的本地文化，但這樣的本色化過程是包含著風險和痛苦的，一方面要放棄優越

26　李景雄：《從《易經》的宇宙觀再思耶穌的複臨》，載於鄧紹光主編：《千禧年：華人文化處境中的觀點》（香港：信義宗神學院，2000），179-197。

27　誠然像趙文詞（Richard Madsen）談及中國的神跡奇事，天主教耶穌會的模式是提議中國的精英去除自然現象可由屬靈勢力的神跡介入所造成的這一種假設，但是一種在本地宗教所引起的宗教經驗，包括了醫治卻是不能抹殺的，這相同的經驗在更正教也屢見不鮮。Richard Madsen, "Signs and Wonders: Christianity and Hybrid Modernity in China", in Francis K.G. Lim edited, *Christianity in Contemporary China: Socio-Cultural Perspectives* (Abingdon, Oxon; New York: Routledge, 2013), 27.

28　Andrew F. Walls, *The Missionary Movement in Christian History* (Maryknoll, N.Y.: Orbis, 1996), 25.

感、權力及自己認為能理解某一個文化的幻覺；但另一方面，卻能保有福音的恆定要素（constants），這是一種具先知性的對話（prophetic dialogue）。[29]

涉及宗教的對話，海姆（Mark Heim）在《富饒的深度》（The Depth of the Riches）一書裏指出，近幾十年對於對話具有三種不同的進路：第一種是排他模式（replacement model），[30] 第二種是成全模式（fulfillment model），[31] 第三種是共同模式或接受模式（mutuality or acceptance model）。[32] 貝萬斯指出，我們對於第一種排他主義的模式不難理解，至於第二種成全模式所強調的是救恩最終是來源自耶穌基督，而第三種的多元主義者立場卻具有爭議

---

29 Stephen B. Bevans & Roger P. Schroeder, *Constants in Context* (Maryknoll; New York: Orbis, 2011), 388.

30 排他模式是多數保守基督徒所持有的，此模式多數是以往而不是在現在的，其立場是認為基督徒才擁有宗教的真理及救恩。如果從這個角度參與對話，這樣理解其他宗教僅是為了把福音更有效地傳給別人。S. Mark Heim, *The Depth of the Riches: A Trinitarian Theology of Religious Ends* (Grand Rapids, Mich.: W.B. Eerdmans, 2001), 3; Bevans & Schroeder, *Constants in Context*, 381.

31 成全模式是一種包容主義的向度，相信所有意志善良的人也可得到救恩；即使救恩在某些方面是通過其他宗教達至，但這救恩的恩典最終只能夠來源自耶穌基督，所以對話可以豐富人們理解他的自身及理解他人的信仰，並且幫助他們看到自己的信仰背後存在著一種使其信仰得以完滿實現的事實。排他模式及成全模式，同樣是要通過主耶穌基督達至的，是一種基督中心論的取向。Heim, *The Depth of the Riches: A Trinitarian Theology of Religious Ends*, 3.

32 共同模式或接受模式是一種多元主義的理解向度，多元主義是神本中心論（theocentric）或救恩中心論（soteriocentric），多元主義的神學家看似所重視的是基督拯救的權柄，但實際上是重視上帝，不管採用甚麼方式來命名上帝。對話對於這種模式的重要性，在於所有宗教超越自身，而融入一個它們皆指向但卻不能充分表達的現實。Heim, *The Depth of the Riches: A Trinitarian Theology of Religious Ends*, 3.

性，但是多元主義者提出的其中一點是值得我們注意的，這一立場並不是指救恩只能在耶穌身上得以發現的這個層面，而是指所有的個別宗教以外存在著一個唯一真實的視覺層面，而這一種多元主義的立場實質是隱秘的排他主義，就是所有宗教都是通往同一山峰的道路，但最後卻存在著一個唯一的真理。[33] 在這幾十年來，這種對於宗教對話的思想，大大豐富了我們探討通過不同的宗教經驗，能豐富我們對絕對真理的瞭解。不論您採取哪一種的立場取向，此種對話也能把自身的宗教經驗活潑過來。

在這個向度來看，中國的傳統宗教經驗能夠豐富中國基督教，也是中國基督教豐富的承傳。即使您持不同的對話進路，通過與中國傳統宗教的對話，都使我們指向瞭解那恩典來源的主耶穌基督，或是向著那唯一的真理。但最初西方將基督教傳入中國時，往往在傳教士的表述中，這些宗教經驗被視為是一種迷信，並奪走了其意義。當中國人的宗教經驗與宣教的福音發生相關連，福音的出現在某程度上是把多元宗教的界限強化了，也抑制或改變了某一種方向。漢語翻譯的正典，代表著至高的存有

---

[33] 海姆的建議是諸宗教的神學並不應只談論救恩作為諸宗教的目標，而應該談論諸宗教信仰各種不同的宗教目標，例如佛教的涅槃，它的宗教目標是如何遵循佛教的「八正道」而達到涅槃。基督教的宗教目標是救恩，海姆提出只有基督教的宗教目標才是救恩，而他定義為人們和上帝、彼此之間及和上帝的創造之間的完美共融，所以這一個方向也是一種進路，使我們對於宗教對話的瞭解。所以在以下的論文當中，筆者雖已提出中國傳統的宗教經驗能活化中國的基督教，引用趙紫宸所言，中國的傳統宗教與基督教的相交點在靈恩派，這一種方向不難看到筆者的方向是一種基督中心論（Christocentric）。Heim, *The Depths of the Riches: A Trinitarian Theology of Religious Ends*, 4.

（Supreme Being）進入了一個長久以來向多元宗教打開心靈的民族。中國基督教的傳統宗教經驗，確使它成為了在非洲以外的另外一個系統，能對全球基督教的復興產生貢獻。這種對於靈的明瞭，正是中國教會自立運動的神學家韋卓民所強調的一個更容易使中國人明白基督的方向。[34]

中國的傳統宗教經驗，可見於對不同神祇的祭祀敬拜儀式或日常生活中之行為模式。這種民間宗教是一種綜合了傳統道德倫理、祖先敬拜、宇宙陰陽、流傳民間的鬼神烈士故事、巫術符咒的信仰複合體，當中融匯了儒教、佛教、道教三教圓融的教義思想，[35] 而這種宗教信仰和習俗往往常見於一般中國人的家庭之中。許多中國人家庭供奉特定的家堂五神，在房子不同地方供奉不同神明，常見的是在廳堂擺放一座三層設計的神台櫃，上層供奉觀音、關帝、黃大仙，中層供奉祖先，下層供奉財神；廚房設有灶君的神位，保佑廚房飲食；大門前擺放地主神位，保佑家人出入的平安。供奉家庭的神祇往往由家中的長輩負責，他們多會在早晚上香供奉。[36] 這種多神雜神的體系融入在中國人生活習俗的活動之中，結合於中國農業社會的歲時節氣以及人們生活上的禮儀，

---

34 韋卓民：〈古代中國人之宗教信仰及其對中國民族性之影響〉，載於雷法章等編：《韋卓民博士教育文化宗教論文集》（台北：韋卓民博士紀念圖書館，1980），17-18。

35 張振濤：《冀中后土崇拜與音樂祭獻》（香港：香港中文大學崇基學院宗教與中國社會研究中心，2001），1。

36 Connie Au, "Global Christianity and Ecumenism in Asian Pentecostalism," in Wonsuk Ma, Veli-Matti Kärkkäinen & J. Kwabena Asamoah-Gyadu ed., *Pentecostal Mission and Global Christianity* (Oxford: Regnum Books, 2014), 211.

故這種信仰體系並非只是由單一的宗教如儒、釋、道所構成，也不是由其他宗教互相排斥的教義而生。[37] 趙紫宸在上世紀 30 年代已經把中國的宗教與基督宗教連上關係，而基督宗教與中國傳統宗教之間的切合之處，就在於中國國內著重靈恩的教會，他認為「那些神召會、安息復臨會、使徒信心會、耶穌家庭、小群、牛津團契等，雖屬風動於平民之間，實在只等於從前的迎神賽會」。[38] 當時靈恩運動在中國山東以至華北地區引起強烈的迴響，裴士丹（Daniel Bays）提出，一些在復興運動中的派別，與晚清時期活躍於山東的白蓮教及神拳傳統等早期宗教運動，其實有共同的特點，例如相信有降神附體、見到神的啟示、聽到神的指引、前千禧年派期盼著未來生活的安定繁榮，以及相信以趕鬼來醫病的做法，故靈恩運動與某些中國民間宗教的異端派別具有一種心理上無意識的連繫。[39] 靈恩運動在山東及華北地區的興起，帶來了宗教經驗的復興，而這種宗教經驗與當地信徒原已熟悉的文化有緊密關連，於是推動了它在當地的迅速發展。[40]

中國人對於超自然的觀念，往往帶有務實及功利主義的想

---

37 張振濤：《冀中后土崇拜與音樂祭獻》，1。

38 趙紫宸：〈中國民族與基督教〉，載於燕京研究院編：《趙紫宸文集（第三卷）》（北京：商務印書館，2007），631。

39 Daniel Bays, "Christianity and the Chinese Sectarian Tradition," *Ching Shih Wen-ti* 4, no. 7 (1982): 37; Norman H. Cliff, "A History of the Protestant Movement in Shandong Province, China, 1859-1951," (Ph.D. diss., University of Buckingham, 1994), 326.

40 陶飛亞：《中國的基督教烏托邦：耶穌家庭（1921-1952）》（香港：中文大學出版社，2004），77。

法，不同神祇具有不同功用去服務人，即使家中的祖先亦有保佑子孫的功用。這一種功利的心態同樣被應用於基督宗教：五旬宗信仰裏通過醫治、預言、驅魔的超自然具體彰顯，有力地使中國人相信活的上帝，不過同時也帶來利用上帝去達至個人利益的傾向。一位退休漁民説自己年輕時曾被邪靈侵擾，經過好幾個星期的多次治療仍持續生病，後來傳教士為她驅趕邪靈而使她得醫治痊癒，自此以後她便歸信基督教。為對應信徒對上帝趨向功利的心態，傳統五旬宗如五旬節聖潔教派強調對人內心的聖潔及悔改要有嚴謹的教導，這可以轉化一個人的道德觀念。[41]

趙紫宸雖然批評屬靈派領袖的佈道方式「不三不四、半瘋半癲」，但他卻在另一方面認同這種靈性上的經驗對民眾有正面性及積極性的作用，提供精神上的幫助，有助中國人對道德向上的追求，撤棄罪惡，向善為善，與人建立愛的關係；尤其是當人面對困境的時候，這股力量的傳播可以使人在難關中帶來希望、生命、蓬勃的生氣，甚至當中有上帝的心意。[42] 中國人的傳統宗教

---

[41] Au, "Global Christianity and Ecumenism in Asian Pentecostalism," 211.

[42] 「現在中國這種普遍的『屬靈派』、『迷家派』，固然是這時代民眾精神要求的現象。這種現象雖帶著純乎迷信的色彩，卻仍然是有益處的，因為其中有一個道德心向上的活動。比如那些迷信的民眾，信了耶穌，就能將欺詐的罪惡撇開，真心真意的向善為善。他們醫病趕鬼固然一半是心理作用，一半是妖言惑眾，將一分事宣傳到十分，但他們中間的彼此相愛，如家人父子的情形，豈可以一概抹殺……現在中國農村破產，經濟大起恐慌，人民的腳跟都在浮動，前途的艱險，實在不堪設想，若有一種勢力，能蔓延遍及，使人民重見新希望，重得新生命，使他們得渡這時代的難關，我們應當瞭解人民的程度，不嫌其淺陋鄙惡，而從中扶植之；或者其中上帝自有奇妙難測的善意。」趙紫宸：〈現代人的宗教問題〉，載於燕京研究院編：《趙紫宸文集（第三卷）》，611-612。

經驗使他們在接觸基督宗教之前，已經相信有鬼神的存在，認為祖先及流傳民間的鬼神可以保佑他們。這種傳統基督宗教經驗使中國人在接觸基督教的時候，容易理解上帝的工作。透過正典聖經的解讀，他們認識到上帝的標準、真理及公義；加上配合聖靈的工作，就經驗到邪靈如何轄制他們、以及如何從邪靈轄制中得釋放。中國的傳統宗教經驗，有助中國人開放自己去明白基督教中講及的聖靈工作，從錯誤的想法轉向正確的路向，提升道德層次，正是一種既配合中國文化道德、又著重救贖與成聖結合的方向。事實上，昔日中國的宋尚節帶領成千上萬的中國人歸主，他正是不單通過醫治和預言等恩賜，而且也藉著他能辨識人內心隱藏的罪，使許多人真實為自己的罪懺悔，以及從邪靈及身體的疾病中得到解救。以往一些福音派的中國傳道者不贊成五旬宗及靈恩派，但宋尚節的事跡到了今天仍然在他們中間傳揚。[43]

中國傳統宗教經驗實在有利於中國人瞭解基督教，但也不乏其弱點，我們需要以平衡的方向尋索。正如趙紫宸所言，中國傳統的宗教與西方基督教相碰，相切合於中國國內的靈恩教會。[44] 西方學者柯文提出研究中國基督教應從西方中心轉向以中國為中心的範式，[45] 故研究耶穌家庭是一個十足中國本色的基督教群體，家庭配合當時中國農村社會的需要，發展了一種近乎共產主義式

---

43 Au, "Global Christianity and Ecumenism in Asian Pentecostalism,"209.

44 趙紫宸：〈中國民族與基督教〉，631。

45 參 Paul Cohen, *Discovering History in China* (New York: Columbia University Press, 1984)。

的宗教社群。當中確是中國人用自己的文化、生活經驗去理解基督教信仰，並將聖經的教訓結合在中國文化社會生活中的一種產品。耶穌家庭強調家長制、土地財產公有、以山東附近地區民間歌謠作詩歌。上海大學學者陶飛亞 16 年前也曾研究中國的靈恩派教會，以耶穌家庭為研究對象，他用中國的基督教烏托邦來概括耶穌家庭運動，正正突顯了這運動的特徵。他將英美基督教烏托邦的一些特點與耶穌家庭作比較，表達出此種烏托邦式教會與建制教會呈現對立的狀態，對聖經瞭解採用原教旨主義的激進解釋，[46] 認為領袖是掌握特殊啟示的，故領袖對團體實行高度控制，建立分離的社群，實施財產公有，對國家、社會影響甚微。他引用蒂利希認為烏托邦思想忽視了人類有限性的致命弱點，[47] 在文中並引出英國 19 世紀以來的主要基督教烏托邦，以及美國 18 世紀以來的基督教烏托邦社團。當我們以耶穌家庭為例子的時候，我們不難看見作社團領袖運用他的強制與權力，甚至控制了每個人的私人空間、也替信徒配合他們的婚姻對象，[48] 可見此種強調恩賜的中國靈恩派教會的弱點。所以，當我們研究中國基督教時，正看到 1940、1950 年代以自由派、基要派居多的建制教會與當時靈恩派的衝突，那麼這問題應該如何解決呢？筆者提出的一個方法是在宗派間需要真正的交流，中國的靈恩派需要如丁光訓所提

---

46 陶飛亞：《中國的基督教烏托邦：耶穌家庭（1921-1952）》，271-272。

47 同上書，274。

48 同上書，192-193。

出，要在神學的建造上努力，也需要向建制教會學習對於制度的建立，依隨規章的法治精神。[49] 與中國傳統宗教相碰的中國靈恩派教會，也向建制教會提出了一種與傳統中國宗教相碰的向度，使建制教會向著全球基督教復興的方向。但事實上，這是否可以達到呢？事實正是這樣，早期西方教會帶著濃厚的宗派主義風氣，隨著此不同宗派差派來華的傳教士，也把中國引進一個以宗派割據的狀態。[50] 宗派主義有其組織層級、信條、儀式，[51] 這是宗派主義的弱點，也是其優點。組織層級能平衡權力壟斷，信條、儀式有其發展出來的神學背景，但這也容易破壞了不同宗派間信徒的整合，故產生了一種本土性教會的運動，以自立自養自傳的形式推展。[52] 中國教會的領袖尋求解決宗派主義問題而產生的本色運動，使中國基督教有了很大的轉變。[53]

西方傳教士在 1950 年代撤出中國後，基督教反倒加速轉變成

49 當然中國的法治在改革開放以來也是一直尚在發展當中，但這也是一個好與正確的方向。

50 林榮洪：《王明道與中國教會》（香港：中國神學研究院，1987），145、219；International Missionary Council & World Churches Council, *The Christian Prospect in Eastern Asia: Papers and Minutes of the Eastern Asia Christian Conference, Bangkok Dec. 3-11, 1949* (New York: Friendship Press, 1950), 20-25.

51 Rawlinson et al ed., *The Chinese Church as Revealed in the National Christian Conference Held in Shanghai, Tuesday, May 2 to Thursday, May 11, 1922* (Shanghai: The Oriental Press, 1922), 501-502; 中華全國基督教協進會編：《基督教全國大會報告書》（上海：協和書局，1923），176-177。

52 《東吳社會學報》，1996，VOL 5-6，316，343。

53 林榮洪、溫偉耀：《基督教與中國文化的相遇》（香港：香港中文大學崇基學院，2001），72。

為了一種中國人的信仰。[54] 而今天教會在復興中，研究近代中國教會的學者找到很多例子，[55] 就像甘肅省的吳莊教會，在 1975 年時只有很少的信眾，到了 1980 年前後有 300 位信徒，而到了 2000年時則已有 1,000 位信徒；又如湖南的一所真耶穌教會，也顯然看到迅速的發展。[56] 但事實上，在初期三自教會的組成，也是多由建制教會或宗派主義的成員作領導，而一些中國靈恩派教會則成為少數，[57] 當然也因著後者於當時的政治形勢下在初期不願意加入。到了文革期間，三自教會也因宗教信仰而受到影響及被迫停頓。在歷時十年的文化大革命中，宗教信仰經歷了重大考驗，但孔漢思（Hans Küng）指出，在嚴峻的政治形勢下「唯一好處是教會不得不團結起來 —— 中國的教會顯然步入了『後宗派主義』（post-denomination）的基督教大聯合的時代」。[58] 孔漢思確實對中國的形勢熟悉，在以往的形勢中根本教會完全停頓，今天的中國教會是完全明白這一道理。所以，我們可以看到在三自教會的神學院中不乏中國靈恩派教會來的學生，這一現象正代表著一種溶解的界

---

[54] 連曦：《浴火得救：現代中國民間基督教的興起》（香港：中文大學出版社，2011），178。

[55] 黃劍波：《鄉村社區的信仰、政治與生治：吳莊基督教人類學研究》（香港：香港中文大學崇基學院宗教與中國社會研究中心，2012），60。

[56] 陳彬：《宗教權威的建構與表達：對 N 省 H 市山口教堂的研究》（香港：香港中文大學崇基學院宗教與中國社會研究中心，2013），iv、98、106-109。

[57] 邢福增：《反帝，愛國，屬靈人：倪柝聲與基督徒聚會處研究》（香港：基督教中國宗教文化研究社，2005），32-36。

[58] 秦家懿（Julia Ching）、孔漢思（Hans Küng）：《中國宗教與基督教》（香港：三聯書店，1995），220-221。

限，[59] 建制教會再不只以政治方式來溝通，就像丁光訓指出的，而是以建立神學及復和的方向。只有真正的交流，能夠使建制教會重新重視由中國靈恩教會所提供的中國傳統宗教的向度，使之朝向復興；亦只有真實的交流，建制教會才能提供渠道讓中國靈恩教會擺脫領袖的專制，建立神學及組織層級。若中國能繼續改革開放，隨著法制的進步及人民知識水平的提高，那麼教會將會在神學及復興的方向上發展。事實上，建制教會多是上層的精英如趙紫宸、韋卓民等，嘗試用不同模式將基督教與中國文化結合起來；而中國靈恩派如耶穌家庭運動，是代表著下層基督徒在中國基督教本色化的另一種努力的表現。[60] 一種真實的交通，只有藉著教會明白自己的處境，就是「教會不得不團結起來」，[61] 使在聯合的時代，把在歷史中中國上層知識分子與下層農民產生的本色運動聯合起來，使中國基督教成為一種具中國文化性情、又具有中國傳統宗教向度的屬神群體。

---

59 區可茵在她的文章中指出中國政府在 1980 年代在宗教政策上推行改革，三自教會及家庭教會的基督徒雙方增加了接觸，並在互相之間能夠產生影響力。三自教會的成員在醫治、驅鬼、方言、預言等經歷顯得越來越普遍，當中一些教會領袖更會邀請家庭教會領袖或國外的五旬宗人士去解釋這些屬靈現象的神學含意，並對恰當地實踐屬靈能力提供指導。香港復興教會的主任牧師包德寧（Dennis Balcombe）由 1970 年代開始為家庭教會工作，直至近來才獲得武漢的三自教會的官方邀請。包德寧觀察到許多年青人參加官方教會，而聖靈的洗、方言、預言、醫治等在每個主日均有發生，屬靈的經歷使政治的界限變得不再明顯。Au, "Global Christianity and Ecumenism in Asian Pentecostalism,"215-216.

60 吳梓明：〈序〉，載於陶飛亞：《中國的基督教烏托邦：耶穌家庭（1921-1952）》，xiii。

61 秦家懿、孔漢思：《中國宗教與基督教》，220-221。

3. 處境性神學的發展

隨著 1949 年新中國成立，再經歷了文革後，中國神學又踏上再次啟發之途。丁光訓主教提出復和 [62] 及神學重建的理念，[63] 和諧神學的特點包括了帶有中國人的性情，[64] 在中國文化中展現民族和

---

[62] 中國政府於 1988 年加強對宗教活動（尤其是家庭教會）的管理措施，當丁光訓主教與美國浸信會郭經緯牧師會面時，他向對方展示了自己寫給國家宗教事務局的親筆信件。郭氏指出丁主教在信中直接表達了自己對於該政策的個人意見，大致可將之歸納為以下數點：丁主教相信大部分家庭教會的基督徒是好的成員，又肯定所有基督徒無論在教堂或家庭裏敬拜，在憲法保障下應享有宗教自由。他又為無註冊的家庭教會作出辯護，認為他們的存在可以對教會產生正面果效；主張等待家庭教會的加入，而不贊成採用各種方法去強迫他們。他提出加強控制應針對來自海外的非法活動及反動勢力，但不應針對包括家庭教會基督徒在內的一般基督徒。Peter T. M. Ng, *Chinese Christianity: An Interplay between Global and Local Perspectives* (Leiden; Boston: Brill, 2012), 230.

[63] 丁光訓主教指出中國不應在中國的土壤上複製西方的神學，也不應在中國重複自由基要主義的爭辯，反而應建立中國自身的神學。中國的神學需要處境化，找出其共產主義國家特有的表達方式，所以中國基督徒需要建造本色化的中國神學，它能指向及對應中國的政治、社會、文化處境。中國的基督徒需要保持開放的思維，讓其神學思想在聖靈的引導下，尋求可行的途徑以保護其基督信仰及保護教會在共產中國的見證。丁主教又指出，所有人民及信徒也有責任為了國家的好處、以及為了教會的生存及見證著想，要達至這個方向，神學重建的過程需要讓基督徒對其信仰有更好的理解，至於非信徒要變得更願意聆聽福音。神學的重建應向著促進基督信仰與社會主義社會相適應的目標，並去除神學上的障礙以達至愛國主義及社會主義。丁主教認為中國政府對於宗教與中國社會主義社會積極的相適應提供了一個方向，他表明與社會主義社會的相適應不只是關乎一個正式確認的問題，也要幫助中國基督教成為社會主義社會的一個組成部分，故需要提升中國文化及知識界的水準。對丁光訓主教來說，中國基督教應當植根於中國的土壤，並且它作為全球基督教與中國文化之間相互影響的結果，它需要以中國的特色去做基督教神學。Ng, *Chinese Christianity: An Interplay between Global and Local Perspectives*, 231, 233-234; 丁光訓：〈我們的看法 —— 丁光訓主教一九八〇年十二月廿三日同香港丘恩處牧師、吳建增牧師談話記錄〉，《景風》第 66 期（1981）：4-5。

[64] 見拙文：伍德榮、吳梓明：〈我們所認識燕京大學的博雅教育〉，發表於 2014 年 4 月

諧的特性；以和諧聯合不同宗派進入後宗派時期，不單是著重教義、經歷，也是一種後宗派的神學，此種神學須結合跨學科的研究，包括文化、哲學、藝術等，已發展其宗派與宗派之對話、甚至不同宗教間的對話；並因著今天現代化的中國處境，在國內及國外皆得以和諧發展，貢獻全球的基督教。

引用何光滬對近代中國歷史發展的研究，可看到 1950 至 1960 年代中國內地因一連串的政治運動及推動的相關政策，結果造成了宗教在學術界中的消亡。[65] 直至 1976 年毛澤東去世、文革也走向終結，在新政策推行下中國始對宗教解禁，逐步開放而引起了中國學者的思想解放和敢於思考，使中國在 1980 至 1990 年代宗教研究的出現締造了主觀條件。[66] 由於這時期學術界增加了東西方

---

26 日北京大學高等人文研究院舉辦之燕京大學建校 95 週年「燕京大學與中國博雅教育的傳統」國際研討會。

65 何光滬指出：「從 1950 年代到 1960 年代，一方面，擁護黨的領導的宗教界人士被納入了統一戰線，另一方面，又大力推進無神論宣傳，並把宗教的活動和表達限制在宗教場所之內。通過一系列自上而下的政治運動，對一切非馬克思列寧主義思想的口頭筆頭批判，逐步發展為將許多學科的教學和研究從體制上取消 …… 這樣一種政策的結果，是對宗教的嚴肅研究從學術界消亡。」何光滬：〈從鳳凰涅槃到鳳凰共舞 —— 中國宗教學研究的回顧與展望〉，載於何光滬、卓新平：《當代中國社會政治處境下的宗教研究》（香港：香港中文大學崇基學院宗教與中國社會研究中心，2014），5。

66 1978 年中國恢復大專院校和科研機構的運作，中國社會科學院所領導的世界宗教研究所開展研究，而中國社科院研究生院和南京大學宗教研究所亦對宗教的研究展開，這是 1949 年後首次進行的人才培養。從 1980 年代至 1990 年代，至少有九個宗教研究所在中國各省市和自治區的社科院出現，包括天津、雲南、甘肅、新疆、西藏等地，而在大學方面則有北京大學、中國人民大學、中央民俗大學、武漢大學開辦了宗教系，並在國家宗教事務局和中共中央高級黨校也成立了有關宗教研究的機構，另有一些政府認可的宗教團體也開始培養人才。由 1978 年至 1997 年的 20 年間，世界宗

的交流，從敵對立場走向一個比較客觀和全面的觀點。[67] 中國從以往對宗教消極的態度轉為積極的態度，是得到了國家最高領導層的確認。前任國家主席胡錦濤在中共十七大的報告中明言：「全面貫徹黨的宗教工作基本方針，發揮宗教人士和信教群眾在促進經濟社會發展中的積極作用」。[68] 國家的宗教政策發生了積極作用，在全國被宗教界人士、以至被宗教學者廣為引用。[69] 何光滬提出中國宗教面對的問題涉及文化、政治、神學的層面，以及種種條件的限制，其中包括出版的條件。[70] 前任國家總理溫家寶強調文化的角色擔當了中國國力及國際競爭的資源，文化是國家的精神和靈魂、是國家真正強大與否的決定性因素。[71] 在這個現代化時代，一個國家具備先進的通訊及溝通技巧、強大的溝通能力，以及其文

教研究所的學者們發表了一千篇論文、一百多部專著、七十部譯著、十多部詞典、數十部通俗讀本、報告和經典文獻彙編，另外有相關的工具書、百科全書、通俗讀物出版，提供了更多客觀的宗教知識。何光滬：〈從鳳凰涅槃到鳳凰共舞 —— 中國宗教學研究的回顧與展望〉，7、12-13。

[67] 同上文，13。

[68] 胡錦濤十七大報告內容，轉引自羅金義、鄭宇碩：《中國改革開放三十年：變與常》（香港：香港城市大學出版社，2009），323。

[69] 何光滬：〈從鳳凰涅槃到鳳凰共舞 —— 中國宗教學研究的回顧與展望〉，14。

[70] 「根據有關部門的現行規定，有關宗教的（尤其是關於基督宗教和伊斯蘭教的）出版物，必須在出版之前得到新聞出版局的批准，而這就要求稿件在送交出版之前必須通過常常由宗教局進行的審查。審查一方面要由出版社付費，另一方面當然意味著拒絕批准出版的可能性。」何光滬：〈從鳳凰涅槃到鳳凰共舞 —— 中國宗教學研究的回顧與展望〉，24。

[71] Xinhua News Agency, "Premier: China to Continue Cultural System Reform," *China Daily*, March 5, 2010. http://www.chinadaily.com.cn/china/2010npc/2010-03/05/content_9544382.htm.

化和價值的廣傳，都能有效地在世界發揮影響力。中國文化部部長蔡武表明國家的目標是建立世界知名的文化品牌，在海外提倡中國文化。[72] 2006 年國務院採納「國家第十一個五年計劃時期文化發展規劃綱要」，[73] 而在 2010 年中國文化產業的產出已總值超過1.1 萬億元人民幣，文化產品的種類包括了文物、書籍、報刊、印刷品、電影、電視等錄像及視聽媒體、視覺藝術、表演藝術等，而中國軟實力的推進已備受國際媒體及學者所關注。[74] 神學是作為文化的一員，加上宗教具推進中國在經濟社會發展中的積極作用，當然筆者贊成作為一個研究中國宗教學的學者，我們應持客觀性而不作政治上的取態，[75] 但是對政治的認識卻可以對中國宗教政策具有息息相關的瞭解。中國前國家主席胡錦濤在 2004 年提出的和諧社會理念，指出中國的文化、經濟、社會和政治生活均需被調校，朝向和諧社會的理想，對於中國基督教現在的境況是有獨特性的。這樣就是發出一種邀請，以和諧的態度來使世界各方

---

72 引自 Wang Yan, "Chinese Media and Culture Heading Abroad," *China Daily*, April 29, 2010. http://www.chinadaily.com.cn/china/2010-04/29/content_9788422.htm。

73 中華人民共和國中央人民政府國務院公報：〈國家「十一五」時期文化發展規劃綱要〉。參網站：http://www.gov.cn/gongbao/content/2006/content_431834.htm。

74 哈佛大學教授奈伊（Joseph Nye）定義軟實力為「一種塑造別人喜好的能力」，以及「使別人想要您想要的結果」，至於硬實力一般是指某程度的強迫或武力威脅，以威懾或迫使的方式去達至自己期望的行為。Joseph S. Nye, Jr., *Soft Power: The Means to Success in World Politics* (New York: Public Affairs, 2004), 5.

75 卓新平教授於「基督宗教與跨文化對話」學術研討會之總結發言。姚西伊：〈「基督宗教與跨文化對話」學術研討會〉，《中國神學研究院期刊》40（2006）：261-262。

民族在進步與和平對等中，中國的基督教從起初敵對西方殖民主義開始，發展至文化溝通交流，再有現代化的向度。

相隔 15 年後，中國的全國宗教工作會議於 2016 年 4 月在北京再次召開，中國最高領導層包括國家主席習近平出席會議時，表明在新形勢下所要堅持和發展的中國特色社會主義宗教理論，乃是關係著中國特色社會主義的發展，這與社會和諧、民族團結、中國的國家安全和統一同樣有密切關連，如此亦有助處理利用宗教進行滲透的國外勢力，以及防止極端的宗教思想散佈。宗教工作形勢總體上得到中國的領導層認同，習近平提及中國貫徹了宗教工作的基本方針，並不斷鞏固了宗教界別的愛國統一戰線，使宗教活動得以平穩有序地進行，這樣的實踐證明了中國在宗教問題的理論和方針政策是在正確的方向上。中國的宗教工作以獨立自主自辦為管理原則，引導著宗教和社會主義社會的相適應，此乃是一種馬克思主義的宗教觀，並從中國的國情和具體作出發，以汲取正反兩方面的經驗來制定基本的方向。習近平強調中國的宗教工作需要採取一種堅持走中國特色社會主義道路、且能踐行社會主義核心價值觀為方向，並弘揚中國文化，這是把宗教教義與中國文化相融合、在改革開放和社會主義現代化中建設、復興中國夢的貢獻力量。[76] 早期基督教傳入中國至今天，發展以一種歷史辯證的方式、及一種去除以西方文化優越的奴隸思

---

76 〈習近平：全面提高新形勢下宗教工作水平〉，見新華網：http://news.xinhuanet.com/politics/2016-04/23/c_1118716540.htm。

想，在中國文化的處境下，正是將基督的犧牲思想與人類面對生命的有限、及面對死亡意識的思想並行，去除人類的自私而通向具生命的基督教思想。這種神學思想能與馬克思的思想互相兼容。此種中國式社會主義下的基督教思想並不是一種構想，而是在歷史發展中通過辯證所發展出的中國式的神學。中國人的自我身分認同就是從文化中喚起了人與人的對等性，一種中國式的基督教強調一種具有中國人性情（文化）、與中國式社會主義核心價值觀等相配合，[77] 並使中國走向一個新形勢。中國的和諧神學發揮著正面作用的能力，帶出民族與民族間一種互相重視的方向。通過和諧、尊重與瞭解，這樣中國教會的見證不單豐富了全球的基督教，最後無庸置疑地在各國的政治上也能樹立一種典範。讓這和諧的福音不單讓基督的種籽在中國的土壤上茁壯成長，[78] 更使這和諧對全球的基督教、甚至對全球的政治作出貢獻。

4. 和諧的關係連合著不同學科的研究，更能發展宗派間、甚或宗教間的對話

由上世紀 20 年代至今相距差不多有一百年，隨著跨學科的研

---

[77] 中國共產黨於 2012 年第十八次全國代表大會所作的報告中，提出社會主義核心價值觀為「倡導富強、民主、文明、和諧，倡導自由、平等、公正、法治，倡導愛國、敬業、誠信、友善，積極培育和踐行社會主義核心價值觀」。見網站：http://theory.people.com.cn/n/2014/0212/c40531-24330538.html。

[78] 韋卓民：〈讓基督教會在中國土地上生根〉，載於雷法章等編：《韋卓民博士教育文化宗教論文集》（台北：華中大學韋卓民紀念館，1980），115-138。

究為神學注入動力，丁光訓主教提出的「離開自由基要主義的爭辯」[79] 之目標現今已成為真實。上文論及隨著詮釋學的發展，因著作者為中心取向、文本為中心取向、以讀者為中心取向及由此在不同文化中開展而引申出極度多元的啟示，使聖經無誤與否的爭辯顯得平息，這確使以往對於啟示絕對化的神學爭辯「就如打空氣一樣，氣力耗盡，結果卻空虛一片。這個教訓，我們實不能不深入反思。」[80] 正如德里達（Jacques Derrida）所言，我們需要瞭解及知道更多、具有更多深度，解構的本身就是令到每一件事情將本來表達不到的東西、或是在裏面隱藏而我們看不到的東西，能夠更清楚的釐定、分析。當中對於絕對真理的瞭解無奈地是會有一個延遲，事實上就算我們能夠有一個絕對的真理，每一個宗教或某一個支派也可能宣稱擁有這絕對的真理。我們暫且不去討論哪一個是絕對的真理，但是用甚麼人或甚麼群體的詮釋，本身就令到瞭解真理有一個很大的變化。具深度的神學的建造，將會對上帝的瞭解開啟了一個進程。正如曾經有一段時間我們認為趙紫宸及韋卓民是「不信派」的神學，但卻留下了一條出路給我們更瞭解那「多維度面向的實在」；倪柝聲自稱「手中有了上帝的藍圖」，[81] 但我們也可檢視其中有否滲雜了從西方而來的霸權。沃

---

79 Ng, *Chinese Christianity: An Interplay between Global and Local Perspectives*, 233-234.

80 余達心：《聆聽上帝愛的言說：教義神學新釋》（香港：中國神學研究院、基道出版社，2012），233。

81 連曦：《浴火得救：現代中國民間基督教的興起》，153。

特（Graham Ward）指出，沒有全備的教義，反之那是敞開的。[82]
所以，神學的發展使我們瞭解到需要宗派與宗派的對話、甚至宗教與宗教的對話。顯然對於對話，我們可選擇上文提及的三個不同立場：排他模式、成全模式、共同模式或接受模式。[83] 阿姆斯特朗（Karen Armstrong）[84] 則使用這多維度的方式，特別以藝術向度表達了如何避免錯誤使用及錯誤瞭解宗教，以達至在世界的和平及合一，此種藝術 —— 特別是音樂學科最能表達在神學中的意念。[85] 我們對於這種包含不同時間 —— 歷史性，不同文化 —— 地域，及不同學科所組成的多維度來研究神學，所產生出來的果效是超越性的。對於此種多維度的研究方法，就像「在音樂的『對位』性音樂，在多聲部的音樂中，常有兩條以上的旋律同時進行的情形。音樂家顧及每一旋律的獨立性，又避免同時出現的音

---

82 引用牛津神學家沃特對德里達的瞭解，延異（différence）使我們瞭解到神學不能對上帝有任何獨斷的宣稱，神學的述句不能反映上帝自身，其含混乃出於語言的延異，這就是它本身的限制性。神學述句往往是指向性的，以致語言不會超越自身而同化了所指向的他者，延異表明語言文字等述句不過是痕跡，經常在顯現與隱蔽中，所以啟示的接受者對於啟示的瞭解，使被啟示的那一位的臨到因其語言文字而被隱蔽，令啟示的接受者不得不持續地對啟示進行解釋和再解釋，而並不能一次過全然掌握啟示的那一位，所以沃特指出，沒有全備的教義啟示，反之這是敞開的。Graham Ward, "Why is Derrida Important for Theology?," *Theology*. 95 (1992): 265-267.

83 Bevans and Schroeder, *Constants in Context*, 380; Heim, *The Depth of the Riches: A Trinitarian Theology of Religious Ends*, 3.

84 阿姆斯特朗這種宗教對話的研究得到當代學術界的認可，並獲得美國麥吉爾大學頒授榮譽神學博士及英國聖安德魯斯大學頒授榮譽文學博士。

85 Karen Armstrong, *The Case for God* (London: Bodley Head, 2009), xii-xiv, 8-10, 22, 53-64, 106; Carl L. Jech, *Religion as Art Form* (Eugene: Wipf & Stock, 2013), 7.

樂過於嘈雜，也就是除了旋律水平方向的美感外，也要注意垂直方向的和聲美感，使同時進行的不同旋律相輔相成，豐富而不混亂。對位中包含著『抗衡』與『互補』的性質，當中不同旋律間間或有和諧或不和諧，卻使音樂充滿動力及豐富的生命力。」[86] 以此音樂中的底蘊，能豐富對神學研究的表達。一種與共產主義兼容的中國神學，就是展現在基督精神、共產精神下與貧窮者的對話、是與中國文化的對話、也是與不同宗教的對話。[87]

三、「南韋北趙」的研究能對中國基督教研究範式作轉換與突破

西方最早提出研究範式的是固恆（Thomas Kuhn），而孔漢思在他著名的作品中更奠定了他對研究西方基督教思想史的地位。在筆者於這個研究中提出一種嶄新的中國基督教研究範式之前，讀者可先瞭解以往中國學界及西方學界的研究範式。

1. 以往中國學術界對中國基督教研究的範式轉移

筆者指出，中國學者研究中國基督教的速度，就如這 30 年看到了上海、北京及深圳的城市發展，除去像超級公路、新穎高廈

---

86 拙作：《從〈中國道德傳統及其社會價值的探討〉看韋卓民之對等文化》，神學博士論文，東南亞神學研究院（香港中文大學崇基學院神學院），2010 年，291。

87 Peter C. Phan, *In Our Own Tongues: Perspectives from Asia on Mission and Inculturation* (Maryknoll, N.Y.: Orbis Books, 2003), 20-31.

等硬件的視覺，在軟件上也看到經濟特區、中國加入世貿、股票交易所、滬港通、深港通的發展，而神學的發展也隨著這歷史的發展而繼續演進。在 19 世紀、20 世紀初、20 世紀 80 年代的學者是絕不會想像到 21 世紀的中國在國力、經濟、文化方面竟會在 30 年間突飛猛進。而研究中國神學的範式，也應隨這進步而進入一個簇新的範式。

學者對中國基督教的研究，隨著他們的地域開展其視覺範圍，正如 1920 年代的非基督教運動，瞿秋白提出了文化侵略論，而這便成為了 1949 年至 1980 年代大陸中國基督教研究的主流方向。程偉禮於 1987 年發表文章〈基督教與中西文化交流〉，把中國基督教的研究由文化侵略模式發展至中西文化交流匯通的視覺；[88] 章開沅也在 1989 年提出「過去人們曾經將中國教會大學單純看作是帝國主義文化侵略的工具，殊不知它也是近代中西文化交流的產物，它的發展變化是近代中西文化交流史的重要組成部分」。[89] 而中西文化的整合與匯通，就是把兩種文化的傳統比較、相適應，成為研究中重要之成分。隨著改革開放後的中國現代化追尋，史靜寰在其博士論文中提出傳教士教育活動與中國教育現代化的複雜關係，又與何曉夏合著《教會教育與中國教育現代化》，而王立新也運用中國現代化範式於《美國傳教士與晚清中國現代化》來研究美國傳教士活動。其後胡衛清的博士論文《普

---

[88] 程偉禮：〈基督教與中西文化交流〉，《復旦學報》1（1987）：55-60。

[89] 章開沅、林蔚編：《中西文化與教會大學》，序言（武漢：湖北教育出版社，1991）。

遍主義的挑戰》以宏大的歷史敘事講述基督教在全球擴張的主動性，這種方向與西方模式中的傳教學與衝擊反應有相類似的作用，其後吳梓明提出的全球地域化乃引用了全球化理論家羅伯遜（Roland Robertson）。吳梓明引入全球化的概念來研究中國基督教史，能補足以往範式的缺點，近代學者皆明白在最初的傳教學範式下，以西方傳教士為中心的研究乃缺少了中國教徒的獨有面貌，偶然有提及也只是一種附屬式的呈現，當隨著關注的中心改變為中國本身時，卻又不見了西方傳教士的特質，特別是在本色化研究中，一些西方的因素被淡化了。所以，引用全球地域化則能「連接著中西的兩端，既關注基督教來源的西方因子，也正視中國基督教開展的內在理路，既看到了基督教作為一種普世性宗教在全球的擴展，也重視中國自身的因素在其中的參與」，[90] 吳梓明提出本色化就是全球地域化，本色化的內含已包融在全球地域化中，相較於本色化，他認為全球地域化更為全面，解釋力又更強，比較於文化交流模式，全球地域化能指出在中西文化交流中正是與基督教伴隨而來的強勢西方文化，展現了以往在中西文化交流中的主動與被動、強勢與弱勢。[91] 但筆者在這一章將指出，隨著當下「中國夢」的開展，中國文化將成為西方文化的強勢他者，這必然會把研究中國基督教帶進一種簇新的範式。

---

90 陶飛亞、楊衛華：《基督教與中國社會研究入門》（上海：復旦大學出版社，2009），173。

91 同上。

2. 以往西方對中國基督教研究的範式轉移

(1) 傳教學範式

　　18 世紀於北美的大覺醒運動、加爾文派福音佈道者懷特非爾特所引起的福音主義運動、及後來在英國的福音復興運動（evangelical revival）和美國的第二次大覺醒運動，這些都是 18 世紀所發生的重要事情，引致 19 世紀從美國派出的傳教士比其他任何國家都要多，而此種福音運動是與社會行動包括反對奴隸制度、掃除文盲、去除貧窮等社會事情有關連，[92] 隨後引致一種以海外傳教協會的形式像組建公司一樣建立起來，在西方成為一種新傳教模式的神學。像神學家貝萬斯所言，這個時期新教的範式成為了傳教模式，不同地方的宣教協會如雨後春筍般產生。追溯 18 世紀成立的宣教組織包括：1795 年建立的倫敦會（London Missionary Society）、1796 年的蘇格蘭傳教會（Scottish Missionary Society）、1797 年的荷蘭傳教會（Netherlands Missionary Society）、1799 年的英行會等；在 19 世紀成立的則有 1804 年的美部會（American Board of Commissioners for Foreign Missions）、1814 年的巴色會（Basel Mission）、1816 年的美以美會（Wesleyan Methodist Missionary Society）、1828 年的瑞典傳教會（Swedish Missionary Society）等等。這種宣教運動帶著強烈的團結精神來建立共同事業，此外也帶著一種改進這個世界的思維，當然這乃起源於上文

---

92 貝萬斯、施雁德著，孫懷亮等譯：《演變中的永恆：當代宣教神學》（香港：道風書社，2011），197-198。

所述的福音運動與復興運動。這促進了其後發生的新教合一觀念。當我們研究中國基督教時，這種西方的背景就形成了在 20 世紀 20 年代的一種傳教範式，正如賴德烈在他的巨著《基督教在華傳教史》的導言中所述，傳教運動就是當時社會生活最有意義的元素。但是他也不忌諱説明他本身乃是西方人，故他沒有完全理解華人的宗教經驗，更不會比華人更留意華人在教會中的貢獻，故此他定名的書名基督教在華傳教史是強調外國人的一部分。[93] 這時代的傳教範式因為研究者多為來華的宣教士如賴德烈本人，所以是一種教內的研究，對於各差會的神學思想、衝突、利益等等皆有深切的體會。

（2）西方中心論

　　這種傳教學範式當然是以西方為中心，其後哈佛學者費正清因其本身的專業，亦並非教內史家，故此發展了另外一種以西方為中心的對華傳教史研究。他把中國描繪為一個以儒家思想為主、缺乏動力、停滯不前、閉關自守、惰性十足的社會，故只有通過西方衝擊，才可以擺脫中國傳統社會的困境。19 世紀以降，中國一切變化都是因著這一種西方衝擊而回應得來的成果。除費正清外，也有劉廣京、列文森等學者。[94] 劉廣京編的《美國傳教士在中國：哈佛研究會論文》、費正清主編的《在華傳教事業與美國》

---

93 賴德烈著，雷立柏譯：《基督教在華傳教史》（香港：漢語基督教文化研究所，2009），3。

94 陶飛亞、楊衛華：《基督教與中國社會研究入門》，175-176。

及他與白威淑珍（Suzanne W. Barnett）合編的《基督教在中國：早期傳教士的著作》等論文集，都是這種範式的代表作品。

（3）中國中心觀及後殖民理論

1960年代末，詹姆斯佩克（James Peck）的帝國主義論，也是以西方為中心表達帝國主義為近代百年來中國社會崩解的原因。此種以西方為中心的範式，引起學者斐士丹（Daniel Bays）認為由1970至1990年代大部分的美國中國學研究者都邊緣化了中國基督教的研究。[95] 柯文於1980年指出西方中心論把中國出現的一切有意義的變化視為由西方引致的，這就阻礙了中國探索近代社會變化的途徑。故此，他指出中國中心觀的中國歷史研究，應從中國著手，以中國的準繩來決定哪些現象具有意義，並且要發展區域的地方歷史研究，推動下層社會歷史包括民間與非民間的歷史研究，以及要以不同學科相互配合作研究。其後又有薩依德（Edward Said）的後殖民理論的東方學，指出東方主義乃由西方建構以突顯西方文化的優越性，這種意識形態扭曲了一直以來的東方形象，使近代的研究更去除了西方為主的控制。

3. 中國與西方對中國基督教的研究將推展至一種新的範式 —— 中國回饋西方的範式（以下簡稱回饋範式）

近來，有西方學者強調鄧小平的改革開放為中國的第二次啟

---

95 同上書，176-177。

蒙運動，而把五四運動稱為中國的第一次啟蒙運動。[96] 正如研究中國文化的學者指出，在現代中國激進主義的發展過程裏，引致一些中國知識分子幾乎必然求助於一些西方理念或價值系統，以作為他們正當性的最終基礎。李長之把西方文化移植到中國的視角來定義五四，這將產生一些隱喻性的意義；如果採用啟蒙的概念，就要先瞭解歐洲的啟蒙運動。啟蒙運動的知識分子抨擊基督教、當時的哲學系統及黑暗的中古時期，他們以古希臘與羅馬的經典作後盾，以余英時所說的乃是「受到內在燈火的引導」。而在中國，當時的激進主義知識分子乃是提出「為了見到白晝的光明，五四知識分子必須走出黑暗的洞穴 —— 中國，而引導他們的光照是來自外部 —— 西方」，[97] 所以引用五四為啟蒙運動的學者，多為一種全盤西化的理論支持者，如應用於基督教研究中，這是一種倒退至很初期的範式 —— 一種西方中心論的看法，還未達至 1980 年代柯文（Paul Cohen）的中國中心觀，要退至美國 1960 年代費正清倡導下的衝擊與響應模式。這種模式的倡導者以為，儒家傳統於中國走向現代旅程中已失去其價值，中國文化也只是一種博物館式的展現！從另外一個視角來看，如果我們用啟蒙主義，我們更必須留意到西方的啟蒙主義的弱點，正如神學家博施（David Bosch）指出，乃是「把理性當成是人類求取知識和見解

---

[96] 曹榮錦：《成神論與天人合一：漢語神學與中國第二次啟蒙》（香港：道風書社，2015），37-62。

[97] 余英時：《五四新論》（台北：聯經，2005），17。

的唯一方法 …… 最基本的因素是啟蒙主義對理性的那套狹隘的概念,長久以來,已在人類生活中成為不適當的基石」。[98] 博施指出,啟蒙思想中的進步理念(progress),大大影響了殖民主義的擴展。[99] 所以,引致拉丁美洲隨著殖民主義而令富有的國家越富、貧窮的國家越貧,並沒有得著開發的好處。在拉丁美洲一提到根據啟蒙思想而來的開發主義,便被第三世界國家所排斥,正如神學家古鐵雷斯(Gustavo Gutiérrez)指出,這種思想立場並沒有針對罪惡的問題而造成更多的困難,而藉著啟蒙,西方的科技遙遙領先,使第三世界國家根本沒法追得上,而西方人也不願意把權力交出去。[100] 博施指出西方的一套說法是「第三世界的人可以得到權力,但西方人不需要放棄他們的權力和特權」,這使到北半球和南半球產生一種極不相稱的關係。[101] 所以,這種以啟蒙為開始的思維而對第三世界的開發,如學者韋斯(Charles West)指出,簡直是一種災難禍害,錯誤的本身是權力分配不均,所以,韋斯解釋馬克思的說法,說明不應是開發,而應是革命。[102]

所以,一些西方學者在 21 世紀的當下還在強調一種西方霸權

---

98 David Bosch 著,白陳毓華譯:《更新變化的宣教:宣教神學的典範變遷》(台北:中華福音神學院出版社,1996),469-470。

99 同上書,475。

100 Gustavo Gutiérrez, *A Theology of Liberation: History, Politics and Salvation* (Maryknoll, New York: Orbis, 1988), 16.

101 David Bosch 著,白陳毓華譯:《更新變化的宣教:宣教神學的典範變遷》,477。

102 Charles West, *The Power to be Human: Toward a Secular Theology* (New York: Macmillan, 1971), 32, 113.

式的西方中心論，在 1980 年代研究中國的西方學者柯文已提出這是不合時宜，而神學家博施則提出這是一種西方藉著啟蒙來壓制第三世界的做法！事實上，基督教的本身並沒有問題，而是西方這種霸權式的基督教所產生的問題，所以後現代的宣教模式著重於瞭解西方權力所產生的災難。就算在全球地域化範式所瞭解的基督教，也是強調一種強勢的西方文化，而在全球中運行著的這種強勢西方基督教文化仍容許在中國有其中國特色，這樣看來，強勢的西方文化也容許在中國有中國特色的體現，其實這種研究範式仍具有一種不能抹掉的西方霸權，而表明中國文化相對來說是一種弱勢文化了。但是隨著後現代神學及歷史的發展，非洲神學的建立能活化已然僵化了的西方霸權主義模式下的基督教，這種情況正使研究中國基督教的學者是時候摒棄此種弱勢中國文化的概念，而把中國文化作為一種強勢的他者，以對應那種強勢的西方基督教文化，而使雙方互為對等，這樣才可發展出一種擺脫以往西方黑暗面文化的基督教。沃爾斯指出，「二十世紀無疑是基督教擴張歷史上最為重要的世紀」，[103] 神學家貝萬斯及施羅德（Roger Schroeder）響應他，「很多研究者在目睹歐洲教會的迅速衰落之後，對此深感疑惑。但是，現實的情形是，基督教在一個地方（西方）衰落的同時，卻在世界其他的角落興起。」[104] 是的，

---

103 Andrew Walls, *The Cross-Cultural Process in Christian History: Studies in the Transmission and Appropriation of Faith* (Maryknoll, N.Y.: Orbis Books; Edibburgh: T&T Clark, 2002), 64.

104 貝萬斯、施羅德著，孫懷亮等譯：《演變中的永恆：當代宣教神學》，227-228。

中國的基督教自 20 世紀發展至今天 21 世紀，已成為全球化下基督教研究學者的其中一個重要研究領域；若我們採用西方學者或中國一些自由主義學者的觀點，把改革開放作為中國的第二次啟蒙來研究中國基督教的話，將會把中國的基督教研究倒退至 1960 年代的西方中心論範式，也將使中國基督教重蹈拉丁美洲的災難。

　　研究中國基督教在後現代的範式轉移，將隨著歷史的進程，面對衝突、相適應、匯通後，建立了具有其民族特色的中國基督教。一方面把中國文化中的仁、愛等價值系統與西方的普世價值接軌，強調文化中的對等性，[105] 而在此中國文化發展下的基督教能回饋西方，特別在三方面展現其重要性：(1) 在華西方基督教因不同的宗派發展已失去原來的傳統，故強調一種「復原主義」，把基督教在西方文化黑暗面中已失去了的原來意義重尋，也是一種消除西方文化優越論的趨向。基督教的起源是耶穌的使命，這使命不是一種在世上的國度，而是一種福音 —— 天國的信息。藉馬克思通過一種在歷史中的辯證，把真正的基督教是一種釘十架式通過死亡而建立的生命思想，使人除去奴隸式的帝國主義牢籠，藉復原主義把政治化滲透下的西方基督教揚棄，而把中國基督教復原到一種強調和平、愛、尊重的生命信息上。(2) 就是通

---

105 拙作：《從《中國道德傳統及其社會價值的探討》看韋卓民之對等文化》，神學博士論文，東南亞神學研究院（香港中文大學崇基學院神學院），2010。筆者在學術界中首先提出「對等文化」一詞，其後文章發表有關對等文化的理論如〈韋卓民的文化理論〉〔《華東神苑》6（2011）〕、〈具特色的中國基督教神學 —— 韋卓民的文化神學與趙紫宸的教義神學〉〔《華東神苑》11（2014）〕等。

過不同的文化，中國文化就是其中的一員，能豐富表達全球的基督教。(3) 因著在華不同宗派的宣教，在 19 世紀發展成互相割據的情況，隨歷史的洪流，進入一種後宗派的狀況。當然在表面上在新中國建立時是由政治的帶動，但這卻與全球福音運動中的超宗派相配合。這種範式是後現代的，後宗派整合了基督教在西方的三種重要傳統：基要派、自由派和靈恩派；中國神學的建立因著中國文化對士大夫的重視，故一直保有自由派對學術的重視，但又對基要派高舉聖經及信心有所秉承，而靈恩派之重視宗教經驗亦是在傳統中國民族所不能忽視的範疇。這種破除西方啟蒙以來只以理性為求取知識作唯一方法的方向，能大大豐富基督教。

4. 回饋範式的由來

筆者於 2012 年由上海華東神學院發表有關韋卓民之神學研究，開始發展出一套中國神學，其中主要是指出中國神學能回饋西方，以豐富世界之基督教，作為研究的重要主題。在現時研究中國基督教的學者從沒有以這種範式出發，是因為誤以為還沒有中國神學的產生，把中國的基督教定位為承襲西方的傳統，故仍是在舶來品的階段。但是，歷史的演進並不如一般人所瞭解，在20 世紀的中國神學家如韋卓民、趙紫宸等，因著他們在當時特殊的處境，如韋氏在西方最優秀的大學作博士研究，趙氏在後期為世界基督教協進會 (World Council of Churches) 的主席。在筆者於北京大學查閱趙紫宸的個人檔案時，就看到有關於世界基督教協進會會議的各種議題，當中還有包括奧連 (Gustaf Aulen) 等神

學家提出的神學報告。惜於 1949 年後中國政治的變動，這種頂尖的神學研討已埋藏於歷史當中，故今天當我們研討 20 世紀的神學時，已能看到一種已具發展的和諧神學，這種和諧是包括了中國性情、也秉承了正統教會的傳統，更加提出一種藉著中國神學去除西方文化黑暗面而能使世界基督教進入一嶄新的領域。故回饋式的回饋西方以豐富西方基督教的傳統，已確立於中國的 20 世紀，並不是今天的一種政治性的要求。諷刺的卻是因為當時的政治而使這種傳統埋藏了數十年，筆者的研究使命就是把這種神學在歷史中發掘出來，並且與現在西方因著非洲神學的發展而活化英、美、歐洲的基督教研究的經歷作一對話。在此對話中，我們發現有一共通點，就是藉著西方文化的傳入，使非洲瞭解到傳教士所傳入的是一種西方的基督教，但文化的進程不止於此，非洲文化正如耶魯大學的薩內（Lamin Sanneh）等學者指出，西方的基督教並不能涵蓋世界的基督教。而利物浦希望大學的同工柯肖克教授（Klaus Koschorke）指出，由歐洲大陸所引進的西方基督教正發展成為一種跨大陸（transcontinental）方向，正在世界各洲中發展其獨有的系統。筆者在本研究探討「南韋北趙」的意義，其對中國基督教研究範式提供了轉換與突破，由此筆者提出在這基礎下能夠發展中國式的和諧神學，而此和諧神學能具有回饋的使命。

第七章

結論：

一種能去除西方文化優越的神學、
又具生命和諧要素、
經驗層面及秉承歷代傳統的信仰

當我們把西方基督教傳入中國的最早時期，在傳教士郭士立與理雅各的比較中，很容易會看到一種以西方文化優越的傳教意識形態。[1] 這種意識形態就如馬克思對宗教的批判。西方以基督宗教為主的社會中，宗教是文化上層建築的一部分，西方權貴就是用了這宗教信念，以維持他們的利益，這就成了一種異化（alienation）。[2] 這也是韋卓民指出若建立一種中國式的基督教時，就需要去除西方基督教中的黑暗面。[3] 西方的基督教國家就是失去了基督教的實質，這就使我們明白為何在拉丁美洲的天主教國家的神學家產生了解放神學。國家雖屬基督宗教，但人民還是在權貴壓抑的水深火熱之中。而在國際關係當中，西方國家往往強調他們的普世價值，而這種普世價值，也是帶著基督宗教的底蘊。哈貝馬斯（Jürgen Habermas）在其著作《知識與人類興趣》（*Knowledge and Human Interest*）中直接指出，在西方所提出的價值系統或神學中，我們需留意的就是這種提出的神學或宣稱是「對誰的利益」。[4] 在中國基督教的發展中，我們也要環繞這個

1 Dennis Tak-wing, "Mission, Education and Theology: The Work of James Legge Revisited" (paper presented at the International and Interdisciplinary Conference on "James Legge and Scottish Missions to China," held by the Centre for the Study of World Christianity, University of Edinburgh, and Confucius Institute for Scotland, Edinburgh, 11-13 June 2015.

2 Peter Scott and William T. Cavanaugh eds., *The Blackwell Companion to Political Theology* (Malden, MA: Blackwell Pub., 2004).

3 Dennis Tak-wing, "Chinese Christianity: The Study of Indigenous Theology in Twentieth Century China," *Journal of World Christianity* 7, no. 2 (2017): 101-122.

4 Jürgen Habermas, *Knowledge and Human Interests* (Boston, MA: Beacon Press, 1971).

問題：是「對誰的利益」？是一種「潛藏的」（potential）或「更真實」（actual）的基督教？[5] 還是西方文化優越論藉基督之名的一種侵略？當一些學者要打破那些長久以基督名義的基督教國家對人民的壓制及欺騙時，在國際關係上，也要瞭解到這種威脅也同樣以基督名義壓制其他國家，所以要不斷警惕又對此反對。[6] 筆者於緒論所提出，就是美國的一些基督教系統，已把政治和宗教結合。我們更需瞭解此種以西方文化優越主導的基督教的神學，只是在歷史中眾多基督教流派中的一員，需要在歷史中辯證。中國的基督教在早期從西方傳到中國時，也把信仰以不同的政治決策作詮釋，所以中國的神學須從歷史中的辯證，像「南韋北趙」提出的把基督教在中國土壤中生根發展。當追溯中國基督教神學發展時，中國的和諧神學實具備了以下的要素，能回饋西方，貢獻並豐富全球基督教。

1. 去除西方基督教文化中的西方文化優越論，實現「真實」的基督精神

　　早期傳入中國的基督教在西方文化侵略的陰霾下，為中國人帶來奴隸化的問題，這種異化使基督教被利用而成為對人類的一種壓制。[7] 正如西方的神學家指出，利用一種以中產階級為主的概念，使西方的基督徒對於社會低下階層的苦難無動於衷，這樣

---

5 Francis C.M. Wei, *The Spirit of Chinese Culture* (New York: C. Scribner's, 1947), 25-26; 吳梓明：《基督教大學華人校長研究》（福州：福建教育出版社，2001），69。

6 Scott and Cavanaugh eds., *The Blackwell Companion to Political Theology*.

7 Jürgen Moltmann, *The Crucified God* (London: SCM, 1974), 328.

就使西方的人民沉醉於一種與基督信仰不相符的偶像崇拜中；這種偶像崇拜就藉君權神授，使人民被皇帝及諸侯所壓制而默言無聲。中國神學家在 20 世紀 20 年代就提出要摒棄西方黑暗面下的基督教，這種黑暗面的體系會把中國的基督教信仰脫離了原先的系統而成為西方國家中所傳遞的偶像化信仰。在本書最開始追尋西方傳教士於中國傳遞的意識形態時，我們可看到郭士立用大量的宣傳品對中國人表示西方科技的發達，使國人盲目崇拜科技的進步，而在接受基督教的過程中卻成為了當時西方政治技倆下的傀儡，使中國人處於西方列強的壓制之下。相反，理雅各的傳教是銀幣的另一面，他強調了中國文化優越的一面，以今天的神學家而言是一種傳教士的覺悟，[8] 甚至嘗試對中國不同宗教的瞭解，並把這些優越的文化元素傳予西方，能體現不同文化的相互尊重。

　　承接 19 世紀的西方傳教士，20 世紀的中國神學家正正就因他們留學西方，對西方認識，故在文化及神學上有所研究。一種如韋卓民強調的中國文化相對西方基督教而言是一種對等的文化，而「南韋北趙」能建構出一種以中國文化的優點又含有中國人性情的文化體會，以表達基督信仰。而此種神學在中國當時政治動盪及面對轉變的時刻，因著政治以致發展未能繼續，這亦是在中國改革開放後丁光訓、汪維藩等神學家提出要回到 20 世紀 20

---

8 Lamin Sanneh, Plenary session of Yale-Edinburgh Group Conference on "Responses to Missions: Appropriations, Revisions, and Rejections", organized by the Centre for the Study of World Christianity at the University of Edinburgh, Yale Divinity School, and the Overseas Ministries Study Center, June 23-25, 2016.

年代從當時趙紫宸等神學家的創建中，再次研討中國式的神學。
所以，中國式神學的建設是具有一個任重道遠的目標，就是在建
構中去除西方基督教所建立的政治偶像崇拜，以馬克思的用語就
是去除一種西方「奴隸」神學。如何使基督教在現今的中國兼容，
我們可使用馬克思的思路：對人類的總體把握通過歷史來瞭解。
人不是抽象地對生命進行自我反省，乃是在勞動中瞭解而揚棄奴
隸的意識。一種去除「奴隸」意識的神學，需要通過瞭解對「死
亡」的概念。[9] 人只有向死而生，這種基督教式的十架觀念，讓我
們面對人的有限，才能真正得自由。筆者提出世俗利益化的基督
教藉基督之名進行掠奪的其時，通過以往歷史正反的辯證，就看
到了一些西方神學正正失去了「真實」基督教中從死而生的體會。
他們並沒有放下西方文化的權力，相反在使中國人跟隨基督的同
時，也成為了西方文化的「奴隸」。中國神學正以此歷史辯證中
由死而生的方向邁進，通過死亡向著基督的生，這樣才能達至一
種社會主義與基督精神兼容的價值體系。[10]

---

9 Alexandre Kojève, "Hegel, Marx and Christianity," *Interpretation* 1 (1970): 21-42; Shadia B. Drury, *Alexandre Kojève: The Roots of Postmodern Politics* (New York: St. Martin's Press, 1994); Gaston Fessard, "Two Interpreters of Hegel's Phenomenology: Jean Hyppolite and Alexandre Kojève," *Interpretation* 19, no. 2 (Winter 1991-1992):195-199; Patrick Riley, "Introducrtion to the Reading of Alexandre Kojève," *Political Theory* 9, no. 1 (1981): 5-48; Denis J. Goldford, "Kojève's Reading of Hegel," *International Philosophic Quarterly* 22 (1982):275-294; George Armstrong Kelly, *Idealism, Politics and History: Sources of Hegelian Thought* (Cambridge: Cambridge University Press, 1969), 313-338.

10 Alexandre Kojève, "The Idea of Death in the Philosophy of Hegel" (1947), in Robert Stern ed., *G.W.F. Hegel: Critical Assessments* (London; New York: Routledge, 1993), Vol. 2.

2. 以生命和諧要素詮釋的神學

這種神學能共融中國人傳統性格的和諧要素，建立一種具生命的神學，在人類社會中展現出來。中國從歷史的辯證中，揚棄了當中「媚俗」的虛假意識。[11] 脫離媚俗的基督教，尋找那種自發而先於政治的源頭，這種先於政治的源頭就是在人學（anthropology）中的性情。而中國人的和諧性情有兩個特點：一個是表現人與人的和諧性，另一個是表現出人與天的和諧性。第一種和諧性展現於中國社會的核心價值如誠信、公正、友善等，這是與聖經中耶穌的登山寶訓的系統能兼容的；當然這種先於政治的源頭在人類不同民族的性情中也有所展現，而中國民族性情與聖經中人類應有的性情相碰時，是十分適合用以詮釋基督教的。此性情也同樣適合闡釋共產主義的精神。隨著新中國的建立，通過馬克思主義武裝革命的解放已發生，今天再不需要暴力革命，所以改革開放後可適時重整具有中國特色的基督教理論，而這種理論是具建構性，就是把基督教的元素 —— 愛、和平 —— 在這時期中貢獻於國家的建設。[12] 新中國現今的新社會所反映的並不是「顛倒的世界」，而宗教本身也不應再被視為「顛倒的反映」，所以「舊世界」顛倒反映的宗教鬥爭，在現今已轉型為對「新世界」中正常生存的宗教的合作，而貢獻於社會的和諧。[13]

---

[11] Andrew Shanks, *Hegel's Political Theology* (Cambridge; New York: Cambridge University Press, 1991), 2-3.

[12] 見丁光訓：《丁光訓文集》（南京：譯林，1998）。

[13] 卓新平：《田野寫真：調研集》（北京：中國社會科學出版社，2012），117-118。

3. 秉承基督教傳統，又具經驗與理性相互整合平衡的神學

趙紫宸強調屬靈派、靈恩派領袖在靈性上的經驗，[14] 對民眾確實具有正面性和積極性。無論在精神上、道德上都能鼓勵中國人撇棄罪惡，重建神、人關係，並且使人在難關中帶來希望，以今天的語言就是一種正能量。而今天隨著後宗派的建立，提倡一種重視聖經、傳統、經驗、理性互相平衡的神學，去除了以往初期靈恩派領袖的專制和絕對的局限，又去除只有理性知識卻缺乏經驗的單一向度。而天人合一就是在以上第二點所提出的另一種和諧性情，使以往中國的傳統宗教（包括民間宗教）能通過靈恩派、屬靈派而成為對屬靈事物的一種可明白、可與之對話的共有經驗，使中國基督教在近代發展迅速。在福音的廣傳中，靈恩派成為了橋樑，加上中國基督教發展一直強調正統與知識，使中國的神學成為一種平衡系統，[15] 整合了基要派、自由派、靈恩派、福音派，令中國的基督教成為了西方分割式系統的另一種表現，是為整合式的系統。[16]

4. 中國式的神學體系在於能與當代的神學理論相融，解決現今的問題

西方神學家默茨（Johann B. Metz）的研究作了一種重要的轉移，就是一個在神學中終末論的新重點。他指出，任何在西

---

[14] 參頁 263 第六章第二節之「2. 從中國傳統宗教經驗中經歷基督的信仰」。

[15] 同上。

[16] 參頁 254 第六章第一節之「2. 一種由上而下強調基督的啟示、又由下而上強調從不同的文化處境中瞭解基督的神學體系」。

方當前的政治安排，不管有多好，都不等同於上帝的未來，時間上也不一樣。默茨的這種終末論的附文，就像今天莫特曼對終末論辯證式的解釋，他在《盼望神學》（*Theology of Hope*）中指出，現在和未來、經驗和盼望是互相對立的，所以他指出現在並不代表未來，或用神學的另一術語，就是非同時性（non-contemporaneity）。[17] 所以，若聲稱某個西方政權或政府全然表明上帝對人類的心意是不可能的。正像默茨所言，「人類嘗試洞悉未來，而基督教則堅持自己欠缺這方面的知識。」[18] 就如奇雲（Michael Kirwan）在其《政治神學》（*Political Theology*）一書中指出，美國前總統喬治布殊（George Bush）以「天啟的語言承諾報復」、和宗教政治活動在美國的興起，這種世俗政治的基督教，正釀成了當今的文明衝突。[19] 奇雲也採用了哈貝馬斯的理論，強調要轉化這種世俗政治下的基督教，需要強調溝通。而中國的基督教神學正是一種深化的文化理論，使中國文化作為西方文化的強勢他者，把神學帶進了在「多維度面向引導多元的方法」，使「在多種的文化下的方法才能夠瞭解多維度面向的實在（reality）」，也是耶魯大學學者坦納（Kathryn Tanner）強調的諸文化相碰的後現代視野。中國式的神學讓中國文化對於西方文化具有對等性以及互補及豐富的作用。通過中國基督教由西方傳入的歷史，我們

---

17 Jürgen Moltmann, *Theology of Hope* (London: SCM, 1967), 18.

18 Johann B. Metz, *Faith in History and Society: Toward a Practical Fundamental Theology* (London: Burns and Oates, 1980), 11.

19 Michael Kirwan, *Political Theology* (Minneapolis, MN: Fortress Press, 2009), 149.

也正以辯證的系統以不斷深化的神學理論、文化理論、政治神學理論，建構中國式的神學體系。此種系統具有對不同宗派、宗教甚至政治有良好的溝通能力，而在此文化理論下，再配合現今神學中對終末論的不同瞭解，能避免像福山提出的「歷史的終結論」（the end of history）[20] 所引致的西方世俗政治背後的錯誤神學。

有人問：您是中國人嗎？答：是。有人問：您是否自由派的？答：是。您是否基要派的？答：是。您是否靈恩派的？答：是。您是否福音派的？答：是。最後有一個人說：沒可能，因為他們每一個派別都有爭拗、不兼容的地方。回答：因為我們的上帝是一個絕對、真實、是完全的，所以在歷史裏是通過了不同的宗派、我們所說的不同面向才能夠去展示出祂的完全，所以⋯⋯這樣能夠在各個面向裏去學習，我們從不同的延異裏，能夠看到上帝的痕跡。因為我們是被造之物，上帝的啟示是絕對的，上帝是絕對的，但是在我的詮釋卻不是絕對，因為我不是絕對。這就是答案 —— 是和諧神學。上帝給我們一個本性，就是將和諧放在我們的生命裏，所以我們能夠多面向的通過和諧找到上帝的痕跡。

---

20 Francis Fukuyama, *The End of History and the Last Man* (Harmondsworth, Middlesex: Penguin Books, 1992).

參 考 文 獻

一、原始檔案資料

1. 美國耶魯大學神學院檔案館

"Wei, Francis Cho-Min, 1946-1951," United Board Consolidated General File RG11: Group No. 11, Series No. II, Box No. 73.

"Yenching Corres. Chao T.C., 1927-1941," UBCHEA Archives College Files RG11: Group No. 11, Series No. IV, Box No. 322.

2. 英國倫敦大學

Wei Francis C.M., "A Study of the Chinese Moral Tradition and Its Social Values," Ph. D. Dissertation, 1929: Index to theses, 0-11354.

Burnett H. Streeter, *The Primitive Church: Studied with Special Reference to the Origins of the Christian Ministry*. London: Macmillan, 1929.

Burnett H. Streeter, *The Four Gospels: A Study of Origins, Treating of the Manuscript Tradition, Sources, Authorship, & Dates*. London: Macmillan, 1924.

Leonard T. Hobhouse, *Development and Purpose: An Essay towards A Philosophy of Evolution*. London: Macmillan, 1927.

3. 北京大學檔案館

《趙紫宸有關宗教問題的信函》，編號：YJ46023-1

《趙紫宸世界基督教情況報告及有關給在加拿大召開的國際佈道會寫文章探討宗教方面問題等事宜的函件》，編號：YJ47016-4

《世界基督教協會會議文件》，編號：YJ47016-2

《宗教學院董事會董事名單和履歷表》，編號：YJ50021-1

4. 華中師範大學檔案館

1930-1951 年華中大學韋卓民書信檔案案卷目錄

《1930 年 4、7-12 月韋卓民與有關人士的書信往來（英文）》，編號：1930-LS12-01-001

《1934 年韋卓民與有關人士的書信往來（英文）（二）》，編號：1934-LS12-02-001

《1935 年韋卓民與有關人士的書信往來（英文）（一）》，編號：1935-LS12-01-001

《1935 年韋卓民與有關人士的書信往來（英文）（一）》，編號：1935-LS12-01-003

《1935 年韋卓民與有關人士的書信往來（英文）（二）》，編號：1935-LS12-02-002

《1937 年 4 月韋卓民與有關人員的書信往來（英文）》，編號：1937-LS12-04-003

《1937 年 5 月韋卓民與有關人員的書信往來（英文）》，編號：1937-LS12-05-001

《1937 年 11 月韋卓民在美國與有關人士的書信往來（英文）》，編號：1937-LS12-09-002

《1937 年 11 月韋卓民在美國與有關人士的書信往來（英文）》，編號：1937-LS12-09-008

《1938 年 1 月韋卓民與有關人員的書信往來（英文）》，編號：1938-LS12-01-011

《1938 年 1 月韋卓民與有關人員的書信往來（英文）》，編號：1938-LS12-01-027

《1938 年 1 月韋卓民在桂林期間與有關人員的書信往來（英文）》，編號：1938-LS12-05-003

《1938 年 1 月韋卓民在桂林期間與有關人員的書信往來（英文）》，編號：1938-LS12-05-004

《韋卓民個人檔案第六盒》

《韋卓民個人檔案（1）、（2）》，未有編號內部文件

5. 香港中文大學崇基圖書館

Rev. Smith's Report, C CH M1, 134, Church Missionary Society Archive.

George Smith, "Prospectus of Missionary Plans for the Benefit of the Chinese," 1849, CO 129/31.

6. 香港浸會大學圖書館

Gillian Bickley, "George Smith（1815-1871）, Pioneer of the Church Missionary Society in China and First Bishop of Victoria," paper presented at the "Second Symposium on the History of Christianity in Modern China," co-organized by the Department of History, Hong Kong Baptist University and Alliance Bible Seminary, Hong Kong Baptist University, 5-6 January 2001.

7. 上海檔案館

《上海教會概況》，編號：U128-0-30-1

《上海教會歷史》，編號：U128-0-28

《有關上海教會歷史的三個參考資料》，編號：U128-0-28-1

《基督徒報》，編號：U128-0-12、U128-0-14

8. 山東省泰安市檔案館

《山東泰安臨汶區馬莊敬家杭耶穌家庭靈修院會議記錄簿（1938 年 8 月至 1939 年 7 月）》，編號：0031

《耶穌家庭詩歌選》，編號：18-13-870

《耶穌家庭詩歌》，編號：18-13-875

《耶穌家庭詩歌集》，編號：18-13-840

《家庭書信》，編號：18-13-798

《記耶穌家庭》，編號：18-13-809

9. 山東省泰山區檔案館

《全國各地耶穌家庭經濟情況及負責人簡歷調查統計表》，編號：1-16-3

《地縣工作組關於批判敬奠瀛、群眾控訴、馬莊耶穌家庭的黑暗統治、敬奠瀛的申
　　訊報告及其本人檢討自傳》，編號：1-16-9

《馬莊耶穌家庭歷史概況、婚姻制度、按血統分類法、統計、登記表》，編號：
　　1-16-7

10. 中國基督教華東神學院檔案館

趙紫宸、范天祥：《民眾聖歌集》

蘇佐揚：《天人短歌》

廣學會：《聖詩選集》

中華信義會：《頌主聖詩》

《天風》，編號：059/1077

二、口述及訪問記錄

韋卓民之曾外孫趙子柳（Lev Navarre Chao），2017 年 4 月 3 日，香港中文大學。

中國山東省泰安市馬莊鎮北新莊教會（前身為敬奠瀛創立之耶穌家庭）李瑞君長
　　老，2016 年 6 月 9 日，北新莊教會。

中國山東省泰安市馬莊鎮北新莊教會（前身為敬奠瀛創立之耶穌家庭）肖梅長老，
　　2016 年 6 月 9 日，北新莊教會。

中國福建省福州教會中洲基督教堂（原中洲基督徒聚會處）、福建省基督教兩會副
　　總幹事及福州市倉山區政協委員李登堅長老，2016 年 1 月 8 日，福州教會中
　　洲基督教堂。

英國開西大會行政總裁 Dr. Jonathan Lamb，2014 年 8 月 1 日，開西大會會場。

中國神學家趙紫宸長子趙景心教授，2014 年 4 月 29 日，趙景心家中。

中國聖樂著名學者馬革順教授，2012 年 9 月 4 日，馬革順家中。

三、其他參考資料

Anderson, Allan. *An Introduction to Pentecostalism*. Cambridge, U.K; New York: Cambridge University Press, 2004.

Armstrong, Karen. *The Case for God*. London: Bodley Head, 2009.

Armstrong, Kelly George. *Idealism, Politics and History: Sources of Hegelian Thought*. Cambridge: Cambridge University Press, 1969.

Au, Connie. "Global Christianity and Ecumenism in Asian Pentecostalism." In *Pentecostal Mission and Global Christianity*, edited by Wonsuk Ma, Veli-Matti Kärkkäinen & J. Kwabena Asamoah-Gyadu. Oxford: Regnum Books, 2014.

Barth, Karl. *Church. Dogmatics*, Volume 2, edited by G. W. Bromiley and T. F. Torrance. London: T & T Clarks, 2004.

Barthes, Roland. *Image-Music-Text*. Trans. Stephen Heath. New York: Hill and Wang, 1977.

Bays, Daniel. "Christianity and the Chinese Sectarian Tradition." *Ching Shih Wen-ti* 4, no. 7 (1982).

——. "Christian Revival in China, 1900-1937." In *Modern Christian Revivals*, edited by Edith L. Blumhofer and Randall Balmer. Urbana and Chicago: University of Illinois Press, 1993.

Bebbington, David. W. *Evangelicalism in Modern Britain: A History from the 1730s to the 1980s*. London: Unwin Hyman, 1989.

Bevans, Stephen B. *Models of Contextual Theology*. New York: Orbis Books, 2000.

Bevans, Stephen B. and Schroeder, Roger P. *Constants in Context*. Maryknoll; New York: Orbis, 2011.

Bickley, Gillian. *Development of Education in Hong Kong: Revealed by Government Reports, 1848-1896*. Hong Kong: Proverse Hong Kong, 2002.

Bosch, David. *Transforming Mission: Paradigm Shifts in Theology of Mission*. Maryknoll: Orbis Books, 1991.

Bowne, Borden P. *Personalism*. New York: Houghton Mifflin, 1908.

Britton, Roswell S. *The Chinese Periodical Press, 1800-1912*. Shanghai: Kelley & Walsh, 1933.

Brown, Candy Gunther, ed. *Global Pentecostal and Charismatic Healing*. New York; Oxford: Oxford University Press, 2011.

Bushnell, Horace. *Nature and the Supernature, As Together Constituting the One System of God*. New York: Scribner, 1858.

Carlberg, Gustav. *China in Revival*. Rock Island, Ill.: Augustana Book Concern, 1936.

Carter, Russell. *Russell Kelso Carter on Faith Healing*. New York: Garland, 1985.

Case, Shirley Jackson. *The Historicity of Jesus: A Criticism of the Contention That Jesus Never Lived, A Statement of the Evidence for His Existence, An Estimate of His Relation to Christianity*. Chicago: University of Chicago Press, 1912.

Cauthen, Kenneth. *The Impact of American Religious Liberalism*. Washington, D.C.: University Press of America, 1983.

Chang, Paul Bao-wha, eds. *Hymns of Praise*. Singapore: Christian Nationals' Evangelism Commission, 1978.

Chao, T. C. "The Future of the Church in Social and Economic Thought and Action." *The Chinese Recorder* 69 (July-August 1938).

———. "Revelation." In *The Authority of the Faith: Madras Series*. New York: International Missionary Council, 1939.

———. "Our Cultural Heritage." In *The Collected English Writings of Tsu Chen Chao*, edited by Wang Xiao-Chao. Beijing: China Religious Culture Publisher, 2009.

Chao, T. C. et al. *China Today through Chinese Eyes (Second Series)*. London: Student Christian Movement, 1926.

Chen, James. *Meet Brother Nee*. Hong Kong: Christian Publishers, 1997.

Chen, Yong-Tao. *The Chinese Christology of T.C. Chao*. Leiden: Brill, 2017.

Clarence B. Bass, *Backgrounds to Dispensationalism: Its Historical Genesis and Ecclesiastical Implications*. Eugene: Wipf & Stock, 2005.

Clarke, William N. *An Outline of Christian Theology*. New York: Scribner, 1909.

Cliff, Norman H. "A History of the Protestant Movement in Shandong Province, China, 1859-1951." Ph.D. Dissertation, University of Buckingham, 1994.

Coad, Frederick. *A History of the Brethren Movement*. Exeter: The Paternoster Press, 1968.

Cohen, Paul. *Discovering History in China*. New York: Columbia University Press, 1984.

——. "Christian Missions and Their Impact to 1900." In *The Cambridge History of China*, Vol. 10, edited by John King Fairbank. Cambridge: Cambridge University Press, 1978.

Cooper, Barry. *The End of History*. Toronto University of Toronto Press, 1984.

Cox, James L. "Jerusalem 1928: Its Message for Today." *Missionary* 9, no. 2 (April 1981).

Craik, Henry. *New Testament Church Order*. Bristol: Mack, 1863.

Darby, John N. "Discipline and Unity of the Assembly." In *The Collected Writings of J. N. Darby*, Vol. IV, edited by W. Kelly. London: Morrish, 1867-1883.

——. "Separation from Evil: God's Principle of Unity." In *The Collected Writings of J. N. Darby*, Vol. I, edited by W. Kelly. London: Morrish, 1867-1883.

Dayton, Donald. *Theological Roots of Pentecostalism*. Metuchen, N.J.: Scarecrow Press, 1987.

Dieter, Melvin. *The Holiness Revival of the Nineteenth Century*. Lanham, Md.: Scarecrow Press, 1996.

Drury, Shadia B. *Alexandre Kojève: The Roots of Postmodern Politics*. New York: St. Martin's Press, 1994.

Editorial, "The Bible League of North America." *The Bible Champion* XVI (August 1913).

Eitel, E. J. "Materials for a History of Education in Hong Kong." *China Review* XIX (1890–1891).

——. *Europe in China: The History of Hongkong from the Beginning to the Year 1882*. Hong Kong: Kelly & Walsh, 1895.

Endacott, George B. and She. Dorothy E. *The Diocese of Victoria, Hong Kong: A Hundred Years of Church History 1849-1949*. Hong Kong: Kelly & Walsh, 1949.

Engels, Frederick. "Letter to F. Mehring (1893)." In *Engels Karl Marx and Frederick Engels: Selected Works in Three Volumes*, Volume 3. Moscow: Progress Publishers, 1969-1970.

Evans, Eifion. *The Welsh Revival of 1904*. Bridgend, Wales: Evangelical Press of Wales, 1969.

Evans, Stephen. "Language Policy in British Colonial Education: Evidence from Nineteenth Century Hong Kong." *Journal of Educational Administration and History* 38, no.3 (2006).

Farquhar, J. N. *The Crown of Hinduism*. London: Oxford University Press, 1913.

Fergusson, David, ed. *The Blackwell Companion to Nineteenth-Century Theology*. Chichester, U.K.; Malden, Mass.: Wiley-Blackwell, 2010.

Fessard, Gaston. "Two Interpreters of Hegel's Phenomenology: Jean Hyppolite and Alexandre Kojève." *Interpretation*. 19, no. 2 (Winter 1991-1992).

Fiedler, Klaus. *The Story of Faith Missions*. Oxford: Regnum, 1994.

Figgis, J. B. *Keswick from Within*. London: Marshall Brothers, 1914.

Fukuyama, Francis. *The End of History and the Last Man*. Harmondsworth, Middlesex: Penguin Books, 1992.

Ganoczy, Alexandre. *The Young Calvin*. Philadelphia: Westminster, 1987.

———. "Calvin's Life." In *Cambridge Companion to John Calvin,* edited by Donald K. McKim. Cambridge: Cambridge University Press, 2004.

General Conference of the Protestant Missionaries of China. *Records of the General Conference of the Protestant Missionaries of China Held at Shanghai, May 7-20, 1890*. Shanghai: American Presbyterian Mission Press, 1890.

Girardot, Norman J. *The Victorian Translation of China: James Legge's Oriental Pilgrimage*. Berkeley: University of California Press, 2002.

Glüer, Winfried. *Christliche Theologie in China: T. C. Chao: 1918-1956*. Gütersloh: Gütersloher Verlagshaus Mohn, 1979.

Goforth, Jonathan. *By My Spirit*. London: Marshall, Morgan & Scott, 1929.

Goldford, Denis J. "Kojève's Reading of Hegel." *International Philosophic Quarterly* 22 (1982).

Gordon, Bruce. *Calvin*. New Haven; London: Yale University Press, 2009.

Gort, Jerald D. "Jerusalem 1928: Mission, Kingdom and Church." *International Review of Mission* 67, no. 267 (July 1978).

Greisch, Jean. "Testimony and Attestation. " In *Paul Ricoeur: The Hermeneutics of Actions*, edited by Richard Kearney. London: Thousand Oaks & New Delhi: SAGE, 1996.

Groome, Thomas H. *Christian Religious Education*. San Francisco: Jossey-Bass Publishers, 1980.

Gützlaff, Charles. *A Sketch of Chinese History, Ancient and Modern: Comprising a Retrospect of Foreign Intercourse and Trade with China*. London: Smith, Elder, 1834.

———. *Journals of Three Voyages along the Coast of China in 1831, 1832, & 1833*. London: Frederick Westley and A. H. Davis, 1834.

Gützlaff, Karl F. A. *Journal of Three Voyages along the Coast of China*. London: Frederick Westley and A. H. Davis, Stationers' Hall Court, 1834.

Gutiérrez, Gustavo. *A Theology of Liberation: History, Politics and Salvation*. Maryknoll, New York: Orbis, 1988.

Habermas, Jürgen. *Knowledge and Human Interests*. Boston, MA: Beacon Press, 1971.

Hall, Douglas J. *Professing the Faith: Christian Theology in a North American Context*. Minneapolis: Fortress Press, 1993.

Hanan, Patrick. *Chinese Fiction of the Nineteenth and Early Twentieth Centuries*. New York: Columbia University Press, 2004.

Harding, Susan Friend. *The Book of Jerry Falwell: Fundamentalist Language and Politics*. Princeton, N.J.: Princeton University Press, 2000.

Harford, Charles, ed. *The Keswick Convention: Its Message, Its Method and Its Men*, London: Marshall Brothers, 1907.

Hart, Darryl G. *That Old-time Religion in Modern America: Evangelical Protestantism in the Twentieth Century*. Chicago: Ivan R. Dee, 2002.

Heim, S. Mark. *The Depths of the Riches: A Trinitarian Theology of Religious Ends*. Grand Rapids, MI: W. B. Eerdmans, 2001.

Hocking, William E. *The Meaning of God in Human Experience*. New Haven: Yale University Press, 1912.

———. *Human Natural and Its Remaking*. New Haven: Yale University Press, 1918.

———. *Types of Philosophy*. New York: C. Scribner's Sons, 1929.

Hui, Hoi-Ming. "A Study of T. C. Chao's Christology in the Social Context of China, 1920 to 1949." PhD. Dissertation, University of Birmingham, 2008.

Hutchison, William R. *Errand to the World: American Protestant Thought and Foreign Missions*. Chicago; London: University of Chicago Press.

International Missionary Council. *The Christian Life and Message in Relation to Non-Christian Systems of Thought and Life: Report of the Jerusalem Meeting of the International Missionary Council, March 24th-April 8th, 1928*, Volume I. London: International Missionary Council, 1928.

———. *The Relations between the Younger and Older Churches: Report of the Jerusalem Meeting of the International Missionary Council, March 24th-April 8th, 1928*, Volume III. London: Oxford University Press, 1928.

International Missionary Council & World Churches Council. *The Christian Prospect in Eastern Asia: Papers and Minutes of the Eastern Asia Christian Conference, Bangkok Dec. 3-11, 1949*. New York: Friendship Press, 1950.

Jech, Carl L. *Religion as Art Form*. Eugene: Wipf & Stock, 2013.

Kim, In Sik. "The Great Revival in 1907 and Its Influence on the Korean Church." Th.M. Dissertation, Fuller Theological Seminary, 1992.

Kinnear, Angus I. *The Story of Watchman Nee: Against the Tide*. Wheaton, IL: Tyndale House Publishers, 1973.

Kirwan, Michael *Political Theology*. Minneapolis, MN: Fortress Press, 2009.

Kojève, Alexandre. *Introduction to the Reading of Hegel*. Ithaca, N.Y.: Cornell University Press, 1969.

———. "Hegel, Marx and Christianity." *Interpretation* 1 (1970).

———. "The Idea of Death in the Philosophy of Hegel." (1947), In *G.W.F. Hegel: Critical Assessments* Vol. 2, edited by Robert Stern. London; New York: Routledge, 1993.

Kraemer, Hendrik. *The Christian Message in a Non-Christian World*. New York; London: Harper & Brothers, 1938.

———. "Continuity or Discontinuity." In *The Authority of the Faith: Madras Series*. New York: International Missionary Council, 1939.

Kydd, Ronald. *Healing through the Centuries*. Peabody, Mass.: Hendrickson Publishers, 1998.

Lam, Wing-Hung. *The Life and Thought of Chao Tzu-ch'en*. Hong Kong: China Graduate School of Theology, 1994.

Latourette, Kenneth S. *A History of Christian Missions in China*. New York: Macmillan, 1929.

Legge, Helen E. *James Legge: Missionary and Scholar*. London: The Religious Tract Society, 1905.

Legge, James. *The Chinese Classics: With A Translation, Critical and Exegetical Notes, Prolegomena, and Copious Indexes*, Vol. I. London: Trubner, 1861.

———. *Confucianism in Relation to Christianity*. Shanghai: Kelly & Walsh; London: Trubner, 1877.

———. "Imperial Confucianism." *China Review* 6, no. 3 (1877-1878).

———. *The Religions of China: Confucianism and Taoism Described and Compared with Christianity*. London: Hodder and Stoughton, 1880.

———. *The Nestorian Monument of Hsi-An Fu in Shen-Hsi, China*. London: Trubner, 1888.

———. *The Four Books: Confucian Analects, the Great Learning, the Doctrine of the Mean, and the Works of Mencius with English Translation and Notes*. Shanghai: Commercial Press, 1900.

———. *The Prologomena to the Chinese Classics of Confucius and Mencius*. Book II. Oxford: Oxford University, 1907.

———. "The Colony of Hong Kong." *Journal of the Royal Asiatic Society Hong Kong Branch* 11(1971).

———. *The Chinese Classics*. Taipei: Southern Materials Center, 1985.

Lenin, Vladimir I. *The Teachings of Karl Marx [1914]*. New York: International Publishers, 1964.

Leung, Kwong-Hon. *The Impact of Mission Schools in Hong Kong (1842-1905) on Traditional Chinese Education: A Comparative Study*. Boston Spa, Wetherby: British Library Document Supply Centre, 1987.

Lew, Timothy T. F. "China's Renaissance – The Christian Opportunity." *Chinese Recorder*

52 (May 1921).

Lewis, Donald M., ed. *Christianity Reborn: The Global Expansion of Evangelicalism in the Twentieth Century.* Grand Rapids, Mich.: W. B. Eerdmans, 2004.

Liao, Yuan-Wei, "Watchman Nee's Theology of Victory: An Examination and Critique from a Lutheran Perspective." Th.D. Dissertation, Luther Seminary, 1997.

Lindsay, Huge H. *Report of Proceedings on a Voyage to the Northern Ports of China, in the Ship Lord Amherst.* London: Fellowes, 1833.

Lossky, V. *The Mystical Theology of the Eastern Church.* Crestwood, N.Y.: St. Vladimir's Seminary Press, 1976.

Luther. *Luther's Works.* Eds. Jaroslav Pelikan (Vols. 1-30) & Helmut T. Lehman (Vols. 31-54). St. Louis: Concordia; Philadelphia: Fortress Press, 1955-1976. Vol. 40.

Lutz, Jessie G. *Opening China: Karl F. A. Gützlaff and Sino-Western Relations, 1827-1852.* Grand Rapids, Mich.: William B. Eerdmans, 2008.

Lutz, Jessie G. and R. Ray Lutz. "Karl Gützlaff's Approach to Indigenization: The Chinese Union." In *Christianity in China: From the Eighteenth Century to the Present*, edited by Daniel H. Bays. Stanford, Calif.: Stanford University Press, 1996.

Macquarrie, John. *Twentieth-Century Religious Thought*, London: SCM Press, 1988.

Madsen, Richard. "Signs and Wonders: Christianity and Hybrid Modernity in China." In *Christianity in Contemporary China: Socio-Cultural Perspectives*, edited by Francis K.G. Lim. Abingdon, Oxon; New York: Routledge, 2013.

Markham, James. *Voices of the Red Giants.* Ames: Iowa State University Press, 1967.

Marsden, George M. *Fundamentalism and American Culture.* New York: Oxford University Press, 2006.

Marx, K and F. Engels. *The German Ideology [1846].* Moscow: Progress Publishers, 1964.

McGrath, Alister E. *A Life of John Calvin: A Study in the Shaping of Western Culture.* Oxford, UK; Cambridge, Mass.: B. Blackwell, 1990.

———. *Christian Theology.* Cambridge, Mass: Blackwell, 1997.

McQuoid, Elizabeth. ed. *Going the Distance: The Keswick Year Book 2012.* Keswick: Keswick Ministries, 2013.

Meland, Bernard E. *Fallible Forms & Symbols: Discourses of Method in a Theology of*

Culture. Philadelphia: Fortress Press, 1976.

Metz, Johann Baptist. *Faith in History and Society: Toward a Practical Fundamental Theology*. London: Burns and Oates, 1980.

Millar, Robert. *History of the Propagation of Christianity, and the Overthrow of Paganism*, Volume 2. London: A. Millar, 1731.

Milne, William. *A Retrospect of the First Ten Years of the Protestant Mission to China*. Malacca: Anglo Chinese Press, 1820.

Moltmann, Jürgen. *Theology of Hope*. London: SCM, 1967.

———. *The Crucified God*. London: SCM, 1974.

Monsen, Marie. *The Awakening: Revival in China, a Work of the Holy Spirit*. London: China Inland Mission, Overseas Missionary Fellowship, 1961.

Morrison, Eliza A. *Memoirs of the Life and Labours of Robert Morrison*. Volume I. London: Longman, Orme, Brown, and Longmans, 1839.

Mudge, Lewis S. "Paul Ricoeur on Biblical Interpretation." *Biblical Research* 24-25 (1979-1980).

Muller, Richard A. "The Starting Point of Calvin's Theology: An Essay-Review." *Calvin Theological Journal* 36 (2001).

Murray, Andrew. *Divine Healing: A Scriptural Approach to Sickness, Faith and Healing*. Washington: CLC, 2012.

Ng, Dennis Tak-Wing. *Aulen's Study of the Three Types of the Idea of Atonement*. Toronto: R.D.N. VMF, 2007.

———. "The Development of Indigenous Theology in China: The Cases of Francis Wei and T.C. Chao Revisited." *Asian Christian Review* 8, no. 1 (2016) (forthcoming).

———. "The Sinicisation of Sacred Music: A Study of T. C. Chao." In *Sinicizing Christianity*, edited by Yangwen Zheng. Leiden; Boston: Brill, 2017.

———. "Chinese Christianity: The Study of Indigenous Theology in Twentieth Century China." *Journal of World Christianity* 7, no. 2 (2017).

Ng, Peter T. M. *Chinese Christianity: An Interplay between Global and Local Perspectives*. Leiden: Brill, 2012.

Nye, Joseph S. *Soft Power: The Means to Success in World Politics*. New York: Public

Affairs, 2004.

Olson, Roger E. *The Journey of Modern Theology: From Reconstruction to Deconstruction*. Downers Grove, Illinois: IVP Academic, 2013.

Orr, Edwin. *Evangelical Awakenings in Eastern Asia*. Minneapolis: Bethany Fellowship, 1975.

——. *The Flaming Tongue: Evangelical Awakenings, 1900*. Chicago: Moody, 1975.

Penn-Lewis, Jessie. *The Awakening in Wales*. Parkstone, England: The Overcomer Literature Trust, 1905.

Pew Research Center's Forum on Religion & Public Life. "Global Christianity: A Report on the Size and Distribution of the World's Christian Population." Washington, D.C., Dec 2011. http:// www.pewforum.org/2011/12/19/global-christianity-exec/

Pfister, Lauren F. "The Legacy of James Legge." *International Bulletin of Missionary Research* 22, no. 2 (1998).

——. *Striving for 'The Whole Duty of Man': James Legge and the Scottish Protestant Encounter with China*, Vol. I & II. Frankfurt am Main; New York: Peter Lang, 2004.

Phan, Peter C. "Eschatology: Contemporary Context and Disputed Questions." In *Church and Theology: Essays in Memory of Carl J. Peter*, edited by Peter C. Phan. Washington, D.C.: Catholic University of America Press, 1995.

——. *In Our Own Tongues: Perspectives from Asia on Mission and Inculturation*. Maryknoll, N.Y. : Orbis Books, 2003.

Pollock, John C. *The Keswick Story: The Authorized History of the Keswick Convention*. London: Hodder and Stoughton, 1964.

Porterfield, Amanda. *The Transformation of American Religion*, New York: Oxford University Press, 2001.

Post, Werner. "Ideology." In *Sacramentum Mundi,* Vol. III., edited by Karl Rahner et.al. New York: Herder and Herder, 1968-1970.

Rahner, Karl. *The Trinity*. New York: Crossroad, 1997.

Ramabi, Pandita. *The Baptism of the Holy Ghost & Fire*. Kedgaon: Mukti Mission Press, 1906.

Rawlinson et al ed. *The Chinese Church as Revealed in the National Christian Conference*

Held in Shanghai, Tuesday, May 2 to Thursday, May 11, 1922. Shanghai: The Oriental Press, 1922.

Rees, D. Vaughan. *The "Jesus Family" in Communist China: A Modern Miracle of New Testament Christianity.* Exeter Devon: Paternoster Press, 1964.

Reich, Simon and Richard Ned Lebow. *Good-bye Hegemony!: Power and Influence in the Global System.* Princeton, New Jersey: Princeton University Press, 2014.

Rejai, Mostafa. "Ideology." In *Dictionary of the History of Ideas*, Vol. II, edited by Philip P. Wiener. New York: Charles Scribner's Sons, 1973.

Reynolds, William J. *A Survey of Christian Hymnody.* New York: Holt, Rinehart and Winston, 1963.

Richard, Timothy. *Forty-five Years in China: Reminiscences.* London: Fisher Unwin, 1916.

Ricoeur, Paul. "History and Hermeneutics." *The Journal of Philosophy* 73 (1976).

———. *Time and Narrative*, Vol. 1. Chicago & London: University of Chicago Press, 1984.

———. "Life: A Story in Search of a Narrator." In *Facts and Values,* edited by Marinus C. Doeser and J. N. Kraay. Dordrecht: Martinus Nijhoff, 1986.

———. "On Interpretation." In Paul Ricoeur, *From Text to Action.* London: Athlone, 1991.

———. "Metaphor and the Central Problem of Hermeneutics." In Paul Ricoeur, *Hermeneutics and the Human Sciences.* Cambridge: Cambridge University Press, 2016.

———. "The Narrative Function." In Paul Ricoeur, *Hermeneutics and the Human Sciences.* Cambridge: Cambridge University Press, 2016.

Riley, Patrick. "Introduction to the Reading of Alexandre Kojève." *Political Theory* 9, no. 1 (1981).

Ritschl, Albrecht. *The Christian Doctrine of Justification and Reconciliation: The Positive Development of the Doctrine.* Edinburgh: T & T Clark, 1902.

Robert, John. *The Revival in the Khasia Hills.* Newport: Cambrian Printing Works, 1907.

Roberts, Dana. *Understanding Watchman Nee: The Newest Book on Watchman Nee.* Plainfield: Logos-Haven Books, 1980.

Rowdon, Harold. *The Origins of the Brethren, 1825-1850.* London: Pickering and Inglis, 1967.

Sanneh, Lamin. "The Horizontal and the Vertical in Missions: An African Perspective." *Journal of Missionary Research* 7, no. 4 (1983).

———. Plenary session of Yale-Edinburgh Group Conference on "Responses to Missions: Appropriations, Revisions, and Rejections", organized by the Centre for the Study of World Christianity at the University of Edinburgh, Yale Divinity School, and the Overseas Ministries Study Center, June 23-25, 2016.

Scott, Peter and William T. Cavanaugh, eds. *The Blackwell Companion to Political Theology*. Malden, MA: Blackwell Pub., 2004.

Shanks, Andrew. *Hegel's Political Theology*. Cambridge; New York: Cambridge University Press, 1991.

Shibley, Mark A. *Resurgent Evangelicalism in the United States: Mapping Cultural Change since 1970*. Columbia, S.C.: University of South Carolina Press, 1996.

Simpson, Albert *The Four-Fold Gospel*, Harrisburg: Christian Pub., 1925.

Smith, George. *Rev. G. Smith's Report on Hongkong, More Especially in Reference to Missionary Facilities There and in the Contiguous Parts of the Canton Province*. London: Church Missionary House, Salisbury Square, 1845.

———. "Prospectus of Missionary Plans for the Benefit of the Chinese." June 1849, CO 129/31.

Soothill, William. *Timothy Richard of China: Seer, Statesman, Missionary & the Most Disinterested Adviser the Chinese Ever Had*. London: Seeley, 1924.

Sr. Santos, Josefina. "Sisters of St Paul de Chartres Hong Kong, 1848-1998." In *History of Catholic Religious Orders and Missionary Congregations in Hong Kong*, edited by Louis Ha and Patrick Taveirne. Hong Kong: Centre for Catholic Studies, the Chinese University of Hong Kong, 2011.

Standaert, Nicolas. *Methodology in View of Contact between Cultures: The China Case in the Seventeenth Century*, CSRCS Occasional Papers No. 11. Hong Kong: Centre for the Study of Religion and Chinese Society, Chung Chi College, The Chinese University of Hong Kong, 2002.

Stanley, Brian. "Christianity and Civilization in English Evangelical Mission Thought, 1792-1857." In *Christian Missions and the Enlightenment*, edited by Brian Stanley. Grand Rapids and Richmond, W. B. Eerdmans, 2001.

Starr, Chloë. *Chinese Theology: Text and Context*. Yale University Press, 2016.

Stauffer, Milton, ed. *China Her Own Interpreter*. New York: Missionary Education Movement of the United States and Canada, 1927.

Stead, W. T. and Morgan, G. Campbell. *The Welsh Revival*. Boston: Pilgrim Press, 1905.

Stokes, Gwenneth. *Queen's College 1862-1962*. Hong Kong: Queen's College, 1962.

———. *Queen's College: Its History 1862-1987*. Hong Kong: Queen's College Old Boys' Association, 1987.

Streeter, Burnett H. *The Four Gospels: A Study of Origins, Treating of the Manuscript Tradition, Sources, Authorship, & Dates*. London: Macmillan, 1924.

———. *The Primitive Church, Studied with Special Reference to the Origins of the Christian Ministry*. New York: Macmillan, 1929.

Sweeting, Anthony E. *Education in Hong Kong, Pre-1841 to 1941: Fact and Opinion, Materials of a History of Education in Hong Kong*. Hong Kong: Hong Kong University Press, 2001.

Synan, Vinson. *The Holiness-Pentecostal Tradition: Charismatic Movements in the Twentieth Century*. Grand Rapids, Mich: William B. Eerdmans Pub., 1997.

Tanner, Kathryn. *Theories of Culture: A New Agenda for Theology*. Minneapolis, MN: Fortress, 1997.

Teulon, Josiah S. *The History and Teaching of the Plymouth Brethren*. London: Society for Promoting Christian Knowledge, 1883.

The Bulletin of the Bible Union of China, Statement of November 25, 1920.

Tillich, Paul. "A Reinterpretation of the Doctrine of Incarnation." *Church Quarterly Review* CXLVII, no. 294 (1949).

———. *Systematic Theology*, Vol. Two. Chicago: The University of Chicago Press, 1957.

———. *A History of Christian Thought: From Its Judaic and Hellenistic Origins to Existentialism*. New York: Simon and Schuster, 1972.

———. "Problem of Theological Method." In *Paul Tillich, Theologian of the Boundaries*, edited by Mark K. Taylor. London: Collins, 1987.

Tracy, David. *Plurality and Ambiguity: Hermeneutics, Religion, Hope*. Chicago: University of Chicago Press, 1994.

Von Rad, Gerhard. *Old Testament Theology*. Vol. 2. Translated by D.M.G. Stalker. New York: Harper & Row, 1965.

Wacker, Grant. "The Pentecostal Tradition." In *Caring and Curing*, edited by R. L. Numbers and D. W. Amundsen. New York: Macmillan, 1986.

Waelhens, Alphonse De. "Identité et différence: Heidegger et Hegel." *Revue Internationale de Philosophie* 14, no. 52/2 (1960).

Wahl, Jean. *Le Malheur de la conscience dans la philosophie de Hegel*. Paris: Rieder, 1929.

Waley, Arthur. *The Opium War through Chinese Eyes*. New York: Macmillan, 1958.

Walls, Andrew F. *The Missionary Movement in Christian History*. Maryknoll, N.Y.: Orbis, 1996.

——. *The Cross-Cultural Process in Christian History: Studies in the Transmission and Appropriation of Faith*. Maryknoll, N.Y.: Orbis Books; Edinburgh: T & T Clark, 2002.

Walsh, W. H. *Philosophy of History: An Introduction*. New York: Harper, 1960.

Wang, Yan. "Chinese Media and Culture Heading Abroad," *China Daily*, April 29, 2010. http://www.chinadaily.com.cn/china/2010-04/29/content_9788422.htm

Ward, Graham. "Why is Derrida Important for Theology?." *Theology* 95 (1992).

Webb, Mary Theresa. *Christian Healing History and Hope*. Pittsburg: GOAL, 2001.

Wei, Francis. "Religious Beliefs of the Ancient Chinese and Their Influence on the National Character of the Chinese People." *The Chinese Recorder* 42 (June 1911).

——. *Political Principles of Mencius*. Shanghai: Presbyterian Mission Press, 1916.

——. "The Preservation of Chinese Culture and Morality in the Face of Changing Conditions." *Educational Review* 16, no. 4 (1924).

——. "Making Christianity Live in China." *The Chinese Recorder* 57 (February 1926).

——. "Synthesis of Cultures East and West." In *China Today through Chinese Eyes* (Second Series), edited by T. C. Chao, et al. London: Student Christian Movement, 1926.

——. "Viewpoints on Present Situation: Some Aspects of the Relations of the 'Peoples' Revolution' to the Christian Movement." *The Chinese Recorder* 58 (March 1927).

——. "A Study of the Chinese Moral Tradition and Its Social Values." Ph.D. Dissertation.

參考文獻

University of London, 1929.

——. "The Course of Action for the Christian Schools." *Educational Review* XXII, no. 4 (1930).

——. "The Institutional Work of Christian Missions in China." *International Review of Missions* 27, no. 3 (1938).

——. *The Spirit of Chinese Culture*. New York: Charles Scribner's Sons, 1947.

Wendel, François. *Calvin: The Origins and Development of His Religious Thought*. New York: Harper & Row, 1963.

West, Charles. *The Power to be Human: Toward a Secular Theology*. New York: Macmillan, 1971.

White, Hugh. "We Must Separate to Save Our Faith." White Papers, PHS, Montreat, NC, 5.

Wiant, Bliss. *The Music of China*. Hong Kong: Chung Chi College, The Chinese University of Hong Kong, 1965.

Wickeri, Philip L. *Reconstructing Christianity in China: K. H. Ting and the Chinese Church*. Maryknoll, N.Y.: Orbis Books, 2007.

Wilcox, Clyde. *God's Warriors: The Christian Right in Twentieth-century America*. Baltimore: Johns Hopkins University Press, 1992.

——. *Onward Christian Soldier?: The Religious Right in American Politics*. Boulder, Colo.: Westview Press, 1996.

Williams, Joseph. *Spirit Cure: A History of Pentecostal Healing*. New York: Oxford University Press, 2013.

Wong, Man-Kong. *James Legge: A Pioneer at Crossroads of East and West*. Hong Kong: Hong Kong Educational Pub., 1996.

World Missionary Conference, *Report of Commission II: The Church in the Mission Field*. Edinburgh and London and: Oliphant, Anderson and Ferrier, 1910.

Xinhua News Agency. "Premier: China to Continue Cultural System Reform," *China Daily*, March 5, 2010. http://www.chinadaily.com.cn/china/2010npc/2010-03/05/content_9544382.htm

Yang, Ernest Yin-Liu and Robert F. Fitch. "Divergent Opinions on Chinese Hymnology." *The Chinese Recorder* 65 (May 1934).

Zhang, Xian-Tao. *The Origins of the Modern Chinese Press*. London; New York: Routledge, 2007.

人民日報：〈社會主義核心價值觀基本內容〉。取自網站：http://theory.people.com. cn/n/2014/0212/c40531-24330538.html，2014 年 2 月 12 日。

David Bosch 著，白陳毓華譯：《更新變化的宣教：宣教神學的典範變遷》。台北：中華福音神學院出版社，1996。

丁光訓：〈我們的看法 ── 丁光訓主教一九八○年十二月廿三日同香港丘恩處牧師、吳建增牧師談話記錄〉。《景風》（第 66 期）（1981）。

───：《丁光訓文集》。南京：譯林出版社，1998。

───：〈在三自愛國運動四十五週年慶祝會上的講話〉，載丁光訓：《丁光訓文集》。南京：譯林出版社，1998。

───：〈思想不斷更新的吳耀宗先生〉，載范鳳華主編：《當代中國基督教發言人：丁光訓文集》。香港：基督教文藝出版社，1999。

───：《論三自與教會建設》。上海：中國基督教三自愛國運動委員會、中國基督教協會，2000。

───：〈三自愛國運動的發展和重視〉。《天風》第 1 期（2000）。

───：〈調整神學思想的難免和必然〉。《天風》第 3 期（2000）。

───：〈我怎樣看這五十年？〉。《天風》第 7 期（2000）。

王明道：《耶穌是誰》。香港：弘道，1962。

王治心：《中國基督教史綱》。上海：古籍，2004。

王神蔭：〈中國讚美詩發展概述（下）〉。《基督教叢刊》第 27 期（1950）。

王神蔭編：《讚美詩（新編）史話》。上海：中國基督教協會，1993。

王賡武主編：《香港史新編（增訂版）》全二冊。香港：三聯書店，2016。

六公會聯合聖歌委員會編：《普天頌讚》。上海：廣學會，1936。

中華人民共和國中央人民政府國務院公報：〈國家「十一五」時期文化發展規劃綱要〉。取自網站：http://www.gov.cn/gongbao/content/2006/content_431834. htm，2006 年第 31 號。

中華全國基督教協進會編：《基督教全國大會報告書》。上海：協和書局，1923。

中華續行委辦會：《中華歸主：中國基督教事業統計 1901-1921》（上）。北京：中

國社會科學出版社，1987。

中國基督教三自愛國運動委員會編：《讚美詩新編》。北京：中國基督教三自愛國
　　運動委員會，1983。

中國基督教三自愛國運動委員會第七屆常務委員會、中國基督教協會：《中國
　　基督教教會規章》。取自網站：http://www.ccctspm.org/quanguolianghui/
　　jiaohuiguizhang.html，2008 年 1 月 8 日。

《中庸》，第十三及二十章。

台灣基督長老教會聖詩委員會編：《聖詩》。台灣基督長老教會聖詩委員會，1964。

台灣基督長老教會聖詩委員會編：《世紀新聖詩》。台灣基督長老教會聖詩委員會，
　　2002。

古愛華著，鄧肇明譯：《趙紫宸的神學思想》。香港：基督教文藝出版社，1998。

卡拉、托蘭斯：〈被遺忘的三位一體〉，載漢語基督教文化研究所編：《現代語境中
　　的三一論》。香港：漢語基督教文化研究所，1999。

紀哲生、麥堅理編：《頌主新歌》。香港：浸信會出版社，1973（1980 印）。

世界循道衛理宗華人教會聯會聖樂委員會編：《聯合崇拜詩集》。香港：基督教文
　　藝出版社，1997。

安延明：《狄爾泰的歷史解釋理論》。台北：遠流，1999。

吉瑞德著，段懷清、周俐玲譯：《朝覲東方：理雅各評傳》。桂林：廣西師範大學
　　出版社，2011。

全國幹部培訓教材編審指導委員會組織編：《領導力與領導藝術》。北京：黨建讀
　　物出版社、人民出版社，2015。

伍德榮：〈韋卓民之對等文化〉，載陶飛亞、劉義編：《宗教‧教育‧社會：吳梓明
　　教授榮休紀念文集》。上海：東方出版中心，2009。

——：〈從《中國道德傳統及其社會價值的探討》看韋卓民之對等文化〉。神學博
　　士論文，東南亞神學研究院、香港中文大學崇基學院神學院，2010。

——：〈韋卓民的文化理論〉。《華東神苑》第 6 期（2011）。

——：〈具特色的中國基督教神學 —— 韋卓民的文化神學與趙紫宸的教義神
　　學〉。《華東神苑》第 11 期（2014）。

——：〈和諧神學：從趙紫宸、倪柝聲個案研究中國基督教神學的建造〉，載中國

社會科學院近代史研究所、福建師範大學中國基督教研究中心編：《全球化視野下的近代中國與世界基督教國際研討會暨第三屆多學科視野下的基督教中國化研究學術研討會論文集》，2014。

伍德榮、吳梓明：〈我們所認識燕京大學的博雅教育〉，載北京大學高等人文研究院、燕京大學北京校友會：《燕京大學現代中國的博雅教育傳統國際學術研討會論稿集》，2014。

林榮洪：《王明道與中國教會》。香港：中國神學研究院，1987。

——：《風潮中奮起的中國教會》。香港：天道，1990。

——：《曲高和寡：趙紫宸的生平及神學》。香港：中國神學研究院，1994。

——：《中華神學五十年：1900-1949》。香港：中國神學研究院，1998。

林榮洪、溫偉耀：《基督教與中國文化的相遇》。香港：香港中文大學崇基學院，2001。

朱立德編譯：《耶路撒冷大會的使命和建議：1928 年 3 月 24 日至 4 月 8 日》。世界基督教協進會，1928。

邢福增：《尋索基督教的獨特性：趙紫宸神學論集》。香港：建道神學院，2003。

——：《反帝，愛國，屬靈人：倪柝聲與基督徒聚會處研究》。香港：基督教中國宗教文化研究社，2005。

——：《衝突與融合：近代中國基督教史研究論集》。台北：宇宙光，2006。

汪維藩：〈聖靈與合一〉。《金陵神學誌》第 2 期（1998）。

——：〈要建立具中國特色的神學〉，載汪維藩：《十年踟躕 —— 汪維藩文集（一九九七至二零零七）》。香港：基督教中國宗教文化研究社，2009。

——：〈一九四九年前的中國教會〉，載汪維藩：《廿載滄茫 —— 汪維藩文集（1979-1998）》。香港：基督教中國宗教文化研究社，2011。

——：〈自序〉，載汪維藩：《廿載滄茫 —— 汪維藩文集（1979-1998）》。香港：基督教中國宗教文化研究社，2011。

——：〈要建立具中國特色的神學〉，載汪維藩：《廿載滄茫 —— 汪維藩文集（1979-1998）》。香港：基督教中國宗教文化研究社，2011。

汪暉：〈當代中國的思想狀況與現代性問題〉，載公羊編：《思潮：中國「新左派」及其影響》。北京：中國社會科學出版社，2003。

杜威：〈社會哲學與政治哲學〉。《新青年》，第 7 卷，第 1 號，1919 年 12 月。

杜維明：《體知儒學》。杭州：浙江大學出版社，2012。

余英時：《五四新論》。台北：聯經，2005。

余達心：《聆聽上帝愛的言說：教義神學新釋》。香港：中國神學研究院、基道出版社，2012。

李良明等著：《韋卓民》。珠海：珠海出版社，2008。

李良明等編著：《韋卓民年譜》。武漢：華中師範大學出版社，2010。

李志剛：《基督教與近代中國文化論文集》。台北：宇宙光，1989。

——：《香港教會掌故》。香港：三聯書店，1992。

李景雄：〈從《易經》的宇宙觀再思耶穌的複臨〉，載鄧紹光主編：《千禧年：華人文化處境中的觀點》。香港：信義宗神學院，2000。

沈以藩：〈中國教會的福音事工 1993 年 6 月 19 日在香港主領公開神學講座的講稿〉。《天風》第 8 期（2004）。

沈德溶：《在三自工作五十年》。上海：中國基督教三自愛國委員會、中國基督教協會，2000。

何光滬：〈從鳳凰涅槃到鳳凰共舞 —— 中國宗教學研究的回顧與展望〉，載何光滬、卓新平：《當代中國社會政治處境下的宗教研究》。香港：香港中文大學崇基學院宗教與中國社會研究中心，2014。

何凱立：《基督教在華出版事業（1912-1949）》。成都：四川大學出版社，2004。

何統雄編：《生命聖詩》。香港：宣道出版社，1986。

吳利明：《基督教與中國社會變遷》。香港：基督教文藝出版社，1981。

吳梓明：〈中國基督教史研究：時代的新挑戰〉，載羅秉祥、江丕盛主編：《基督宗教思想與 21 世紀》。北京：中國社會科學出版社，2001。

——：《基督宗教與中國大學教育》。北京：中國社會科學出版社，2003。

——：〈序〉，載陶飛亞：《中國的基督教烏托邦：耶穌家庭（1921-1952）》。香港：中文大學出版社，2004。

吳梓明編著：《基督教大學華人校長研究》。福州：福建教育出版社，2001。

吳梓明、梁元生：《中國教會大學文獻目錄第三輯》。香港：香港中文大學崇基學院宗教與中國社會研究中心，1997。

吳義雄：《開端與進展：華南近代基督教史論集》。台北：宇宙光，2007。

吳耀宗：〈做一個戰士〉。《華年》第 4 卷，第 3 期（1935）。

———：《大時代的宗教信仰》。上海：青年協會書局，1938。

貝萬斯、施羅德著，孫懷亮等譯：《演變中的永恆：當代宣教神學》。香港：道風
　　書社，2011。

季劍虹：〈中國基督教神學思想建設〉。《中國宗教》第 2 期（2004）。

金彌耳：《中流砥柱：倪柝聲傳》。台北：中國主日學協會，2013。

金觀濤、劉青峰：《中國現代思想的起源》。香港：中文大學出版社，2000。

卓新平：《田野寫真：調研集》。北京：中國社會科學出版社，2012。

卓新平編：《本色之探：20 世紀中國基督教文化學術論集》。北京：中國廣播電視，
　　1999。

卓新平、蔡葵主編：《基督教與和諧社會建設》。北京：中國社會科學出版社，
　　2015。

《孟子七篇‧盡心下》。

范燕生：〈穎調致中華 —— 范天祥傳（摘錄）〉，載《清音雅樂鳴幽谷：音樂在早
　　期崇基校園回顧展》。香港：香港中文大學崇基學院，2011。

施其樂：《歷史的覺醒：香港社會史論》。香港：香港教育圖書，1999。

段琦：《奮進的歷程：中國基督教的本色化》。北京：商務，2004。

岳峰：《架設東西方的橋樑：英國漢學家理雅各研究》。福州：福建人民出版社，
　　2004。

麥都思、郭士立：《東西洋考每月統記傳》。廣州，1833-1838。

查時傑：《民國基督教史論文集》。台北：宇宙光，1994。

連曦：《浴火得救：現代中國民間基督教的興起》。香港：香港中文大學出版社，
　　2011。

姚西伊：〈「基督宗教與跨文化對話」學術研討會〉。《中國神學研究院期刊》第 40
　　期（2006）。

———：《為真道爭辯：在華基督教新教傳教士基要主義運動（1920-1937）》。香港：
　　宣道出版社，2008。

韋卓民：《使徒信經十講》。香港：基督教輔僑出版社，1955。

——：《基督教的基本信仰》。香港：基督教輔僑出版社，1965。

——：〈古代中國人之宗教信仰及其對中國民族性之影響〉，載雷法章等編：《韋卓民博士教育文化宗教論文集》。台北：韋卓民博士紀念圖書館，1980。

——：〈抗戰初期中國的若干問題〉，載雷法章等編：《韋卓民博士教育文化宗教論文集》。台北：華中大學韋卓民紀念館，1980。

——：〈東西文化之綜合問題〉，雷法章等編：《韋卓民博士教育文化宗教論文集》。台北：韋卓民博士紀念圖書館，1980。

——：〈論中國文化和道德在形勢變化條件下的保存〉，載高新民選編：《韋卓民學術論著選》。武漢：華中師範大學出版社，1997。

——：〈要使基督教在中國有活的生命〉，載馬敏編：《韋卓民基督教文集》。香港：漢語基督教文化研究所，2000。

——：〈讓基督教會在中國土地上生根〉，載馬敏編：《韋卓民基督教文集》。香港：漢語基督教文化研究所，2000。

南木：〈鴉片戰爭以前英船阿美士德號在中國沿海的偵查活動〉，載列島編：《鴉片戰爭史論文專集》。北京：生活・讀書・新知三聯書店，1958。

葉仁昌：《五四以後的反對基督教運動 —— 中國政教關係的解析》。台北：久大文化，1992。

唐君毅：《心物與人生》。台北：學生書局，1989。

唐曉峰：《趙紫宸神學思想研究》。北京：宗教文化出版社，2006。

連曦：《浴火得救：現代中國民間基督教的興起》。香港：中文大學出版社，2011。

倪柝聲：〈靈與魂與身子〉，載倪柝聲：《屬靈人》上冊，卷一，第一章。福音書房編輯部編：《倪柝聲文集》第12冊。台北：福音書房，1991。

——：〈人的墮落〉，載倪柝聲：《屬靈人》上冊，卷一，第三章。福音書房編輯部編：《倪柝聲文集》第12冊。台北：福音書房，1991。

——：〈肉體與救恩〉，載倪柝聲：《屬靈人》上冊，卷二，第一章。福音書房編輯部編：《倪柝聲文集》第12冊。台北：福音書房，1991。

——：〈往事的述說〉，載倪柝聲：《講經記錄》，卷二。福音書房編輯部編：《倪柝聲文集》第18冊。台北：福音書房，1991。

——：〈得勝生命的性質〉，載倪柝聲：《得勝的生命》，第三篇。福音書房編輯部編：《倪柝聲文集》第 24 冊。台北：福音書房，1993。

——：〈聖經所啟示基督人的生命〉，載倪柝聲：《得勝的生命》，第二篇。福音書房編輯部編：《倪柝聲文集》第 24 冊。台北：福音書房，1993。

——：〈遠離神的趨勢〉，載倪柝聲：《不要愛世界》，第二章。福音書房編輯部編：《倪柝聲文集》第 39 冊。台北：福音書房，1997。

——：〈世界系統的背後〉，載倪柝聲：《不要愛世界》，第一章。福音書房編輯部編：《倪柝聲文集》第 39 冊。台北：福音書房，1997。

——：〈地方教會與工作和使徒的關係〉，載倪柝聲：《教會的事務》，第九篇。福音書房編輯部編：《倪柝聲文集》第 51 冊。台北：福音書房，1997。

——：〈破碎的緊要〉，載倪柝聲：《人的破碎與靈的出來》，第一篇。福音書房編輯部編：《倪柝聲文集》第 54 冊。台北：福音書房，1997。

高時良：《中國教會學校史》。長沙：湖南教育出版社，1994。

翁同龢：《翁文恭公日記》，卷 34。台北：國風出版社，1964，冊七。

陳家富：《田立克：邊緣上的神學》。香港：基道出版社，2008。

陳彬：《宗教權威的建構與表達：對 N 省 H 市山口教堂的研究》。香港：香港中文大學崇基學院宗教與中國社會研究中心，2013。

陳終道：《我的舅父倪柝聲》。台北：中國信徒佈道會，1992。

陳雲：〈做好工商聯工作〉，載陳雲：《陳雲文選：1949-1956》。北京：人民出版社，1984。

陳澤民：〈中國基督教（新教）面對現代化的挑戰〉。「基督教文化與現代化」國際研討會。1992 年 4 月，北京。

陳廣培：〈韋卓民的宗教與文化神學述論〉。《中宣文集》，創刊號（2001）。

馬宇虹等：〈中國基督教第八次全國代表會議在北京隆重舉行〉。《中國宗教》第 1 期（2008）。

馬敏編：《韋卓民基督教文集》。香港：漢語基督教文化研究所，2000。

馬敏、周洪宇等編：《跨越中西文化的巨人：韋卓民學術思想國際研討會論文集》。武漢：華中師範大學出版社，1995。

馬斯丹著，宋繼傑譯：《解構基要主義與福音主義》。香港：天道出版社，2004。

馬鴻綱：〈介紹中國新興的教派「耶穌家庭」〉。《協進月刊》第 6 期，第 7 卷（1948）。

馬禮遜、米憐：《察世俗每月統記表》。麻六甲：1815-1821。

陶飛亞：《中國的基督教烏托邦：耶穌家庭（1921-1952）》。香港：中文大學出版社，2004。

陶飛亞、楊衛華：《基督教與中國社會研究入門》。上海：復旦大學出版社，2009。

徐以驊：〈紐約協和神學院與中國基督教會〉，載劉家峰編：《離異與融會：中國基督徒與本色教會的興起》。上海：人民出版社，2005。

秦家懿、孔漢思：《中國宗教與基督教》。香港：三聯書店，1995。

章開沅：〈序〉，載馬敏、周洪宇等編：《跨越中西文化的巨人：韋卓民學術思想國際研討會論文集》。武漢：華中師範大學出版社，1995。

章開沅、林蔚編：《中西文化與教會大學》。武漢：湖北教育出版社，1991。

梁家麟：《倪柝聲的榮辱升黜》。香港：巧欣，2004。

頌主聖詩修訂委員會編輯：《頌主聖詩》。香港：道聲出版社，1994。

基督教中西同工合編：《頌主聖歌》。香港：福音證主協會，1951。

理雅各著，馬清河譯：《漢學家理雅各傳》。北京：學苑出版社，2011。

曹榮錦：《成神論與天人合一：漢語神學與中國第二次啟蒙》。香港：道風書社，2015。

張祥龍：〈張祥龍序：從辯證法到生存解釋學〉，載柯小剛：《海德格爾與黑格爾時間思想比較研究》。上海：同濟大學出版社，2004。

張振濤：《冀中后土崇拜與音樂祭獻》。香港：香港中文大學崇基學院宗教與中國社會研究中心，2001。

路茲：〈教士外交家敦士立與鴉片戰爭〉。《史學選譯》第 17 期（1990）。

普天頌讚新修訂版編輯委員會編：《普天頌讚（新修訂版）》。香港：基督教文藝出版社，2007。

普天頌讚編輯委員會編：《普天頌讚（修正本）》。香港：基督教文藝出版社，1982。

程偉禮：〈基督教與中西文化交流〉。《復旦學報》第 1 期（1987）。

黃劍波：《鄉村社區的信仰、政治與生治：吳莊基督教人類學研究》。香港：香港

中文大學崇基學院宗教與中國社會研究中心，2012。

費正清編：《劍橋中華民國史，1912-1949 年》（上卷）。北京：中國社會科學出版社，1994。

勞思光：〈五四運動與中國文化〉，載周策縱等著：《五四與中國》。台北：時報文化，1979。

童小軍：〈耶穌家庭歷史片段補遺〉，《橋》第 66 期（1993）。

新華社：〈習近平：全面提高新形勢下宗教工作水平〉。取自新華網：http://news.xinhuanet.com/politics/2016-04/23/c_1118716540.htm，2016 年 04 月 23 日。

萬先法：〈以溝通中西文化來紀念韋校長卓民 —— 參加新埔工業專科學校卓民樓奉獻典禮上講詞〉。《臺灣聖公會通訊》，第二十四卷第一期（1978）。

楊天宏：《基督教與民國知識份子》。北京：人民出版社，2005。

楊魯慧：〈和諧世界：中國和平發展的新命題〉。《中國教育報》，2008 年 7 月 16 日。

溫偉耀、林榮洪：《基督教與中國文化的相遇》。香港：香港中文大學崇基學院，2001。

凌忍揚編：《世紀頌讚》。香港：浸信會出版社，2001。

雷雨田：〈傳教士與近代香港的中西文化交流〉。《廣州師院學報》第 3 期（1997）。

雷法章等編：《韋卓民博士教育文化宗教論文集》。台北：華中大學韋卓民紀念館，1980。

雷俊玲：〈宗教與文化的雙重使者 —— 理雅各〉。《輔仁歷史學報》第 18 期（2006）：106-107。

葛蕾德著，鍾越娜譯：《得勝者 —— 賓路易師母回憶錄》。加州：美國活泉出版社。

賓路易師母：《大地覺醒：威爾斯復興運動》。台北：橄欖基金會，1986。

賓路易師母著，王在康譯：《各各他的十字架》。台北：橄欖基金會，1991。

鄭連根：《那些活躍在近代中國的西洋傳教士》。台北：新銳文創，2011。

鄧紹光：〈趙紫宸後期神學思想中的啟示觀（1938-48）〉。《華人神學期刊》第 1 期，第 4 卷（1991）。

燕京研究院編：《趙紫宸聖樂專集》。北京：商務印書館，2013。

趙紫宸：〈對於信經的我見〉。《生命》第一卷，第二期（1920）。

——：〈聖經在近世文化中的地位〉。《生命》第一卷，第六期（1921）。

——：〈我的宗教經驗〉。《生命》第四卷，第三期（1923）。

——：〈自序〉，載趙紫宸：《基督教哲學》。蘇州：中華基督教文社，1925。

——：〈中國人的教會意識〉。《真理與生命》第一卷，第十期（1926）。

——：《耶穌的人生哲學：一名登山寶訓新解》。上海：中華基督教文社，1926。

——：〈基督教在中國的前途〉。《真理與生命》第一卷，第十二期（1926）。

——：《基督教哲學》。上海：中華基督教文社，1926。

——：〈基督教與中國文化〉。《真理與生命》第二卷，第九期（1927）。

——：《民眾聖歌集》。上海：廣學會，1931。

——：〈中國民族與基督教〉。《真理與生命》第九卷，第 5 至 6 期（1935）。

——：〈學運信仰與使命的我解〉。《真理與生命》第九卷，第 8 期（1936）。

——：《基督教進解》。上海：青年協會書局，1947。

——：《繫獄記》。上海：青年協會書局，1948。

——：《基督教的倫理》。上海：青年協會書局，1948。

——：〈神學四講〉。上海：青年協會書局。1948。

——：〈我的宗教經驗〉，載燕京研究院編：《趙紫宸文集（第三卷）》。北京：商務印書館，2003。

——：〈萬方朝聖錄〉，載燕京研究院編：《趙紫宸文集（第三卷）》。北京：商務印書館，2007。

《論語‧衛靈公第十五》，第二十三章。

《論語‧學而第一》，第六章。

蔡張敬玲編：《恩頌聖歌》。香港：福音證主協會，1991。

劉紹麟：〈比較浸信會與倫敦會：早期在香港建立華人教會的經驗〉。《第二屆近代中國基督教史研討會：近代中國的基督教宗派論文集》。香港：浸會大學歷史學系、建道神學院，2001。

——：《香港華人教會之開基：1842 至 1866 年的香港基督教會史》。香港：中國神學研究院，2003。

劉青峰編：《民族主義與中國現代化》。香港：中文大學出版社，1994。

劉義：《全球化背景下的宗教與政治》。上海：上海大學出版社，2011。

編輯頌主聖詩修訂委員會編：《頌主聖詩》。香港：道聲出版社，1994。

賴品超：《開放與委身》。香港：基督教中國宗教文化研究所，2000。

賴恩融：《中國教會三巨人》。台北：橄欖，1992。

賴德烈著，雷立柏譯：《基督教在華傳教史》。香港：漢語基督教文化研究所，
　　2009。

駱維道編：《聖詩》。台北：台灣基督長老教會，2009。

羅金義、鄭宇碩：《中國改革開放三十年：變與常》。香港：香港城市大學出版社，
　　2009。

羅炳良編：《華人聖頌》。香港：福音證主協會，1992。

蘇德慈：〈重視神學建設　加快人才培養〉。《天風》第 4 期（1999）。

鐘鳴旦：〈勾畫中國的基督教史〉，載卓新平編：《相遇與對話：明末清初中西文化
　　交流國際學術研討會文集》。北京：宗教文化出版社，2003。

闞保平：〈神學思想建設是中國教會的文化任務〉，載中國基督教三自愛國運動委
　　員會、中國基督教協會編：《傳教運動與中國教會》。北京：宗教文化出版
　　社，2007。

《讚美詩（新編）》編輯委員會編：《讚美詩（新編）》（中英文雙語本）。上海：中
　　國基督教三自愛國運動委員會、中國基督教協會，1999。

本書涉及公開發表的論文

1. "Exploring Different Perspectives and Methodologies in Chinese Christianity," An International, Interdisciplinary Conference on "Currents, Perspectives, and Methodologies in World Christianity, " Princeton Theological Seminary, New Jersey, 18-20 January, 2018.

2. "Chinese Christianity: The Study of Indigenous Theology in Twentieth Century China," *Journal of World Christianity* 7, no. 2 (2017).

3. "Sinicisation of Sacred Music: A Study of T. C. Chao," in Yangwen Zheng ed., *Sinicizing Christianity* (Leiden; Boston: Brill, 2017) .

4. "Reformation and Chinese Theology," International Conference on "Reformation, Revival and Renewal Movements in African and Asian Christianity," Andrew Walls Centre for the Study of African and Asian Christianity, Liverpool Hope University, Liverpool, 9-11 June 2017.

5. " 'Tragic Deaths, Yet Abundant Fruits' – Two Chinese Christians' Responses to Missions in China in the Early 20th Century," Yale-Edinburgh Group International Conference on "Responses to Missions: Appropriations, Revisions, and Rejections," Centre for the Study of World Christianity at the University of Edinburgh, Yale Divinity School, and the Overseas Ministries Study Center, Edinburgh, 23-25 June 2016.

6. "The Development of Indigenous Theology in China: The Cases of Francis Wei and T.C. Chao Revisited", *Asian Christian Review* 8, no. 1 (2016)(forthcoming) 。

7. 〈中國化音樂的建造：中國聖詩之父趙紫宸〉,「史學名家講壇」，福建師範大學社會歷史學院（社會發展學院），2016 年 1 月 6 日。

8. "Significance of the *Truth and Life*," Joint International Conference on "Christian Missionary and Indigenous Journals and the Making of Transcontinental Christian Networks," Ludwig-Maximilians-Universitat Munchen and Liverpool Hope University, Liverpool, 3-5 July 2015.

9. "Mission, Education and Theology: The Work of James Legge Revisited," International and Interdisciplinary Conference on "James Legge and Scottish Missions to China," Centre for the Study of World Christianity, University of Edinburgh, and Confucius Institute for Scotland, Edinburgh, 11-13 June 2015.

10. 〈和諧神學：從趙紫宸、倪柝聲個案研究中國基督教神學的建造〉，載於中國

社會科學院近代史研究所、福建師範大學中國基督教研究中心編：《全球化視野下的近代中國與世界基督教國際研討會暨第三屆多學科視野下的基督教中國化研究學術研討會論文集》(2014)。

11. 〈從十九世紀來華宣教士看基督教的中國化：李提摩太個案研究〉，中國近代神學講座（三）：「從十九世紀兩位來華宣教士看基督教的中國化 —— 戴德生、李提摩太個案研究」，華東神學院，2014 年 9 月 23 日。

12. "New Development of Chinese Theology: *Hexie* Theology (Harmony Theology)," International Conference on "Glocalization of Chinese Christianity," University of Manchester, England, 15-16 May 2014.

13. 〈趙紫宸的教義神學〉，學術講座，燕京神學院，2014 年 4 月 29 日。

14. 〈我們所認識燕京大學的博雅教育〉（合著），載於北京大學高等人文研究院編：《燕京大學與現代中國的博雅教育傳統國際學術研討會論文集》(2014)。

15. "*Hexie* Theology (Harmony Theology)," Lectures on "Chinese Theology," Fuller Theological Seminary, Los Angeles, 24 April 2014.

16. "The Unique Features of Chinese Christian Theology: Francis C.M. Wei's Theology of Culture and T.C. Chao's Doctrinal Theology," Seminars on "Chinese Christianity," OMSC, Yale University, New Haven, 22-23 April 2014.

17. 〈具特色的中國基督教神學 —— 韋卓民的文化神學與趙紫宸的教義神學〉，載於《華東神苑》，華東神學院，第 11 期（2014）。

18. 〈宗教改革時期的神學與聖樂〉，載於《華東神苑》，華東神學院，第 10 期（2013）。

19. 〈理雅各的宣教神學〉，中國近代神學講座（二）：「倫敦會在華宣教神學反思 —— 理雅各、誠靜怡個案研究」，華東神學院，2013 年 9 月 25 日。

20. 〈中世紀拉丁教會的神學與聖樂〉，載於《華東神苑》，華東神學院，第 9 期（2013），後被輯錄於謝炳國主編：《聖樂與崇拜》（北京：宗教文化出版社，2013）。

21. 〈從創造論的角度看聖樂在崇拜中的意義〉，載於《華東神苑》，華東神學院，第 8 期（2012），後被輯錄於謝炳國主編：《聖樂與崇拜》（北京：宗教文化出版社，2013）。

22. 〈韋卓民的神學〉，中國近代神學講座（一）：「北趙南韋：趙紫宸與韋卓民的神學」，華東神學院，2012 年 11 月 28 日。

22. 〈韋卓民的文化理論〉，載於《華東神苑》，華東神學院，第 6 期（2011）。

23. 〈韋卓民之對等文化〉，載於陶飛亞、劉義編：《宗教‧教育‧社會：吳梓明教授榮休紀念文集》（上海：東方出版中心，2009）。

研究訪談及論文發表之相片

（相片按年份排序）

作者於英國利物浦希望大學沃爾斯非洲及亞洲基督教研究中心國際會議上。與會者
包括該大學校長 Gerald Pillay 教授（右一），此研究中心主管、印度籍神學家 Daniel
Jeyaraj 教授（右二），神學家 Andrew Walls 教授（右三），馬來西亞國立大學倫理
學教授 Denison Jayasooria 拿督（左六），前德國慕尼黑大學教會歷史系主任 Klaus
Koschorke 教授（左七）。（2017）

韋卓民之曾外孫趙子柳（Lev Navarre Chao）來香港探訪作者，談論韋卓民教授之事
蹟及有關本書之出版。他現為 Yale-China Association（雅禮協會）之 Teaching Fellow，
旁為吳梓明教授，攝於香港中文大學。（2017）

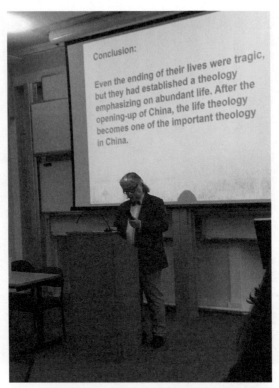

在耶魯—愛丁堡學人群體的國際會議上，作者發表論文，講論敬奠瀛及倪柝聲的神學。（2016）

會後，Andrew Walls 教授、美國耶魯大學教授 Lamin Sanneh、英國愛丁堡大學 Brian Stanley 教授及作者等耶魯—愛丁堡學人群體的學者們在愛丁堡大學神學院前合照。（2016）

作者與美國耶魯大學研究中心 OMSC 總監、阿斯伯利神學院（Asbury Theological Seminary）文化人類學教授 Dr. Darrell Whiteman 在會議後分享中國神學。（2016）

在利物浦希望大學沃爾斯非洲及亞洲基督教研究中心舉辦的國際會議中，作者發言談及中國基督教的現況，在旁的是開羅神學院院長 Dr. Atef Gendy，與他相隔兩個座位的是美國長老會總幹事 Dr. David Dawson（前匹茲堡大學教授），前排為奈及利亞聖公會主教 Bishop Praises Omole，他身旁的 Andrew Walls 教授皆很專注聆聽，前面為德國慕尼黑大學教授 Klaus Koschorke。會中作者回應其他學者之言論，把中國基督教發展介紹給其他學者，在座學者均非常關心。（2016）

作者與 Andrew Walls 教授伉儷合照，他為當代研究世界基督教之學術泰斗。（2016）

學期結束，暑假將臨，作者為博士研討班之學生祝福，圖左為 Andrew Walls 教授及
Daniel Jeyaraj 教授。（2016）

作者與中國山東省泰安市馬莊鎮
北新莊教會（前身為敬奠瀛創立
之耶穌家庭）李瑞君長老及肖梅
長老進行訪談。（2016）

研究訪談及論文發表之相片

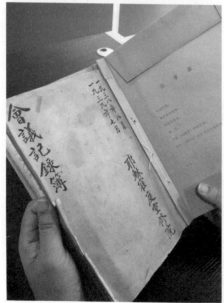

作者到山東省泰安市檔案館及
泰山區檔案館查考耶穌家庭之
原始檔案資料（2016）

深圳市基督教三自愛國會主席、基督教協會會長、廣東省基督教三自愛國會副主席蔡博生牧師（中）招待作者，席間包括有廣西基督教協會會長王從聯牧師（右一），浙江基督教協會總幹事、浙江神學院副院長樓世波牧師（右二），廣東協和神學院副院長、教務長蔡建偉牧師（左一）。(2016)

獲福建師範大學社會歷史學院院長王曉德教授邀請，作者於「史學名家講壇」主講中國化音樂之建造：中國聖詩之父趙紫宸。（2016）

作者訪問中國福建省福州教會中洲基督教堂（原中洲基督徒聚會處）、福建省基督教兩會副總幹事及福州市倉山區政協委員李登堅長老。（2016）

研究訪談及論文發表之相片

349

作者獲邀出席美國耶魯大學海外宣教研究中心（OMSC）於韓國舉辦之國際學術會議：「全球宣教領袖論壇 —— 大型教會在宣教中的責任」，於大會結束時為眾學者祝福。上圖左一為美國波士頓大學神學院教授、著名學刊 *International Bulletin of Missionary Research*（*IBMR*）主編 Jonathan Bonk 教授。（2015）

與 Jonathan Bonk 教授伉儷合照，他亦為研究世界基督教之權威。
（2015）

作者與 *International Bulletin of Missionary Research*（*IBMR*）前總編輯
Dr. Nelson Jennings（左一）及高級副編輯 Dr. Dwight Baker。（2015）

研究訪談及論文發表之相片

作者招待英國愛丁堡大學神學院教授 Brian Stanley 到訪香港。(2015)

前中國人民大學副校長、現任國學院院長楊慧林教授邀請作者到中國人民大學國學院探望他，並在大學貴賓廳招待筆者。（2015）

研究訪談及論文發表之相片

在德國慕尼黑大學與英國利物浦希望大學聯合國際會議上，作者發表關於中國基督教的論文（左頁下圖），之後與 Andrew Walls 教授互相交流（左頁上圖），會後所有參與之學者一起合照（上圖）。（2015）

2015 年，在英國愛丁堡大學與蘇格蘭孔子學院合辦之國際會議上（會議舉行地點為蘇格蘭孔子學院），作者發表研究理雅各之論文，並與參與者熱烈互動交流。

會議參與者在蘇格蘭孔子學院前留影。

研究訪談及論文發表之相片

作者與中國人民大學國學院院長楊慧林教授在會後茶聚暢談。

作者與英國格拉斯哥大學文學及神學教授 David Jasper。

在中國社會科學院近代史研究所、福建師範大學中國基督教研究中心合辦之「全球化視野下的近代中國與世界基督教國際研討會暨第三屆多學科視野下的基督教中國化研究學術研討會」上，作者擔任其中一場研討會的主席，旁為評論人中國人民大學何光滬教授。（2014）

作者與中國社會科學院世界宗教研究所段琦教授合照（2014）

作者與魏克利教授（Philip Wickeri）談論中國基督教的發展（2014）

作者探訪英國聖安德魯斯大學神學院，與院長 Mark Elliott 教授討論神學發展。（2014）

作者與 Dr. Daniel Jeyaraj 教授攝於英國利物浦希望大學（2014）

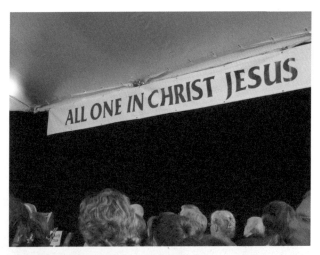

作者在英國開西大會期間訪問其行政總裁 Dr. Jonathan Lamb（2014）

研究訪談及論文發表之相片

作者於英國曼徹斯特大學發表之和諧神學，深受學者讚賞，會後與主題講者加州大學聖地牙哥分校（University of California, San Diego）社會學系著名學者趙文詞教授（Richard Madsen）合照。（2014）

作者與英國曼徹斯特大學中國研究中心總監鄭揚文教授（2014）

作者在英國曼徹斯特大學發表和諧神學後，美國宗教研究專家 Gordon
Melton 教授提出發問，作者用生動例子解釋，甚獲他的欣賞。(2014)

及後 Melton 於 2016 年 3 月來港再與作者談論中國神學

研究訪談及論文發表之相片

作者與與英國愛丁堡大學 *Studies in World Christianity* 期刊主編、Chancellor's Fellow 之 Dr. Alexander Chow 攝於英國曼徹斯特國際會議後。（2014）

作者於 2014 年北京大學高等人文研究院舉辦之「燕京大學與現代中國的博雅教育傳統」國際研討會上發表與趙紫宸及聖樂有關的論文。

作者與北京大學高等人文研究院院長杜維明教授（左一）攝於燕京大學建校 95 週年慶祝開幕式。（2014）

研究訪談及論文發表之相片

作者與趙紫宸之長子趙景心教授夫婦於其家中進行訪談。（2014）

作者在北京大學檔案館查考資料（2014）

研究訪談及論文發表之相片

作者與美國福樂神學院跨文化學院院長、國際著名世界基督教學者 Scott Sunquist 教授攝於講座。

2014 年，作者於美國福樂神學院中國神學講座上發表論文，氣氛熱烈。

研究訪談及論文發表之相片

2014 年，作者主領美國耶魯大學神學院 OMSC 研究中心之中國基督教講座，參加講座的學者包括了耶魯大學及哈佛大學的教授。

作者與美國耶魯大學聖樂學院院長 Martin D. Jean 教授。

作者在耶魯大學檔案館查考資
料，旁為耶魯神學院特別藏館館
長 Martha Smalley。

研究訪談及論文發表之相片

作者於上海基督教華東神學主領講座及發表論文（2013）

上海基督教華東神學院院長謝
炳國牧師向作者致送紀念品
（2013）

作者於中國基督教華東神學
院檔案室（2013）

於上海市檔案館查考原始檔案（2013）

作者與古愛華交流趙紫宸之神學思想（2013）

作者與 Klaus Koschorke 教授（左二）在上海見面後，他與妻子到訪香港時特來探訪，右一為前香港中文大學宗教系系主任吳梓明教授。（2012）

作者與上海大學歷史系陶飛亞教授（右五）、土耳其海峽大學孔子學院前任中方院長
劉義教授（右三）攝於上海。（2012）

作者訪談中國聖樂著名學者馬革順教授（2012）

華中師範大學檔案館（2008）

研究訪談及論文發表之相片

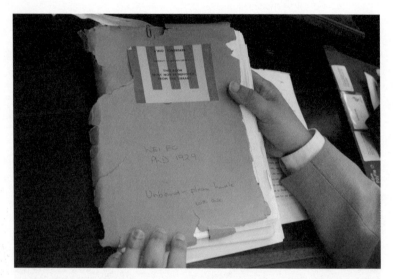

韋卓民博士論文"A Study of the Chinese Moral Tradition and Its Social Values"（1929）的原稿，現藏於英國倫敦大學圖書館。在作者的研究過程中，韋氏之論文首次被尋獲；數年後其曾外孫把論文的複印本收錄於《韋卓民全集》內，可供讀者查閱。（2006）

作者簡介

　　伍德榮（Dennis T.W. Ng），香港中文大學（東南亞神學研究院）神學博士，現為英國利物浦希望大學沃爾斯非洲及亞洲基督教研究中心高級研究員、上海中國基督教華東神學院神學及聖樂教授、香港中國得勝神學院系統神學教授及聖樂學院院長、上海大學宗教與中國社會研究中心研究員、國際得勝生命差傳總會國際監督。除本國外，國際宣教合作的領域包括北美、南亞及非洲。伍會督獲邀發表學術論文及主領神學講座遍及美國耶魯大學神學院、普林斯頓神學院、福樂神學院、英國愛丁堡大學、曼徹斯特大學、利物浦希望大學、德國慕尼黑大學、中國北京大學、福建師範大學、華東神學院、燕京神學院等。其著作甚豐，包括神學專著十七本及學術論文數十篇，主要研究領域包括：文化神學、系統神學、聖樂與神學、中國基督教、政治神學，分別獲國際著名出版社及學術期刊出版及刊登。

責任編輯　　沈怡菁

書籍設計　　吳冠曼

書　　名　　和諧神學：從「南韋北趙」尋索中國基督教神學思想的根源與發展

著　　者　　伍德榮

出　　版　　三聯書店（香港）有限公司

　　　　　　香港北角英皇道 499 號北角工業大廈 20 樓

　　　　　　Joint Publishing (H.K.) Co., Ltd.

　　　　　　20/F., North Point Industrial Building,

　　　　　　499 King's Road, North Point, Hong Kong

香港發行　　香港聯合書刊物流有限公司

　　　　　　香港新界大埔汀麗路 36 號 3 字樓

印　　刷　　中華商務彩色印刷有限公司

　　　　　　香港新界大埔汀麗路 36 號 14 字樓

版　　次　　2018 年 1 月香港第一版第一次印刷

規　　格　　大 32 開（140 × 210 mm）392 面

國際書號　　ISBN 978-962-04-4277-3

　　　　　　© 2018 Joint Publishing (H.K.) Co., Ltd.

　　　　　　Published in Hong Kong